Karin Hoyler/Markus Kegele

Die Hotel- und Gastromacher

ISBN 3-87516-744-9

Grafik: Rupert Lösching

Layout und Satz: Wolfgang Brändle

Web-Design: Tobias Kessler

Umschlaggestaltung: Atelier Krohmer, Dettingen/Ems

Printed in Germany

Karin Hoyler
Markus Kegele

Die Hotel- und Gastromacher

Marketing aus der Praxis

Matthaes Verlag GmbH

Inhalt

Einleitung

Einleitung

Der Tag ist ziemlich schlecht gelaufen, ich stand stundenlang im Stau, die Verhandlungen beim Kunden verliefen sogar so negativ, dass es nicht zum geplanten Abschluss kam. Genervt, gestresst und ein wenig verärgert sehne ich mich nach Ruhe, Entspannung und einem entsprechenden Ausgleich zum heutigen Tage. Leider bin ich unterwegs und zu weit von zu Hause entfernt und „muss" im gebuchten Hotel übernachten.

Wie wird wohl dieses Hotel sein? Werde ich es gleich finden? Ist es gut ausgeschildert? Sind genügend Parkplätze vorhanden? Verstehen mich die Mitarbeiter? Wie werde ich empfangen? Muss ich diese langwierige Strapaze des Check-in über mich ergehen lassen? Gibt es ein anständiges Essen und eine vernünftige Bar? Werde ich mich hier überhaupt wohl fühlen?

Ich nähere mich also der Gegend, in der sich das Hotel befinden soll, und erblicke sofort die klare, eindeutige Ausschilderung. So finde ich schnell und unkompliziert das Hotel. Das Parkhaus ist einfach zugänglich und hell beleuchtet. Ich steige aus dem Auto aus, und es ertönt angenehme Musik. Der Gang zum Hotel ist gepflegt und leicht zu finden.

Ein freundliches Lächeln – die Rezeptionistin blickt mir entgegen und begrüßt mich zuvorkommend: „Herzlich willkommen im Hotel Larus. Es ist alles schon vorbereitet, ich brauche nur noch Ihre Unterschrift."

Nach einem kurzen angenehmen Gespräch beziehe ich mein Hotelzimmer. Es liegt detailliertes, gefälliges Informationsmaterial bereit, und ich freue mich schon auf das Abendessen.

Der Restaurantaufenthalt ist äußerst angenehm. Ich werde kompetent beraten und entschließe mich, mir noch einen Schlummertrunk an der Bar zu genehmigen. Auch hier bin ich äußerst überrascht von der angenehmen Atmosphäre. Auf jedem Tisch brennt eine Kerze, das Licht- und Musikkonzept ist ansprechend, der Barkeeper verfügt über ein umfangreiches Fachwissen und wirkt sehr professionell. Während eines amüsanten Kurzgesprächs serviert er mir noch meinen Lieblingsdrink – Wodka mit Wasser ohne Eis.

Die Freundlichkeit der gesamten Mitarbeiter, die gepflegte Atmosphäre, die positive Ausstrahlung, der ruhige, reibungslose organisatorische Ablauf seit dem Betreten des Hotels – das ist ansteckend. Ich spüre, wie die ursprünglich so großen Sorgen des Tages immer kleiner werden. Bis sie schließlich ganz vergessen sind und sich umwandeln in einen festen Entschluss:

„Morgen werde ich mit der neu getankten Energie in kurzer Zeit den geplanten Abschluss schaffen."

Kein Wunder, schließlich befinde ich mich als Gast dieses Hotels in den besten Händen!

Relaxed, gut gelaunt und mit frischem Tatendrang gehe ich schließlich zu Bett.

Eine freundliche Stimme weckt mich am Morgen. Nach einem reichhaltigen Frühstücksbüfett begebe ich mich zum Check-out. Auch hier wird wieder äußerst professionell agiert. Mittlerweile kenne ich zwei, drei Mitarbeiter schon beim Namen.

Mit großer Begeisterung verlasse ich das Hotel und freue mich auf die neuen Herausforderungen des Tages. Zurück in der Firma, bedanke ich mich bei der Sekretärin für diesen äußerst guten Hoteltipp.

Warum hat meine Firma wohl dieses Hotel gebucht?

Lesen Sie einfach weiter. Erfahren Sie, wie Marketing in der Hotellerie und Gastronomie „funktioniert". Sie können sich auf spannende Seiten freuen, denn dieses branchenspezifische Fachbuch ist ein Ratgeber für Menschen aus der Hotellerie und Gastronomie, die an praxisnahen Lösungsansätzen und Lösungsvorschlägen interessiert sind.

Ziel des vorliegenden Buches ist es, den Sachverhalt des Marketings in klarer, deutlicher, einfach verständlicher, nachvollziehbarer und übersichtlicher Sprache erlebbar und umsetzbar zu machen, damit Sie erfolgreich – und Ihrem Mitbewerber immer mindestens um einen Schritt voraus – agieren können.

Das Buch soll Ihnen helfen, Marketinginstrumente schnell und wirksam einsetzen zu können. Dazu werden Ihnen der Reihe nach grundsätzliche Themen wie persönliche Vision oder Unternehmenszielsetzungen vorgestellt und die dazu notwendigen Maßnahmen, wie z. B. Unternehmenskommunikation, näher gebracht.

Um Visionen greifbar zu machen, bedarf es einer strategischen Planung. Ziel ist es, die Wettbewerbsvorteile Ihres Unternehmens zu erkennen, zu definieren, zu realisieren und den Zufall so gut wie möglich „auszuschalten".

Anhand welcher Kriterien kann der Stellenwert – die Ist-Positionierung – Ihres Unternehmens festgestellt werden? Wo stehen Sie heute?

Worauf kommt es an, damit Ihre gewünschte Soll-Positionierung erreicht werden kann? Wo wollen Sie in absehbarer Zukunft stehen?

Dieses Buch ermöglicht es Ihnen, in einfacher Art und Weise Selbst-Diagnosen zu den wichtigsten Themenbereichen des Dienstleistungsmanagements zu erstellen.

Ein weiteres Kapitel behandelt ganz konkret Ihre persönliche Hotel- und Gastronomie-Strategie. Hier werden Sie Schritt für Schritt auf strategisch wichtige und unternehmerisch notwendige Entscheidungen vorbereitet.

Aufgrund der zunehmenden Kommunikation mittels verschiedenster Medien sind auch die Hotellerie- und Gastronomiebetriebe stark gefordert, einen „funktionierenden" und effizienten Informationsfluss zu gewährleisten. Unter dem Kapitel „Virtueller Marktplatz der Zukunft" bietet Ihnen dieses Buch dazu erfolgversprechende Methoden an.

Neben den Basisleistungen sind es vor allem die Spitzenleistungen, die dem Unternehmen ein besonderes Profil/Image verleihen. Sowohl Ihre Gäste und Ihre Mitarbeiter als auch Ihre Partner sind hier Indikatoren – Mittel und Zielobjekt zugleich.

Im Kapitel „Verkauf" wird dieser feine, doch entscheidende Unterschied näher unter die Lupe genommen und der Weg zu kreativen Lösungen an interessanten Beispielen aufgezeigt, die Ihnen helfen, eigene Ideen nach bestimmten Kriterien durchzudenken. Die Mitarbeiter spielen dabei eine äußerst wichtige Rolle. Zur Orientierung dienen hier Mitarbeitermotivation und kreative Verkaufsideen, das Fördern von Eigeninitiative sowie auch das Vorgeben von Leitlinien.

Ein weiteres nicht zu unterschätzendes Marketinginstrument ist das Veranstaltungsmarketing und das dazu gehörende Sponsoring. Hier werden Sie mit interessanten Praxisbeispielen auf diese zukunftsträchtigen Themen eingestimmt.

Die Geschäftsform Franchising ist in aller Munde, was aber versteht man darunter, und wie könnte man diese Art von Betriebsform nutzen? Auch darüber informiert Sie dieses Buch.

Der Erstellung eines Marktetingplans wurde viel Platz eingeräumt. So werden Sie in die Lage versetzt, das Gelesene schnell und problemlos im Alltag umzusetzen.

Die Erfolgskontrolle – gemessen an Erfolgsfaktoren – rundet dieses Buch ab.

Zum Nachschlagen haben wir für Sie die wichtigsten Fachbegriffe, einerseits über das Thema Internet und andererseits über Marketing, in Form eines Lexikons zusammengestellt. Dies wird Ihnen im täglichen Geschäftsleben sicherlich hilfreich sein.

Alle Kapitel sind mit zahlreichen Beispielen und Hinweisen aus der Praxis der Geschäfts- und Ferienhotellerie sowie der Gastronomie ergänzt.

Hilfreich für die Praxis sind die Checklisten und praktischen Anleitungen zu den einzelnen Kernthemen. Diese Instrumente finden Sie auf der beigefügten CD – einem schnellen Umsetzen steht also nichts mehr im Wege!

Die jeweiligen Abschnitte, die Sie auf der CD-ROM abrufen können, sind mit einem gekennzeichnet.

Ein breiter Seitenrand bietet außerdem noch genügend Platz für Ihre ganz persönlichen Notizen.

Alles im allem: Ein anwenderfreundliches, praktisches, nützliches und inspirierendes Fachbuch für erfolgreiche zielstrebige „Macher“ in der Hotellerie und Gastronomie.

Wir wünschen Ihnen viel Spaß beim Lesen und natürlich beim aktiven Umsetzen!

Karin Hoyler | Markus Kegele

Kapitel 1

Visionen

Visionen

„Wenn Du ein Schiff bauen willst,
so trommle nicht die Menschen
zusammen, um Holz zu beschaffen,
sondern lehre die Menschen die Sehnsucht
nach dem endlosen weiten Meer."
Antoine de Saint-Exupéry

Die unternehmerische Grundlage Ihres Unternehmens ist nicht die Einrichtung, es sind nicht die Mitarbeiter und auch nicht die finanziellen Säulen.

Es ist die Vision, die am Anfang jeder unternehmerischer Gründung als Grundlage zum Handeln vorliegen sollte.

Was sind Visionen?

Visionen sind in die Zukunft gerichtete, durch kreative Höchstleistungen entstandene innere Bilder einer noch ausstehenden, im Prinzip aber realisierbaren Wirklichkeit.

Wer einer Vision folgt, begibt sich auf eine Reise mit vielen unbekannten Wegen und Orten. Wie die meisten Pioniere besitzt der Visionär keine detaillierte Karte, lediglich einen Kompass.

Viele Genies hatten im Laufe unserer Geschichte zuerst eine Vision, bevor sie ihre Vorstellungen in die Realität umsetzten und damit Meilensteine in unserer Entwicklung schufen.

Visionen setzen Maßstäbe und Normen. Sie initiieren Trends und Qualitätsstandards, an denen sich die Konkurrenten orientieren. Auf diese Weise lassen Visionen neue Produkte und Märkte entstehen, neue Existenzen und Berufe sowie neue Branchen und Unternehmen und tragen so zur ständigen Veränderung unserer Gesellschaft bei.

Wie entstehen Visionen?

Sie entstehen in der Spannung zwischen zwei Fragen an die Wirklichkeit. Fragen an die gegebene und die noch ausstehende Realität:

- Was ist heute prinzipiell möglich?
- Was ist morgen sinnvoll und nötig?

Visionäre handeln nicht aufgrund von äußerem Zwang, sondern aus innerem Antrieb heraus. Die Heimat des Visionärs ist die Gegenwart und die Zukunft, die Wirklichkeit und die Möglichkeit. Wichtigster Faktor ist die Bereitschaft, „wildes Denken" zu akzeptieren.

Visionen sind ihrer Zeit so weit voraus, dass wir sie nicht direkt anstreben können. Um sie zu verwirklichen, zerlegen wir sie daher in kalkulierbare Handlungseinheiten mit klar umrissenen Zwischenzielen. Die einzelnen Etappen wiederum gliedern wir in immer kleinere und konkretere Schritte. Dieser Prozess der fortschreitenden Konkretisierung erfasst alle Abteilungen und alle Hierarchiestufen. Dabei ist es notwendig, die Rolle eines jeden Beteiligten klar zu definieren. Nur wenn es uns gelingt, unsere inneren Bilder einer noch ausstehenden Wirklichkeit in Grobkonzepte zu überführen und diese in Detailkonzepten mit Soll-Werten festzulegen, dann gelangen wir von Visionen durch Innovationen zu Taten.

Das visionäre Unternehmen verknüpft sein Streben nach Gewinn mit ethischem Bewusstsein.

„Nichts ist erbärmlicher als ein Mensch,
der aufgehört hat zu träumen.
Träume geben dem Leben Richtung und Sinn.
Ohne sie wäre ein Leben nur stumpfsinnige Plackerei."
Akio Morita, Gründer von Sony

Sehen Sie Visionen nicht als nutzlose Träumereien an. Eine Vision bringt Ihnen und Ihrem Team die Motivation, die Sie brauchen, um nach vorne zu schauen. Visionen haben die Zugkraft von Lokomotiven. Entwickeln Sie Ideen vorerst im „freien Raum", ohne sofort an eine konkrete Umsetzung und Realisierbarkeit zu denken. Mit den Möglichkeiten der Umsetzung können Sie sich später beschäftigen. Ohne Kreativität und Visionen werden Sie sich stets in den gleichen Bahnen bewegen und keine neuen innovativen Ideen entwickeln. Ohne Visionen fehlt es Ihnen an Stoßkraft, neue Projekte anzugehen. So wie der Visionär von seiner eigenen Begeisterung mitgerissen wird, reißt er selber seine Mitarbeiter mit.

Ihre Mitarbeiter – ein visionäres Team

Lassen Sie Ihre Mitarbeiter an Ihren Visionen teilhaben. Ermuntern Sie sie, selbst neue, kreative Ideen einzubringen. Visionen sensibilisieren den Geist, berühren Wünsche und Phantasien, lösen Assoziationen aus. Träume sind ansteckend. Zugleich werden durch Visionen Ideen auf einen Fokus gerichtet, auf einen Brenn- und Mittelpunkt, durch den sie sich konkretisieren können. Visionäre setzen daher bei ihren Mitarbeitern ungeahnte kreative Potenziale frei.

Visionen tragen dazu bei, ein Gefühl der Zusammengehörigkeit und der gemeinsamen Verantwortung zu entwickeln. So kann in Ihrem Betrieb eine Art „Ideen-Werkstatt" entstehen, die Sinn und Orientierung Ihres Unternehmens vermitteln kann und Ihren Mitarbeitern die Möglichkeit gibt, auch auf dieser Ebene ihren eigenen Arbeitsplatz und ihre Arbeitswelt mitzugestalten. Setzen Sie das kreative Potenzial Ihrer Mitarbeiter frei, und schaffen Sie so eine hohe Akzeptanz und Identifikation der Mitarbeiter mit dem Betrieb. Sie werden erstaunt sein, wie viele gute Marketingideen Ihre Mitarbeiter einbringen können. Sammeln Sie diese Visionen, und bewerten Sie sie gemeinsam auf ihre Umsetzbarkeit. Führen Sie dann die gesammelten und bewerteten Visionen in konkrete Betriebsziele über. Bauen Sie sie in Ihr Betriebsprofil ein, bzw. verändern Sie Ihr Betriebsprofil entsprechend.

„Was immer Du tun kannst,
oder wovon Du Dir erträumst
es zu können, beginn es.
Die Kühnheit besitzt Genie,
sie besitzt Macht und Zauberkraft."
Johann Wolfgang von Goethe

Beispiele

1. Vision vom weltweit ersten McDonald's Hotel

„Der berühmte italienische Regisseur Federico Fellini hat einmal gesagt: ‚Die Vision ist die einzige wirkliche Realität.' Er meinte damit, dass die Vorstellung, die wir im Kopf haben, das Einzige ist, was wirklich zählt; denn wenn wir keine Visionen mehr haben, dann sind wir verloren. Urs Hammer ist so etwas wie der Federico Fellini von McDonald's. Seit er 1980 der Schweizer Partner von McDonald's Corporation wurde, hatte er immer Visionen, die er dann als Innovationen ins McDonald's-System gebracht hat. Dazu gehörten der McTrain, der McPlane oder die erste McDonald's Unit. Mit den Golden Arch Hotels ist er nun noch einen Schritt weiter gegangen. Es war ein rationaler, gut überlegter Businessentscheid. Nämlich dass für McDonald's die Zeit reif ist, für die eigene Marke ein neues Geschäftsfeld zu erschließen. Nach über 4 Jahrzehnten kontinuierlicher Brand-Verbesserung bedeutete die Lancierung der Golden Arch Hotels die erste von innen heraus entwickelte Brand-Erweiterung. Bei McDonald's ist es Tradition, dass Innovationen nicht aus der Zentrale verordnet werden, sondern an der ‚Front' entstehen. Für ein Unternehmen, das der Integrität der eigenen Marke praktisch alles andere unterordnet – das zusammen mit Coca-Cola und Walt Disney zu den weltweit führenden Propagandisten eines konsequenten Brand-Managements gehört –, war dies keineswegs selbstverständlich. Dahinter standen im Wesentlichen zwei Überzeugungen:

- McDonald's braucht eine derartige Erweiterung, um auch in Zukunft weiter wachsen zu können.
- McDonald's hat die Voraussetzung dafür, mit einer solchen Erweiterung Erfolg zu haben.

Wir sind ins Hotelbusiness eingestiegen, weil wir der Auffassung sind, dass es zwischen dem Hotel- und dem Restaurantbusiness ganz wichtige Gemeinsamkeiten gibt. Die größte Gemeinsamkeit zwischen einem Restaurant- und einem Hotelbetrieb ist zweifellos, dass beide nur dann überleben, wenn sich der Gast bei Ihnen wohl fühlt. Wenn Sie also ‚gast-freundlich' sind. Diese ‚Gemeinsamkeit' kann und muss man – je nach Haus und Zielgruppe – auf ganz unterschiedliche Art und Weise definieren. Eine weitere, für den Erfolg absolut entscheidende Parallele stellten wir im finanziellen Bereich fest. Im Hotel- wie im Restaurantbusiness braucht es eine Organisation, die nicht nur gastfreundlich, sondern gleichzeitig auch kostengünstig ist. Standardisierung ist unser Weg, um dieses Ziel zu erreichen. Es braucht die Erkenntnis und den Mut, zu Grenzen jenseits des Traditionellen aufzubrechen. Aus der Vision eine Realität zu machen. Dies können nicht nur große Unternehmen wie McDonald's. Im Gegenteil, hier ist ein solcher Meilenstein unter Umständen schwieriger als in kleinen, selbständigen Firmen, denn dort spielen in der Regel weder eine globale abgestimmte Unternehmensstrategie noch der Börsenkurs eine innovationshemmende Rolle. Es braucht eine präzise Marktanalyse mit einer klaren Positionierung des Produkts. Es braucht auch den Willen, den einmal eingeschlagenen Innovationspfad zu verlassen, wenn man sieht, dass die ursprüngliche Idee im Alltag Mängel aufweist. Es braucht Be- und Verharrungsvermögen – nicht zuletzt auch in finanzieller Hinsicht, denn nicht immer stellt sich der Erfolg in der Wirklichkeit so schnell ein wie in Businessplänen. Und es braucht auch den Mut, Fehler zu machen. Unsere Wirtschaft mit all ihren Einflussfaktoren ist zu komplex, als das sich ein neues Produkt – eine Innovation – ohne Rückschläge realisieren ließe."

Oliver Rubin, Chief Developement Officer, McDonald's, Schweiz

2. Vision von Wolford

„Wir sind bemüht, die Vision einer kreativen Erzeugung von Luxusprodukten für Bein- und Körperkultur und deren globaler Inszenierung am Point of Sale (POS) als innovativen Prozess zu gestalten. Hier sind wir in der Rolle einer multikulturellen Lern- und Dienstleistungsgemeinschaft, die ihre Leistungen zum Nutzen der Konsumentinnen erlebbar gestaltet und mit der Marke Wolford einen Mehrwert anbietet, den die Inszenierung und Product-Performance vermittelt. Den messbaren Erfolg teilen wir mit den Mitarbeitern/innen, mit den Wolford Lady Aktionärinnen und Aktionären, mit unseren Partnern in den Absatz- und Beschaffungsmärkten.

Wir pflegen die Luxusmarke Wolford als Welt der Schönheit und Kultur, der Ideen und der Qualität, der Wertschöpfung und der Kommunikation. Wir freuen uns über die Sympathiewerte von geschätzten 1,5 Mio. Frauen weltweit. Ihre Entscheidung für Wolford ist ein Votum für herausragende Qualität, für optimale Passform, für Ästhetik und Kreativität der Produkte sowie für die Freude, die persönliche Schönheit mit der Marke Wolford kultivieren zu können. ‚Die Welt von Wolford' ist das Zuhause für anspruchsvolle, qualitätsbewusste, erlebnissuchende, mit Schönheits- und Kunstsinn ausgestattete, mobile und begeisterungsfähige Konsumentinnen."
(Quelle: Internet)

3. Vision der Sony-Gründer Masaru Ibuka und Akio Morita

Neue Produkte schaffen, neue Märkte erschließen, neue Verbraucher für eine bessere Zukunft gewinnen.

Die Vision wurde Wirklichkeit. Heute ist Sony unangefochtener Marktführer und weltweit Nr. 1 in der Unterhaltungselektronik.

Die Unternehmensziele aus dem Jahr 1946 sind heute noch visionär:

- „Unsere Absicht ist die Errichtung einer idealen Fabrik, in der hoch motivierte Techniker ihre technologischen Fähigkeiten zu höchstem Niveau ausbilden können."
- „Wir werden unsere eigenen, einzigartigen Produkte erzeugen, und zwar mit einer solchen Zielstrebigkeit, dass andere uns nicht einholen können."
- „Wir tun, was andere nicht tun."
- „Wir sind Pioniere und daher nicht bereit, anderen zu folgen."

- „Wir werden jede Form von unangemessenem Profitstreben vermeiden."
- „Wir konzentrieren uns auf hoch technologische Produkte, die besonderen Nutzen für die Gesellschaft haben."
- „Wir sehen den Fortschritt als Möglichkeit, der ganzen Menschheit zu dienen."
- „Der Weg eines Pioniers ist mühsam und steinig. Aber allen Widrigkeiten zum Trotz schließen sich unsere Mitarbeiter zusammen, weil die Teilnahme an kreativer Arbeit durch die Einbringung der eigenen, besonderen Talente stolz und zufrieden macht. Das ist die Lebenskraft unseres Unternehmens."

4. Vision von Chester F. Carlson

„Wir brauchen einen Apparat, der durch irgendeinen fotografischen Prozess Texte und Skizzen kopieren kann." Dies war die Vision eines beinahe arbeitslosen Physikers namens Chester F. Carlson. 20 Mio. Dollar waren nötig, um den Kopierer zu realisieren. Als Carlson starb, wurde sein Vermögen auf 150 Mio. Dollar geschätzt. Die Firma heißt heute Rank Xerox.

5. Vision von Red Bull

Konsumenten auf der ganzen Welt verwenden Red Bull aufgrund seiner Funktionalität als Beitrag zur Verbesserung ihrer Lebensqualität. Instrumental für die Realisierung dieser Vision sind drei Faktoren:

- Das überlegene Produkt, dessen Wirksamkeit wissenschaftlich belegt ist.
- Die Marketingstrategie, welche von der Verpackung bis zur Preispolitik konsequent umgesetzt wird.
- Die Firmenphilosophie, die auf Individuen aufbaut, die unternehmerisch denken und handeln sowie gleichzeitig den Raum für persönliche Gestaltungsmöglichkeiten nutzen.

Kapitel 2

Trends

Trends

Die Zukunft hat schon begonnen

Wie Sie nun wissen, sind Visionen zukunftsorientiert, doch was erwartet uns in der Zukunft? Wir haben uns zum Ziel gesetzt, Sie darauf vorzubereiten, den Anforderungen der Zukunft in Bezug auf Hotel- und Gastronomie-Infrastruktur zu begegnen.

Durch maßgeschneiderte Investitionen können Gastronomiebetriebe – vom kleinen Familienbetrieb bis zur internationalen Hotelkette – zukünftige Wettbewerbsfähigkeit und Wirtschaftlichkeit sicherstellen.

Der Gastronomiebetrieb der Zukunft

In der Zukunft führt auch bei den Gastronomiebetrieben kein Weg an der Bereitstellung elektronischer Hilfsmittel und Instrumente für die Kommunikation der Gäste vorbei. Das Internet erweist sich hier als Impulsgeber für neue Geschäfte im Tourismus.

Die größten Hotelgruppen investieren derzeit überwiegend in die Zimmer, den Konferenzbereich und in Kommunikationstechnologien wie das Internet.

Eigentlich könnte man mit all der neuen Technologie den Urlaub von zu Hause aus konsumieren. Um die Strapazen der An- und Abreise zu vermeiden, schwebt der Gast von morgen virtuell, mit Reality-Brille und Datenhandschuh bewaffnet, durch die Hotels. Zwar werden Urlaubsdestinationen virtuell vorkonsumiert, getestet und reserviert, die Sehnsucht nach dem realen Erlebnis wird dadurch aber nicht befriedigt, sondern eher noch verstärkt.

Einige Gedanken zum „Hotelzimmer der Zukunft“

Präsentiert beim Hotelier-Kongress 2001 in Tirol

Die Hotelzimmer werden besser auf die Bedürfnisse des Gastes zugeschnitten sein und funktioneller werden. In der Welt von heute und morgen wollen moderne Menschen in modernen Räumen leben. Technologie ist Bequemlichkeit für moderne Gäste. In entsprechenden Lagen verfügen die Zimmer über eine volle Büroeinrichtung. Auch die Art der Möbel verändert sich mit den geänderten Anforderungen. Im Zimmer muss es eine stabile Kofferablage geben, denn vor allem Kurzurlauber (z. B. Businessreisende oder Kongressreisende mit einer sinkenden Aufenthaltsdauer!) leben immer öfters aus dem Koffer. Aufwendige Schränke mit Türen, Fächern und Schubladen sind meist entbehrlich, nicht aber eine offene Garderobe mit Kleiderhaken.

Das Fernsehgerät wird eine große Anzahl an Funktionen übernehmen können, einschließlich Check-out (Bezahlung und Abreise), der Bereitstellung von Basisinformationen, Kommunikation innerhalb und außerhalb des Hotels und eines großen Bereiches von Unterhaltungsmöglichkeiten (digitales TV).

Eine wesentlich stärkere Bedeutung wird der verbesserten Beheizungs-, Belüftungs- und Ventilationstechnik zukommen. Flexiblere Beleuchtungsmöglichkeiten in allen Räumen, sowohl im Badezimmer- als auch im Schlafzimmerbereich, werden bereits heute als dringende Notwendigkeit angesehen.

Im Hotelzimmer der Zukunft geht nicht einfach das Licht an

Das Hotel von morgen ist vom Keller bis zum Dach vernetzt und z. B. über das Telefon jederzeit steuer- und kontrollierbar. Das Herzstück, der PC im Backoffice, sorgt dabei für eine optimale Kommunikation zwischen den einzelnen Hotelabteilungen, was beispielsweise zu einem sparsamen Einsatz von Energie führt. Eine parallel zur Stromversorgung gelegte Datenleitung verbindet die bisher als Einzelsysteme arbeitenden Hoteltechniken mit den elektrischen Verbraucher-Spartarifen. Der Computer „weiß“, welche Zimmer zur Zeit nicht belegt sind oder welche Freizeiträume (Schwimmbäder, Tennishallen, Fitnessräume etc.) gerade nicht benutzt werden. Ihr PC schaltet dort automatisch alle Lichter aus und reguliert Heizung und Belüftung. Außerdem wird eine dezentrale, raumbezogene Heizungssteuerung für individuelles Klima in jedem Raum oder eine Beleuchtungssteuerung in Abhängigkeit von Anwesenheit und Tageslichteinfall möglich. So können Verbrauchsspitzen vermieden und Spartarife besser genutzt werden.

Der Computer vernetzt aber nicht nur hotelintern, sondern kommuniziert über das Internet auch mit verschiedenen Energieversorgungsbetrieben. Hier bieten Unternehmen (wie z. B. Siemens) bereits eine breite Palette an intelligenten Informationstechnologielösungen an.

Zugangsberechtigungen für Hotelgäste

Die größten Chancen der Zukunft stecken in den „Smartcards“. Eine Smartcard funktioniert wie ein Schlüssel, der die Identifikation des Berechtigten und Informationen über sein Benutzerprofil gespeichert hat. Alle Funktionen werden dabei vereinigt. Benötigt z. B. ein Hotel eine E-Cash-Funktion für alle Outlets oder einzelne Zugangskontrollen (Garage, Skiraum, Fitnessraum, Seminarraum, Tennishalle etc.) für das Hotelgebäude, werden diese auf der Karte gespeichert. Smartcards kommunizieren auf zwei verschiedene Arten mit ihrer Umwelt: Contact-Smartcards müssen in einen Kartenleser eingeführt werden, der mit dem PC verbunden ist. Contactless-Smartcards müssen lediglich einen bestimmten Mindestabstand zu einer Antenne einhalten, dann können sie über ein Radiosignal kommunizieren. Für höchstmögliche Sicherheit sorgt schließlich ein Co-Prozessor, der die Daten verschlüsselt.

Web aus der Dose – Stromleitungen als Internet-Highway der Superlative

Eine Technologie mit großer Zukunft ist die Datenübertragung über Stromleitungen. Sie wird es ermöglichen, bestehende Niederspannungsnetze und Installationsanlagen für technisch perfekte Sprach- und Datenübertragung zu nutzen und damit eine neue Dimension in der unabhängigen Sprach- und Datenübertragung zu schaffen. Der Begriff „Verfügbarkeit“ muss neu definiert werden, denn mit dieser Technologie sind Sie immer online. Die Übertragungsgeschwindigkeit ist um ein Vielfaches größer als bei herkömmlichen Telefon- oder ISDN-Verbindungen, die Datenrate liegt bereits jetzt in der Größenordnung von 3 Megabite pro Sekunde. Für die Hotellerie und Gastronomie, die in die Zukunft investieren möchten, ist diese Technologie besonders interessant, da jegliche Stemm- und Installationsarbeiten bei bestehenden Bauten oder historischen Altbauten wegfallen. Das Netz ist ja in Form eines bestehenden Stromanschlusses bereits vorhanden. So wird jede Steckdose zu einem vollwertigen Kommunikationsanschluss und gleichzeitig zur Quelle für Energie, Internet und Telefon.

Der Hotelfernseher

Dem Hotelfernseher steht durch das Zusammenwachsen von Digital-TV und Internet eine große Zukunft bevor. Damit wird es möglich sein, sich ganze Spielfilme aus dem Netz herunterzuladen und auf dem Hotelfernseher entweder gleich zu betrachten oder auf einer DVD zu speichern. Neben der herkömmlichen Abfrage von digitalen Filmen besteht außerdem die Möglichkeit, Videos entsprechend den Gästefrequenzen zu filtern. Der Gast kann einen Film seiner Wahl nach seinen Wünschen definieren (z. B. „Der Schuh des Manitu“ ohne Werbeunterbrechung und ohne Gewalt). Das Filtern kann nahezu beliebig formuliert werden. Den Fernseher der Zukunft können Sie auch als Werbeträger nutzen. Gestalten Sie z. B. einen Trailer über Ihr Hotel und seine Umgebung, und binden Sie lokale Unternehmen (Shopping-Partner) in Form einer Sponsor-Plattform mit ein. Durch die multifunktionale Nutzungsmöglichkeit eines Hotelfernsehers können aber auch sämtliche

Dienstleistungen wie Check-in/-out (Erleichterung für die Rezeptionsmitarbeiter, keine Wartezeiten bei der Abreise, Imagesteigerung etc.), Room Service und Radio zur Verfügung gestellt werden. Neben Spielkonsolen, die direkt am Fernseher angesteckt werden können, reicht ein Kabel vom Notebook des Gastes zum Videoeingang des Fernsehers aus, um das Lieblingscomputerspiel oder den Webbrowser formatfüllend auf einem 72-Zentimeter-Bildschirm (und größer) zu genießen.

Das Internet erobert das Hotelzimmer

Man geht von drei Möglichkeiten für den Internetzugang aus: Entweder über den eigenen Laptop, über das Fernsehgerät oder über ein spezielles Terminal, das sich der Gast an der Rezeption ausleiht. Das Wunschprogramm empfängt er ebenso über das Internet wie seine bevorzugte Nachrichtensendung, die er sich aufzeichnen lässt und dann anschaut, wenn er gerade Zeit und Lust dazu hat. Videofilme konsumiert der Gast aus einer Videothek. Den Preis, den er dafür bezahlt, bestimmt er selbst, wenn er sich entschließt, im Film einige (lokale) Werbespots zu akzeptieren, sinkt der Preis entsprechend.

Das schnurlose Terminal macht den kabellosen Netzzugang im gesamten Hotelzimmer bzw. Hotel möglich. Statt der Zeitung nehmen die Gäste von morgen die Online-News in die Badewanne mit oder schmökern im Bett über die neuesten regionalen Angebote der jeweiligen Urlaubsdestination. Das Gerät ist klein und handlich und hängt über eine Funkverbindung im Netz. Zusätzlich nützt Ihr Hotelgast alle weiteren Multimediafunktionen eines Computers, wie z. B. spielen, MP3s hören oder E-Mails an die Liebste schreiben. Realität ist dies bereits bei den Golden Arch Hotels. Hier besitzen alle Zimmer einen TV mit einer kabellosen Tastatur, so dass man seine E-Mails vom Bett aus über den Fernseher lesen kann.

Die Beleuchtung der Zukunft

Das Wohlbefinden des Gastes hängt von vielen Faktoren ab. Unter anderem spielt dabei die visuelle Wahrnehmung eine große Rolle. Etwa 80 Prozent aller Informationen nehmen wir auf visuellem Weg auf. Empfindung und Unterbewusstsein werden vom Licht beeinflusst. Seiner emotionellen Stimmung entsprechend, sollte der Gast daher das Helligkeitsniveau und die Verteilung der Helligkeit im Raum selbst wählen und steuern können. Gerade im Seminarbereich muss ermüdungsfreies Arbeiten über längere Zeitspannen hinweg durch optimales Licht gewährleistet sein. Die Beleuchtung muss auch darauf ausgerichtet sein, dass durch die mobilen EDV-Geräte fast in allen Bereichen des Betriebes gearbeitet wird. Es muss also emotionales und ästhetisches Licht erzeugbar sein. Dies erreichen Sie einerseits durch Dimmbarkeit und andererseits durch Farbspiele. Licht wird in Zukunft stufenlos in jede Farbe übergehen können. Der Gast kann sein Zimmer z. B. in bläuliches Licht tauchen, wenn es ihm zu heiß ist. Jede beliebige Spektralfarbe in jeder Intensität wird mit einem einfachen Drehen am Farbknopf realisierbar – Individualität pur.

Das Ambiente der Zukunft

Bei aller Spekulation über künftige Entwicklungen – eines zeigt sich deutlich: Das Hotelzimmer muss letztlich ein Wohngefühl vermitteln, das mindestens dem entspricht, das wir zu Hause empfinden. Es müssen höchst unterschiedliche Lebensstile angesprochen und mit einem individuellen Angebot zufrieden gestellt werden – eine enorme Herausforderung für den Gastronomiebereich. Hotelräume werden funktioneller und gleichzeitig komfortabler und damit privaten Wohnsituationen immer ähnlicher. Die Kernbedürfnisse des Gastes liegen nicht mehr nur auf der Ebene der Hardware, sondern vielmehr in den „weichen Faktoren“ wie Mitarbeiter, Service und eben auch Ästhetik. Damit müssen wir uns beschäftigen, und eines ist sicher der Trend der Zukunft: Hotels werden sich künftig mehr nach Lebensstilen, weniger nach Zielgruppen aus- und einrichten.

Wichtige allgemeine Tipps

Auch im Hotelzimmer der Zukunft sind ein komfortables Bett, die richtige Decke und das passende Kissen die wichtigsten Einrichtungsgegenstände; denn das Beste, was Sie für einen Gast tun können, ist und bleibt, ihm einen erholsamen, gesunden Schlaf (immerhin ca. 8 Stunden am Tag) zu ermöglichen. Schlechte, unergonomische Betten beeinflussen die berufliche Leistung und das persönliche Wohlbefinden Ihres Gastes negativ. Das Bett im Hotelzimmer sollte so weit wie möglich von Tür und Fenster entfernt sein und am besten mit dem Kopfteil an einer geschlossenen Wand stehen. Die Zone über dem Bett sollte möglichst von Belastungen frei sein, schwere Lampen und Bücherregale verursachen Druck und Spannung. Wärmeisolierung, Feuchtigkeitsaufnahme und Gewicht sind die wichtigsten Eigenschaften des Füllmaterials einer Bettdecke. Für rund 95 Prozent der Menschen bedeuten hochwertige Feder-/Daunenfüllungen den absoluten Schlafkomfort.

Muster in Teppichen lenken den Energiefluss. In einem langen Gang empfiehlt sich eine quergelegte Musterung. Diese beruhigt den Energiefluss und versorgt gleichzeitig die seitlich gelegenen Räume mit Energie.

„Emotionen" wie Wohlbefinden, Entspannung, Stress und Aggressionen können durch speziell entwickelte Duftstoffe beeinflusst werden. Stellen Sie in Ihren Hotelzimmern Luftzerstäuber mit den verschiedensten Düften bereit, oder „präparieren" Sie Ihre Klimaanlagen so, dass – je nach Bedarf – die unterschiedlichsten Essenzen wirken können. Der Gast kann so in ein besonderes Ambiente eintauchen, wie in ein Bad mit ätherischen Düften. Er wird sich wohl fühlen und entspannt die Angebote Ihres Hauses in Anspruch nehmen können.

Musik zum Stressabbau erreicht – spätestens seit hervorragende Tonwiedergabegeräte auf dem Markt sind – eine ganz neue Dimension. Allerdings hat jeder Mensch eine eigene, ihm adäquate „Musikfarbe", und nur diese wirkt. Untersuchungen haben ergeben, dass sich der Musikgeschmack des Menschen in aller Regel ab etwa dem 25. Lebensjahr nicht mehr wesentlich verändert. Den meisten Menschen gefällt das, was damals für sie am schönsten war, für den Rest ihres Lebens. Nutzen Sie diese Erkenntnisse für Ihren Gastronomiebetrieb: Je nach altersmäßigem Gästeprofil können Sie im Hotel oder Restaurant (Hintergrundmusik) die Musik abstimmen auf jene, die gerade „in“ war, als die Mehrzahl der Gäste um die 25 gewesen ist. (Quelle: ÖHV)

Unser Gast der Zukunft?

Matthias Horx, Trendforscher aus Deutschland, präsentiert folgende Konsumententypologie:

Urban Villagers
... oder die „neuen Landbewohner“ steigen mit 50 Jahren aus dem konventionellen Berufsleben aus und ziehen in naturnahe Regionen. Ihr Lebensstil bewegt sich zwischen Genuss und Networking in der New Economy. Ihr Einkommen ist mittel bis hoch.

Business Nomads
... oder die „neuen Nomaden“, oft Selbständige, wohnen an mehreren Orten. Das Leben findet im Transit statt. Ihr Einkommen kann sehr niedrig bis sehr hoch sein.

Home Managers
... oder die „neuen Hausfrauen“ sind mobil und reisefreudig, Selbstverwirklichung steht im Vordergrund. Das Dilemma zwischen Kindern und Karriere löst sich durch Professionalisierung des täglichen Lebens. Auch sie verfügen über ein niedriges bis hohes Einkommen.

Hypersmart Shoppers
... oder die „Einkaufsvirtuosen“ zeichnen sich durch Cleverness im Einkaufsverhalten aus. Sie nutzen das WWW, um in völlig transparenten Märkten den Handel zu umgehen und Preisvorteile auch bei Luxusgütern herauszuschlagen. Ihr Einkommen ist niedrig bis mittel.

Telewomen
... oder die „neuen Powerfrauen“ sind jung und gehören zu den Pionieren der neuen Selbständigenwelle. Sie arbeiten von zu Hause

aus. Autonomie in jeder Beziehung hat für sie größten Wert. Ihr Einkommen steigt schnell.

Master Consumer
... oder die „neuen Senioren“ sind nicht mehr „alt.“ Mitte 50 versuchen sie, neu anzufangen. Sie sind besonders empfänglich für Gesundheitsdienstleistungen und für Luxusgüter. Sie sind die bisher wohlhabendste Generation, verfügen über hohen Macht- und Kultureinfluss, und ihre große Zahl macht sie zur dominanten Schicht. Ihr Einkommen ist mittel bis hoch.

Uprising Foreigners
... oder die „aufsteigenden Ausländer“ stellen den dynamischen aufstiegswilligen Mittelstand. Sie übernehmen immer mehr Schaltstellen im Handel sowie in der Gastronomie. Sie verfügen über dynamische Kaufkraft, ihre Haushalte sind noch nicht konsumgesättigt. Ihr Einkommen ist mittel, aber steigend.

Affluent Kids
... oder die „kaufbewussten Kinder“ im Alter zwischen 8 und 12 Jahren haben 2010 rund 50 Euro monatlich zur freien Verfügung und verstehen sich als kompetente Konsumenten. Sie prägen Moden und Stile der Zukunft, aber auch das Konsumverhalten ihrer Eltern. Ihr Einkommen ist relativ niedrig.

Lessnesspriests
... oder die „neuen Luxus-Asketen“ kehren sich vom demonstrativen Konsum ab und bevorzugen generelles Understatement. Ihre zentrale Sorge gilt der Gesundheit und der Stressvermeidung. Diese elitäre Schicht verfügt über hohe Kaufkraft und ermöglicht ein Revival hochwertiger, dauerhafter Konsumgüter. Ihr Einkommen ist sehr hoch.

Anhand Matthias Horx' neuer Klassifizierung der Konsumententypologie lässt sich erkennen, dass sich die klare klassische Einteilung nach soziographischer Demographie (Einteilung nach Alter, Geschlecht, Hobbys etc.) stark verändert. Überlegen Sie sich, was heißt das für Ihren Bereich? Stimmt Ihre Vision noch? Wie erkennen Sie zum Beispiel den Konsumtypus „Lessnesspriests“?

Mega-Trends

Der bedeutende deutsche Trendforscher Professor Dr. Horst W. Opaschowski veröffentlichte Annahmen von zukünftigen Mega-Trends (27. März 2001, ZEIT.DE).

Hier ein Ausschnitt davon.

Zukunftstrend 1: **die Globalisierung**
Als Globalisierung bezeichnet man das Handeln mit Produkten und Dienstleistungen auf weltweiten Märkten.

Die Arbeit wird für die privilegierten Vollzeitbeschäftigten immer intensiver und konzentrierter, zeitlich länger und psychisch belastender, dafür aber auch – aus der Sicht der Unternehmen – immer produktiver und effektiver. Die neue Arbeitsformel für die Zukunft lautet: 0,5 x 2 x 3, d. h. die Hälfte der Mitarbeiter verdient doppelt so viel und muss dafür dreimal so viel leisten als früher. Die ständige Produktivitätssteigerung bewirkt, dass immer weniger Mitarbeiter immer mehr leisten müssen.

Die für die Gastronomie wichtige ökologische Formel lautet: „Denke global und handle lokal."

Zukunftstrend 2: **die Dienstleistung**
In der westlichen Welt gehört die Zukunft mehr der Dienstleistung als der industriellen Produktion. Vom Industriezeitalter heißt es also Abschied zu nehmen.

Servicequalität ist z. B. in Deutschland allerdings noch immer mehr Mythos als Wirklichkeit. Die überwiegende Mehrheit spürt bisher von Gast- oder Kundenorientierung herzlich wenig: Gerade 41 Prozent der Bevölkerung können sich bei ihrem letzten Behördenbesuch in der Stadtverwaltung an freundliche Mitarbeiter erinnern. Lediglich 2 von 5 Befragten (39 %) fühlen sich von ihrer Bank fachkundig beraten. Und nur 29 Prozent der Bevölkerung haben bei ihrem letzten Kaufhausbesuch eine aufmerksame Bedienung vorgefunden.

Sehen Sie Parallelen zu Ihrem Bereich? Wie hoch ist wohl die Zufriedenheit der Kunden mit der Serviceleistung in Ihrem Betrieb?

Zukunftstrend 3: **die Leistungsorientierung**

Wer sein Leben nicht genießen kann, wird auf Dauer nicht leistungsfähig sein.

Der Mensch kann nicht untätig in seinen eigenen vier Wänden verweilen. Er braucht eine Aufgabe. Arbeit ohne Lust und Freizeit ohne Leistung kann der Mensch auf Dauer nicht ertragen.

Soziale Anerkennung verdient, wer im Leben etwas leistet: Wir leben in einer Leistungsgesellschaft.

Wann haben Sie Ihre letzte Prämie für gute Leistung erhalten? Oder konnten Sie aufgrund guter Ergebnisse Prämien verteilen?

Zukunftstrend 4: **die Mediatisierung**

Noch nie war die Kluft bei der Internetnutzung zwischen den Hauptschul- und den Universitätsabsolventen so groß wie heute. Befragte mit Hauptschulabschluss machen von Online-Diensten fast keinen Gebrauch (1998: 0 % – 1999: 1 % – 2000: 3 %), während die Info-Elite mit immer größerem Vorsprung davoneilt (1998: 9 % – 1999: 22 % – 2000: 27 %). (Voraus-)Wissen ist die Grundlage, auf der neue Ungleichheiten entstehen.

Die amerikanische Wirtschaft setzt z. B. auf E-Commerce, der amerikanische Verbraucher auf TV-Konsum. Branchen-Insidern ist schon lange bekannt: „Das Ausmaß der Internet- und PC-Nutzung wird oft übertrieben, wogegen der Fernsehkonsum sehr oft verheimlicht wird“ (Stipp 2000, S. 228).

Nicht das Internet spaltet die Gesellschaft, sondern die vorhandene Bildungskluft innerhalb der Bevölkerung, die dazu führt, dass geringer Gebildete den Anschluss an das Informationszeitalter verpassen, also geringere Zugangschancen zu Informationen haben.

Der Umgang mit den neuen Informationstechnologien setzt mehr Bildung, mehr Wissen und mehr Sprachkenntnisse als je zuvor voraus.

Wer also Geschäfte mit der multimedialen Zukunft machen will, sollte sich von folgenden ernüchternden Fakten leiten lassen:

- Auch im Jahre 2010 werden wir wie bisher mehr eine Konsum- und Leistungsgesellschaft als eine Informations- und Wissensgesellschaft sein, und die meisten Bürger werden lieber konsumieren als sich informieren. Das Internet wird das private Leben nicht revolutionieren, sondern nur optimieren helfen.

- Einkaufen per Internet wird ein nettes Zusatzgeschäft. Von Bücherkauf, Reisebuchung und Telebanking einmal abgesehen, werden auch im Jahr 2010 über 90 Prozent des privaten Verbrauchs nicht über Online-Geschäfte getätigt.

- Jugendliche geben nicht selten mehr Geld für Handy und E-Mails als für Kino und Kneipe aus. Das Mobiltelefon wird bald zur Grundausstattung jedes Jugendlichen gehören und telefonieren ein neues Grundbedürfnis sein: eine der wichtigsten und zeitaufwendigsten Alltagsbeschäftigungen. Das Handy wird zur neuen Nabelschnur nach draußen. In Zukunft werden Jugendliche mehr mit Freunden telefonieren als mit Freunden zusammensein.

- E-Communication bekommt eine größere Bedeutung als E-Commerce. Der Computer ist für die privaten Verbraucher in erster Linie ein Kommunikations- und Unterhaltungsmedium und nur gelegentlich eine Informations- oder Einkaufsbörse. Die Sinne konsumieren weiter mit. Auch im Jahr 2010 werden die meisten Beschäftigten keine Telearbeiter sein, sondern wie bisher eher müde von der Arbeit nach Hause kommen, sich vor den Fernseher setzen und mit nichts anderem als ihrem Partner oder ihrem Kühlschrank interagieren ...

Was heißt das für die Hotellerie und Gastronomie? Insgesamt vielleicht schon beruhigend, dass Emotionen, Erlebnis und aktiver Konsum erhalten bleiben.

Zukunftstrend 5: **die Überalterung**
Im Jahre 1900 wurde das „Jahrhundert des Kindes" (Ellen Key 1900) ausgerufen – kommt nun das Jahrhundert der Senioren? Alt ist man erst mit 76 Jahren. Das geht aus einer aktuellen repräsentativen Befragung hervor, in der gefragt wurde, „ab wann man heute wirklich alt ist". Die offizielle Altersgrenze von 65 Jahren steht also nur noch auf dem Papier. Weil die Gesellschaft immer älter wird, das Durchschnittsalter steigt und die Jugend zur Minderheit wird, wandelt sich zwangsläufig auch die Einstellung der Bevölkerung zum Alter. Zu allen Zeiten hat die Gesellschaft „Alter" unterschiedlich definiert.

Die „Man-ist-so-alt-wie-man-sich-fühlt-Devise" soll die Mitte des Lebens festhalten helfen: Der 50-Jährige spielt Tennis wie ein 40-Jähriger. Die 60-Jährige wirkt wie eine Powerfrau mit 48, und die 70-Jährigen entdecken Abenteuerreisen in die Antarktis, die eigentlich die Kondition mittlerer oder gar jüngerer Generationen voraussetzen. Die „Jungen Alten" sind also kein Phantom, es gibt sie wirklich.

Über die Jugend von heute wissen wir fast alles, über die „Neuen Senioren" von morgen fast nichts. Sinkende Geburtenraten und steigende Lebenserwartung zwingen jedoch zum Umdenken. Wir müssen Abschied nehmen vom Zeitalter der Kids-Kultur und uns mehr öffnen für die Welt der „Neuen Senioren", die Autokäufer und Theaterbesucher, Buchleser und Golfer, Kur- und Kurzurlauber, Kirch- und Kneipengänger zugleich sind. Bis zum Jahre 2040 wird sich der Anteil der über 60-Jährigen an der Bevölkerung in Deutschland verdoppeln (vgl. Statistisches Jahrbuch 1998). Diese demographische Revolution bleibt nicht allein auf Deutschland beschränkt. Nach Berechnungen des UN-Bevölkerungsfonds (unfpa) wird die allgemeine Lebenserwartung in den westlichen Industrieländern bis Mitte des nächsten Jahrhunderts auf 87,5

Jahre (bei Männern) und 92,5 (bei Frauen) steigen. Selbst ein Leben über 100 könnte mit Hilfe der Genforschung Wirklichkeit werden.

Wie wird dann die Szene- und Erlebniswelt der „Neuen Senioren“ von morgen aussehen? Ist es in Ihrem Umkreis notwendig, über diese Entwicklung nachzudenken?

Zukunftstrend 6: **die Vereinzelung**

Immer mehr Menschen leben und wohnen allein. Die Zahl der Single-Haushalte wächst in einem nie gekannten Ausmaß. Hauptursachen für den Anstieg Alleinlebender sind

- soziale Aufwertung des Alleinlebens (vor allem bei Jüngeren)
- Aufschub der Familiengründung
- gestiegene Mobilitätsanforderungen
- verlängerte Ausbildungszeiten

Singles genießen einen besonders hohen Aufmerksamkeitswert in der Öffentlichkeit. Sie sind die „Hätschelkinder“ der Konsumgesellschaft, weil sie den Konsum anheizen. Ein Paar braucht alles nur einmal, zwei räumlich getrennte Singles aber brauchen zwei Wohnungen, zwei Fernsehgeräte, zwei Videoapparate, zwei Stereoanlagen und zwei Internetanschlüsse. Wie keine andere Bevölkerungsgruppe befinden sich die Singles heute auf dem Konsumtrip.

Gibt es in Ihrem Restaurant auch einen Bereich, wo sich alleinstehende Gäste wohl fühlen? Wie nutzen Sie diesen Trend „Single-Gesellschaft“?

Zukunftstrend 7: **die Individualisierung**

Ich bin ich? Jedem das Seine? Jeder sein eigener Unternehmer? Die Individualisierung hat auch ihre sozialen Schattenseiten. Im internationalen bzw. europäischen Vergleich ist feststellbar, dass das freiwillige und unbezahlte Engagement („Soziales Volontariat“)

in Deutschland unterentwickelt ist. Die Figur des freiwilligen Mitarbeiters als selbstloser, barmherziger Samariter hat in Deutschland weitgehend ausgedient bzw. kaum mehr Überzeugungskraft (Reihs 1996, S. 240).

Für die Zukunft zeichnet sich ein neuer Typus von Solidarität ab, der von Pflichtgefühl und Helferpathos herzlich wenig wissen will. Aus der Not oder Notlage heraus schließen sich Individuen zu einem sozialen Netzwerk zusammen – auf Abruf und jederzeit kündbar, wenn die Geschäftsgrundlage (= Notlage) entfällt. Das Netzwerk wird zum Beistandspakt auf Zeit.

Spüren Sie diesen Trend auch? Was heißt das in Ihrem Umfeld?

Zukunftstrend 8: **die Mobilisierung**

Die künftige Generation wird also auch eine mobile Generation sein, die „nur ja nichts verpassen" will. Das Nomadisieren („Heute hier – und morgen fort") gehört dann immer dazu. Im Grunde genommen bewegen sich die Menschen nicht auf irgendein Ziel zu, sondern immer von etwas weg. Packard nannte dieses Phänomen das „Kalifornien-Syndrom" (Packard 1973). Das Kalifornien-Syndrom basiert auf den beiden Säulen Geld und Zeit: Aus jedem Tag und jeder Stunde muss so viel wie möglich herausgeholt werden. Man lebt und konsumiert im Hier und Jetzt: „Lebe dein Leben, genieße es – solange du kannst." Hauptsache, die Langeweile ist ganz weit weg.

Zukunftstrend 9: **die Erlebnissteigerung**

Die Philosophie des Erlebniskonsumenten lautet: „Ich will. Ich will es haben. Ich habe es mir verdient." Die entscheidende Motivation ist nicht der Bedarf, sondern der Wunsch nach dem Sich-Verwöhnen-Wollen. Dieser Wunsch hat etwas „aggressiv Forderndes" (Popcorn 1992, S. 50) – so wie man sein Recht einklagt. Die neue Erlebnisgeneration ist durch ein ausgeprägtes Anspruchsdenken charakterisiert. Kann sie sich das eigentlich leisten?

Die Antwort: „Sparzeitalter" und „Erlebniszeitalter" sind keine Gegensätze mehr. Je mehr die einen sparen, desto mehr leisten sich die anderen. Im Konsumbereich entsteht geradezu eine neue Zweiklassengesellschaft von Sparkonsumenten und Erlebniskonsumenten, in der sich Familien und Ruheständler auf der einen, junge Erwachsene, Singles und kinderlose Paare auf der anderen Seite gegenüberstehen. Kaviar und Knäckebrot stehen sich unversöhnlich gegenüber. Die Polarisierung im Konsumverhalten der Bürger nimmt eher zu. Der Anteil der Sparkonsumenten, deren Budget „gerade zur täglichen Versorgung reicht", wächst, der Anteil der Erlebniskonsumenten, die sich weiterhin „ein schönes Leben leisten können", aber bleibt stabil. So ist auch zu erklären, dass die Kinos einen neuen Ansturm erleben und der Event-Tourismus vom Nürburgring über die Love-Parade bis zum Michael-Jackson-Konzert keine Grenzen kennt. Jeder vierte Single kauft sich mitunter Konsumartikel für Hobby und Sport und muss dann feststellen, dass er „kaum Zeit hat, davon Gebrauch zu machen".

Mit dem Trend zur Single-Gesellschaft sterben die Märkte für Erlebniskonsumenten nicht aus. Auch wenn sich die meisten Bürger im privaten Verbrauch einschränken müssen, bleiben noch genügend erlebnishungrige Konsumenten übrig, von denen die Anbieter gut und manchmal sogar sehr gut leben können. Hier kündigt sich eine Entwicklung an, die in der Touristikbranche schon seit Jahren Wirklichkeit ist: Wer viel verdient und viel verreist, wird künftig noch mehr Geld für den Urlaub ausgeben. Wer aber knapp bei Kasse ist und nur selten verreisen kann, wird in Zukunft noch öfter zu Hause bleiben. Westliche Konsumgesellschaften müssen zunehmend mit dem Armut-Wohlstand-Paradox leben: Im gleichen Maße, wie sich Armut und Arbeitslosigkeit ausbreiten, entstehen neue Konsumwelten und expandieren die Erlebnisindustrien.

Ist dieser Trend nach Erlebnis in Ihrem Betrieb erfasst? Wie tragen Sie zu dieser „Sowohl-als-auch-Gesellschaft" bei?

Zukunftstrend 10: **die Schnelllebigkeit**
Die derzeitige Angebotsflut im Konsum-, Medien- und Unterhaltungsbereich hat sicher viele Beschäftigungen attraktiver gemacht, den Konsumenten zugleich aber Stress und Hektik beschert: Die Frage „Was zuerst?“ oder „Wie viel wovon?” beantwortet der gestresste Konsument in seiner Zeitnot mit Zeitmanagement: In genauso viel Zeit werden immer mehr Aktivitäten „hineingepackt“ und untergebracht, schnell ausgeübt und vor allem zeitgleich erledigt. Die neue Erlebnisgeneration agiert nicht alternativ – z. B. PC-Nutzung statt Bücher lesen oder Video statt Radio. Für sie heißt es eher: Video + Radio + Computer + Buch + Free TV + Pay TV + Teleshopping + Einkaufsbummel + Wochenendfahrt. Der moderne Mensch will einen 48-Stunden-Tag haben, abends schon die Zeitung von morgen lesen, möglichst jeden Tag jemand anders sein oder spielen und am liebsten in einer Endlosserie leben. Und immer getrieben von der Angst, vielleicht im Leben etwas zu verpassen.

In Großstädten und Ballungszentren können Jugendliche derzeit auf mehreren Feten gleichzeitig sein: Kneipen und Diskotheken bieten ein Bermuda-Dreieck für Erlebniskonsumenten an, die per Bus-Shuttle problemlos zwischen drei Partys pendeln können. Sieht so unsere Zukunft aus? Am Donnerstagabend Kneipen- und Kino-hopping, am Freitagnachmittag Frustrationseinkäufe – drei CDs und zwei Bücher und dann keine Zeit mehr, sie zu hören und zu lesen? Am Wochenende drei Feten und zwei Einladungen, und im nächsten Urlaub weit reisen, oft wechseln und immer nur kurz bleiben?

Den Menschen fehlt noch etwas, wofür sich Arbeit und Anstrengung lohnen. Ihr Leben hat schließlich eine Richtung: nach oben. Und die Erfahrung lehrt: Menschen, die nach oben wollen, haben eher Mittelkrisen, Menschen, die oben sind, dagegen Sinnkrisen. Die einen sind noch unterwegs, die anderen sind schon angekommen (vgl. Schulze 1992). Bedroht ist nicht mehr das Leben, sondern sein Sinn.

Was ist das Fazit dieser zukünftigen Mega-Trends?
Haben Sie in Ihrem Bereich diese Trends bereits erfasst?
Wie können Sie davon profitieren?
Was ist richtungweisend in Ihrem Wirkungskreis?

Kapitel 3
Ziele

Ziele

„Wer das Ziel kennt, kann entscheiden. Wer entscheidet, findet Ruhe. Wer Ruhe findet, ist sicher. Wer sicher ist, kann überlegen. Wer überlegt, kann verbessern.“
Konfuzius

Wer ins Schwarze treffen will, darf nicht ins Blaue planen. Kreativität braucht Ziele. Legen Sie kurz-, mittel- und langfristige Ziele fest. Überlegen Sie sich, welche Dienstleistungen Ihres Hauses vom Gast geschätzt werden. Formulieren Sie klar, was für Sie und Ihren Betrieb wichtig ist. Im Zeitalter der Spezialisierung müssen Sie sich klar entscheiden. Wollen Sie es allen recht machen, machen Sie es am Schluss niemandem recht.

Vergessen Sie bei all Ihren Visionen nie: Ziel eines jeden Unternehmens ist es, sich erfolgreich am Markt zu positionieren. Ein Unternehmen muss marktgerecht geführt werden, den Bedürfnissen des Marktes angepasst oder in der Lage sein, neue Bedürfnisse zu wecken und diese auch zu befriedigen. Um dieses übergeordnete Ziel erreichen zu können ist es notwendig, große Vorhaben in kleinere Zielvorgaben aufzuspalten und für die einzelnen Abteilungen und Teams Ihres Betriebes genau zu definieren, was im jeweiligen Bereich erreicht werden soll.

Stellen Sie sich folgende Fragen:

- Welche Bedürfnisse will ein Gast in Ihrem Betrieb befriedigen?
- Welchen Nutzen kann ein Gast aus den Angeboten Ihres Betriebes für sich erzielen?
- Welche Fähigkeiten und Fertigkeiten werden von den Mitarbeitern verlangt, um die in der „Ideen-Werkstatt“ entwickelten Visionen in konkrete Ergebnisse umzusetzen?

Welche Kompetenzverlagerungen (von oben nach unten) sind notwendig, damit in den einzelnen Abteilungen die erforderlichen Arbeitsabläufe selbständig und eigenverantwortlich geplant und durchgeführt werden können?

Nur wenn Sie diese Fragen beantworten können, wird es möglich sein, ambitionierte Visionen in konkrete Ziele überzuleiten und diese schließlich auch erfolgreich umzusetzen.

Zielvorgaben

„Gegenüber der Fähigkeit, die Arbeit eines einzigen Tages sinnvoll zu ordnen, ist alles andere ein Kinderspiel."
Johann Wolfgang von Goethe

Eine der wichtigsten Aufgaben des (Mit-)Unternehmers ist es, den Teammitgliedern genau zu erläutern, was von ihnen erwartet wird. Jeder einzelne Mitarbeiter sowie das Team als Ganzes müssen über die Ziele eines Unternehmens informiert sein und wissen, worin ihre Aufgaben beim Erreichen der Unternehmensziele liegen. Durch Zielvorgaben erhalten Ihre Mitarbeiter eine Vorgabe und Orientierungshilfe und werden in die Lage versetzt, sich selbständig um das jeweilige Projekt kümmern zu können.

Definieren Sie Ziele, und vergleichen Sie die Ergebnisse mit den Vorgaben. So können Sie prüfen, ob das festgelegte Ziel erreicht worden ist oder nicht.

Eine gute Hilfestellung, wie Ziele definiert werden sollen, bietet das Modell SMART. Ziele sind demnach anspruchsvoll, messbar, werden mit den Mitarbeitern vereinbart, sind realistisch und immer zeitlich eingegrenzt.

S = streching	anspruchsvoll
M = measurable	messbar
A = agreed	vereinbart
R = realistic	realistisch
T = time-related	zeitlich eingegrenzt

Anspruchsvoll
Ziele müssen anspruchsvoll sein. Das heißt, die Zielpunkte müssen über der alltäglichen Norm festgelegt werden. Beispielsweise soll der Verkauf von Aperitifs gesteigert werden. Definieren Sie eine Zahl, die über den momentanen Verkaufszahlen liegt.

Messbar
Ziele müssen messbar sein. Am Monats- oder Jahresende muss nachvollziehbar sein, ob die Ziele erreicht worden sind. Das können quantifizierbare Ziele sein, z. B. wie viele zusätzliche Aperitifs wurden verkauft? Oder wurde jede Anfrage im Betrieb innerhalb eines Tages bearbeitet?

Vereinbart
Die festgelegten Ziele müssen schriftlich fixiert werden. Die Mitarbeiter sind in die Definition der Ziele involviert. Eine Vereinbarung zwischen Betrieb und Mitarbeitern wird schriftlich festgehalten. Denken Sie auch darüber nach, ob das Erreichen der festgelegten Ziele mit einem finanziellen Bonus belohnt werden soll.

Realistisch
Es ist zwar wichtig, dass Ziele anspruchsvoll sein müssen. Sie sollten jedoch auch realistisch sein. Setzen Sie die Ziele zu hoch an, dann demotivieren Sie Ihre Mitarbeiter. Binden Sie Ihre Mitarbeiter in die Zieldefinition mit ein, dann können Sie davon ausgehen, dass die Zielvorgaben auch in deren Sinne sind und die Mitarbeiter die Ziele auch mittragen und dahinter stehen können.

Zeitlich eingegrenzt
Ziele müssen zeitlich eingegrenzt sein. Legen Sie daher für alle definierten Ziele einen Zeitrahmen fest, z. B. nach Geschäftsjahr; bei einem Jahresbetrieb ist es sinnvoll, die Ziele von Januar bis Dezember zu definieren, bei einem Saisonbetrieb nach der Länge der Saison.

Arten von Zielen

Tätigkeitsziele

Tätigkeitsziele sind Beiträge, die geleistet werden müssen, damit die Ziele des Teams oder des Unternehmens erreicht werden können. Auf Unternehmensebene beziehen sie sich auf die Mission des Unternehmens, seine zentralen Werte und seine strategischen Pläne sowie Ergebnisse (z. B. Erreichen des Betriebsergebnisses von 30 Prozent durch Umsetzung des Marketingplans oder zum besten Tagungshotel der Region zu werden). Auf Teamebene bezieht sich diese Art von Zielen spezifisch auf den Zweck des Teams und die von ihm erwarteten Beiträge zur Erreichung der Unternehmensziele (z. B. 30-mal am Tag das Tagesgericht verkaufen).

Persönlichkeitsziele

Ziel eines jeden Mitarbeiters sollte es sein, seine Leistung ständig zu verbessern. Lebenslanges Lernen ist aus der heutigen Arbeitswelt längst nicht mehr wegzudenken, denn nicht nur das Unternehmen selbst, auch der einzelne Mitarbeiter muss auf dem Arbeitsmarkt konkurrenzfähig bleiben. Auch durch die Formulierung neuer Unternehmensziele und -aufgaben kann es für Unternehmensleitung und Mitarbeiter notwendig werden, Wissen, Kenntnisse und allgemeine Kompetenzen zu erweitern.

Legen Sie die Vorgaben für die zu erzielenden Ergebnisse regelmäßig (z. B. alle 6 Monate) neu fest, oder ergänzen Sie diese bei Bedarf. Weisen Sie Ihre Mitarbeiter regelmäßig in neue Aufgaben ein, und setzen Sie die fachlichen Ressourcen sorgfältig ein. Geben Sie Ihren Mitarbeitern Zeit und Gelegenheit, um sich auf neue Anforderungen oder veränderte Bedingungen vorbereiten zu können. Nicht jeder Mitarbeiter wird im selben Maße in der Lage sein, sich selbständig auf neue Aufgaben einzustellen. Geben Sie daher Ihren Mitarbeitern im Bereich Aus- und Weiterbildung Hilfestellung auch im eigenen Betrieb.

Gleich bleibende Ziele

Für manche Tätigkeitsbereiche sind die Ziele festgelegt und werden auch bei geänderten Zielvorgaben nicht verändert. Sie betreffen die ständigen oder laufenden Aufgaben und enthalten gleich bleibende Leistungsstandards, welche in Form von quantitativen Bestimmungen festgelegt werden können (z. B. Sauberkeitsstandards, Begrüßungszeremoniell, nach 3-mal Klingeln den Telefonanruf beantworten etc.).

Umsetzung

Festlegen von Tätigkeitsbereichen

Zunächst müssen anhand der Liste der Hauptaufgaben, denen bestimmte Ziele zugeordnet werden können, die wichtigsten Ergebnisbereiche festgelegt werden. Ziele sind quantifiziert und zeitbezogen – sie definieren immer spezifische und messbare Ergebnisse und den Zeitpunkt, zu dem sie erreicht werden müssen (z. B. jeder Servicemitarbeiter mit Verantwortung „Getränke" verkauft im Restaurant 5 Flaschen Bowen Shiraz pro Woche).

Festlegen von Leistungsstandards

Leistungsstandards sind vorwiegend über gleich bleibende Ziele definier- und messbar. Von einem Prüfungszeitraum zum anderen sind oft keine wesentlichen Veränderungen zu verzeichnen, sofern die zentrale Aufgabe unverändert bleibt. Leistungsstandards werden beispielsweise in Bezug auf Serviceniveau oder Reaktionsgeschwindigkeit der Mitarbeiter quantifiziert.

Beachten Sie:

- Die Maßstäbe sollten sich nicht auf Bemühungen, sondern auf Resultate beziehen.
- Die Anforderungen müssen so formuliert sein, dass es den Mitarbeitern möglich ist, die geforderten Resultate auch zu erreichen.
- Die Maßstäbe müssen objektiv und beobachtbar sein.
- Es müssen Messdaten verfügbar sein.

Setzen Sie sich Ihre persönlichen qualitativen Ziele – bei all Ihrem Tun und Handeln. Setzen Sie sich ein Ziel, und machen Sie einen Plan. Wer versucht, alles zu erreichen, erreicht am Ende gar nichts. Erfolg hat man nur, wenn man sich bemüht, ein Ziel nach dem anderen zu erreichen. Schritt für Schritt.

Wenn Sie einen Urlaub planen, ist die erste wichtige Frage: „Wohin will ich denn?"

Für die Planung Ihres Geschäftes gilt das Gleiche. Der Weg zum Erfolg ist dann geradlinig und eben, wenn man sein Ziel kennt.

In den über 50 Millionen Schweizer Franken, welche die beiden ersten McDonald's Hotels gekostet haben, stecken Millionen von Entwicklungskosten, die genau folgendem Ziel dienten:
Effizienz steigern und Kosten senken!

Beispiele: Qualitative Ziele

- 87 Prozent der Gästefragebogen mit dem Urteil „sehr gut" von Januar bis Juni erhalten.
- Attraktivität der Freizeitangebote verbessern, Bau eines überdachten Beach-Volleyball-Platzes bis Februar.
- Verhalten und Qualifikation der Mitarbeiter verbessern durch monatliche interne Schulungen (entsprechenden Schulungsplan erstellen).
- Komfort im Restaurant steigern, wir polstern das Mobiliar bis Juli neu auf.

- Komfortable Buchungsmöglichkeiten fördern, z. B. direkte Internetbuchungsmöglichkeit.
- Sauberkeit und Exklusivität des Unternehmens verbessern – wir beauftragen eine externe Firma, quartalsmäßig unangemeldete Kontrollen durchzuführen.

Beispiele: Messbare, wirtschaftliche und realistische Ziele

- Erreichung eines Küchenwareneinsatzes von 29 Pozent in der kommenden Wintersaison.
- Steigerung des Weinverkaufs von 9 auf 12 Flaschen pro Tag.
- Von 10 verkauften Kaffees verkaufen wir 3 Cappuccino.
- Zu 10 verkauften Kaffees verkaufen wir 4 Stück Torten.
- Von 10 verkauften Apfelstrudeln verkaufen wir 6 mit Vanillesauce.
- Ein Betriebsergebnis 1 von mindestens 30 Prozent im Jahr 2002.
- Steigerung der Bettenbelegung im Sommer um 9 Prozent gegenüber dem Vorjahr
- Steigerung des Seminargeschäfts um 10 Prozent in der Herbstperiode.
- Steigerung der Übernachtungen im nächsten Winter auf 16 000.

Beispiele: Traumhafte Ziele

Ein Traum ist wie ein Reiseziel. Zwar in der Ferne und noch in der Phantasie, aber immerhin so real, dass Sie es erkennen und erreichen können.

- Auch ein eigenes Geschäft kann voll solcher Traumziele sein – eine Frühstückspension, die sich in den nächsten 8 Jahren zu einem 4-Sterne-Hotel entwickelt.
- Eigene Qualifikationen, die Sie bis in die Führungsetage eines angesehenen Hotelkonzerns bringen.
- Eine Erfolgsstufe, die einem zum Haus oder zum Auto seiner Träume verhilft.
- In der Lage zu sein, anderen beim Erreichen ihrer Traumziele zu helfen.
- Ein Barkonzept, das sich bis ins Jahr 2005 durch Franchising verzehnfacht.

Gehen Sie einfach immer vorwärts und nie zurück. Sie können Ihr Traumziel genauso sicher erreichen wie jedes Reiseziel auf einer sorgfältig geplanten Reise. Es ist in greifbarer Nähe.
„Wohin will ich denn?“ Peilen Sie Ihr Ziel an. Bewegen Sie sich immer in die richtige Richtung, und stehen Sie zu Ihrer Überzeugung. Das gilt sowohl bei kleinen als auch bei großen Zielen. Dann kommen Sie auch garantiert an.

Kapitel 4

Strategie

Strategie

Wozu benötigen Sie eine Strategie, wenn doch Vision und Ziele festgelegt sind?

Was ist eine Strategie?

Die Strategie umfasst die Gesamtheit von Maßnahmen, die zur Erreichung eines bestimmten Zieles führen.

Das Ziel ist die Realisierung einer Vision, die Strategie der Weg dorthin.

Strategien sind Wegweiser, die unternehmerisches Handeln kanalisieren und lenken. Letztendlich liegt der Sinn von Strategien darin, Wettbewerbsvorteile für den eigenen Betrieb zu schaffen.

Durch Strategien werden Visionen Wirklichkeit.

Der Geschäftsverlauf eines Betriebes darf nicht vom Zufall bestimmt werden. Er muss bewusst und systematisch geplant werden.

Die Basis für eine erfolgreiche Marketingstrategie ist immer ein stimmiges Produktkonzept. Wir verkaufen kein Bett oder einen Barhocker, sondern wir verkaufen ein Produkt. Nur auf ein gutes und treffendes Produktkonzept können die anderen Elemente des Marketingmix erfolgreich aufbauen.

Was ist ein Produkt?

Die Marketinglehre definiert den Begriff „Produkt“ im Allgemeinen so:

„Ein Produkt ist jedes Objekt, das auf einem Markt zur Beachtung oder Wahl, zum Kauf, zur Benutzung oder zum Verbrauch oder Ver-

zehr angeboten wird und geeignet ist, damit Wünsche oder Bedürfnisse zu befriedigen.“ (Kottler, „Grundlagen des Marketing“)

Zu den Objekten, die unter diese Definition fallen, zählen somit:

- alle gegenständlichen Objekte wie Autos, Möbel, Lebensmittel, Getränke, Computer ...
- Dienstleistungen wie Essen im Restaurant, Haare schneiden, Urlaubsreisen ...
- Orte oder Räumlichkeiten wie Hotelzimmer, gemietete Immobilien, Geschäftslokale ...
- Organisationen wie Greenpeace oder das Rote Kreuz und Ideen wie politische Parteien, Aktionen, Kirchen ...
- Personen wie Politiker im Wahlkampf, Sänger, Wirte, Küchenchefs, Schauspieler ...

Im Ursprung geht es also um das Kernprodukt. Es ist das Zentrum eines jeden Produktes, auch Kernnutzen genannt. Es bietet dem Käufer den eigentlichen Nutzen zur Befriedigung seines Wunsches oder Bedürfnisses. Im Allgemeinen ist es dieser Kernnutzen oder diese problemlösende Dienstleistung, die der Kunde sucht, wenn er ein Produkt kaufen möchte. Der Kernnutzen muss dabei aber nicht immer die ureigentliche Funktion oder das Produkt selbst sein. Am Beispiel Gastronomie bedeutet dies: Menschen besuchen eine Bar nicht nur, um den Durst zu löschen, sondern auch, um jemanden kennen zu lernen. Ein Restaurant wird nicht nur besucht, um den Hunger zu stillen, sondern auch, um eine andere Atmosphäre zu genießen.

Jede Produktdefinition muss daher immer beim Kernnutzen ansetzen.

Ihre strategische Aufgabe besteht darin zu ermitteln, welche Kernbedürfnisse Ihres Gastes/Ihres Käufers befriedigt werden sollen.

Auf dieser Basis müssen Sie dann das tatsächliche Produkt entwickeln. Vergessen Sie dabei nicht, dass der Gast immer auch einen Zusatznutzen des Produktes möchte.

Zum Beispiel im Restaurant: Bestellt ein Gast eine Flasche Wein, erhält er auch das Mineralwasser dazu. Bestellt er einen Kaffee, erhält er ein Schokolädchen dazu. Heute genügt es nicht mehr, nur ein Hotelzimmer anzubieten, der Gast möchte auch einen Bademantel vorfinden, er möchte Sauna und Schwimmbad benutzen können; bucht er einen Seminarraum, erhält er nicht nur den Raum, sondern auch die Obstpause; kommt ein Reisebus, erhält der Fahrer einen alkoholfreien Drink an der Bar, während das Hotel die Buswäsche organisiert.

Ziel ist es also, am Ende ein Produkt mit einer Nutzen-Gesamtheit zu erhalten, das Ihre Zielgruppe/Ihre Kaufinteressenten am besten zufrieden stellt.

Der laufende Betrieb – das operative Geschäft

Eines der Hauptprobleme der heutigen Hotellerie und Gastronomie ist, dass zu viele Profis im operativen Geschäft und viel zu wenige im strategischen Geschäft tätig sind. Der operative Bereich umfasst alle Tätigkeiten, die den bestehenden Betrieb in Gang halten, wie z. B. die Kontrolle von Leistungsstandards, die Qualität der Produkte, Sauberkeit, die Instandhaltung der technischen Anlagen, die Schulung und Weiterbildung der Mitarbeiter sowie die systematische Analyse des Buchungs- und Gästeverhaltens. Setzen Sie hier die entsprechenden Punkte Ihres Jahreszielplanes strategisch um.

Die planende Aufgabe – das strategische Geschäft

Großes Augenmerk müssen Sie auf die Gestaltung der Zukunft legen, auf die Entwicklung neuer Produkte, neuer Dienstleistungsangebote, Organisationsformen und Strategien. Die bestehende Organisation Ihres Betriebes sollte nur einen begrenzten Teil Ihrer Arbeitszeit in Anspruch nehmen. Selbstverständlich ist das „Hier und Jetzt" wichtig, die Planung für die Zukunft dürfen Sie jedoch nie außer Acht lassen.

Jeder planende, kreative Prozess besteht aus zwei wesentlichen Schritten:

- Erkennung der Bedürfnisse.

- Definition der strategischen Zielsetzungen.

Eine strategische Zielvereinbarung können Sie aber nur dann treffen, wenn Sie die Bedürfnisse Ihres Kunden erkannt haben. Marketing ist also Bedarfserkennung oder Erkennung neuer Bedarfsfelder. Eine der wichtigsten Aufgaben Ihres Marketings ist es, Bedürfnisse früher zu entdecken als Ihre Mitbewerber, ja sogar früher als Ihre Gäste.

Beispiele: Bedürfnisse

- Sie bieten Geschäftsreisenden durch eine große Auswahl von Adaptern für jede Art von Laptop den passenden Anschluss im Hotelzimmer an.

- Sie bieten dem zukunftsorientierten Geschäftsreisenden in seinem Hotelzimmer einen modernen PC mit Flachbildschirm mit kostenlosem High-Speed-Internet Zugang an, wobei er die Bildschirmoberfläche in verschiedenen Sprachen abrufen kann und über die Standleitung zeit- und kostenunabhängig übers World Wide Web surft.

- Sie bieten in Ihrem Hotel spezielle Treatments für Hunde unterschiedlichster Rasse und Größe an. Ihre vierbeinigen Gäste erhalten bei Ankunft ein Geschenk, vom Hunde-Welcome-Snack, einem quitschenden Spielzeug bis hin zum Hundekuchen. Für „Stammgäste" steht eine Schüssel mit seinem Namen und ein Körbchen mit einer Knochentasche bereit. Das Hotel organisiert den Auslauf mit dem Hund oder stellt eine Karte mit beschilderten Gassiwegen zur Verfügung.

- Das In-Lokal bietet bis 2.00 Uhr morgens warme Küche an, um der Nachfrage nach Flexibilität gerecht zu werden.

- Gestaltung einer After-Work-Party, Sie organisieren ab 18.00 Uhr einen Event für Büromitarbeiter, die nach Arbeitsschluss Vergnügen und Abwechslung suchen.

- In Ihrer Beautyfarm trumpfen Sie mit einer Kaviargesichtsbehandlung auf. Diese sorgt für eine straffe, frische und strahlende Gesichtshaut. Die Kaviarmaske und die dazugehörende Massage verändert die Gesichtshaut auf positive Weise.

Die Kunst ist, jene Menschen zu finden, deren Bedürfnisse Sie befriedigen können.

Die strategische Planung

Als Unternehmer benötigen Sie eine grundsätzliche Stoßrichtung für Ihren Betrieb, ein genau geplantes Vorgehen. Überlegen Sie sich genau, in welchem Segment Sie Ihr Unternehmen positionieren wollen und können. Diese „Standortbestimmung" hängt von zahlreichen Faktoren innerhalb und außerhalb Ihres Betriebes ab (Infrastruktur, regionale und saisonale Angebote im Umfeld, Betriebskapazitäten etc.). Es hat keinen Sinn, auf „allen Hochzeiten gleichzeitig zu tanzen" und dabei womöglich in keinem Bereich wirklich erfolgreich zu sein. Konzentrieren Sie sich auf Ihre Kerntätigkeiten und Kernkompetenzen. Ziel Ihrer strategischen Planung muss es sein, Wettbewerbsvorteile Ihres Betriebes zu definieren und zu realisieren. Suchen Sie Marktnischen, dringen Sie in sie ein, und besetzen Sie diese. Marktnischen sind Bereiche, in denen vorhandene oder mögliche Kundenwünsche vom bestehenden Angebot gar nicht oder nur unzureichend befriedigt werden.

Als Nischenmarketing bezeichnet man enger abgegrenzte Gästegruppen. Der erste Schritt für den Unternehmer besteht in der Unterteilung des Marktes in klar abgegrenzte Käufergruppen, die spezielle Produkte und ein eigenes Marketing erfordern.

Hotels können aus dem Segment der Geschäftsreisenden Nischen aussondern, wie etwa Geschäftsreisende, die lediglich einen ruhigen Schlafplatz suchen, solche, die ihre Geschäftspartner im Hotel empfangen und bewirten wollen, oder solche, die während der Geschäftsreise auch auf Unterhaltung nicht verzichten möchten.

Ein Beispiel wäre hier die französische Hotelkette Accor. Der Geschäftsreisende oder Urlauber hat hier die Wahl zwischen Hotels der Budget- bis zur Luxusklasse (u. a. die Hotelmarken Sofitel, Novotel, Mercure, Suitehotel, Ibis, Etap, Formule 1, Motel 6 und Red Roof Inn). So besetzt Accor jeweils Nischen mit unterschiedlichen Gästegruppen.

Die strategische Frage muss lauten: Wie groß muss eine Nische sein, um sie wirtschaftlich bedienen zu können?

Nischenmarketing kehrt zu den Wurzeln jedes guten Marketings zurück, nämlich zum einzelnen Menschen und seinen Bedürfnissen. Wer den Menschen ansprechen will, muss sein Herz erreichen. Und nur wer das Herz des Menschen trifft, stößt mitten ins Zentrum des Marktes.

Der Markt gehorcht biologischen Gesetzen. Keine zwei Arten, die sich auf dieselbe Weise ernähren, können gleichzeitig in einem bestimmten Lebensraum existieren. Dieses natürliche Ausschlussprinzip gilt sowohl für direkte als auch für indirekte Mitbewerber. Schnell, gesund und kräftig wachsen kann Ihr Betrieb nur, wenn er wirklich einzigartig ist.

Insbesondere der schärfere Wettbewerb sowie die größere Auswahl und Austauschbarkeit der Produkte und Dienstleistungen erschweren den Unternehmen langfristiges Wachstum und hohe Renditen. Zur Erreichung dieser Ziele müssen daher anstelle der Neukundengewinnung (Offensivstrategien) so genannte Defensivstrategien (Erhöhung der Kundenzufriedenheit und Aufbau von Wechselhürden) angewendet werden. Da die Neukundengewinnung im Vergleich zur Kundenbindung sehr teuer ist, spielen sowohl Cross-Selling als auch Wiederholungskäufe eine besondere Rolle.

Zielgruppenstrategien

Sie bestehen im Wesentlichen aus drei Aktivitäten:

- der Marktsegmentierung
- der Zielmarktfestlegung
- der Positionierung

1. Die Marktsegmentierung

Marktsegmente bestehen aus größeren Kundengruppen innerhalb eines Marktes. Die Marktsegmentierung ist die Unterteilung eines Marktes in klar abgegrenzte Gästegruppen, die jeweils spezielle Produkte erfordern. Wie schon der Volksmund sagt: „Sie können es nicht jedem recht machen!" In diesem großen Markt, in dem wir uns bewegen, können wir nicht allen Gästen gleich gut dienen. Dazu kommt, dass es Mitbewerber gibt, die bestimmte Segmente des Gesamtmarktes besser bedienen können als andere.

Statt in allen Bereichen den Wettbewerb aufnehmen zu können, müssen Sie die für sich lohnenden und attraktiven Marktsegmente auswählen, die Sie auch erfolgreich bedienen können. Voraussetzung dafür ist, dass Sie zunächst das Gewinnpotenzial der einzelnen Segmente abschätzen, unabhängig von der Größe und dem Wachstum des Segments und unabhängig von Ihren Unternehmenszielen. Es ist darüber hinaus strategisch entscheidend, wie viele Segmente Sie wählen und wie Sie diese abdecken möchten.

Beispiel: Gastronomiesegmente

- Freizeitgastronomie
  z. B. Cinemaxx, Europapark, Mega-Events, Freizeitparks ...
  Themengastronomie nach dem Motto: Eating, Drinking & Entertainment

- Fastfood
  z. B. McDonald's, Nordsee ...
  sowie Imbisse, Snacks, Takeaway, Delivery's
- Fullservice Gastronomie
  z. B. Block House, Rosenberger, Mövenpick,
  Hofbräuhaus München
- Verkehrsgastronomie
  z. B. Tank & Rast, Autogrill, Gastrobetriebe an Flughäfen,
  Bahnhöfen, und zwar an allen Verkehrsknotenpunkten
- Handelsgastronomie
  z. B. Ikea, Metro, Karstadt, Migros, Lutz,
  integrierte Gastronomiekonzepte im Einzelhandel

Konzentrieren Sie sich auf ein zielgruppenorientiertes Marketing. Unterteilen Sie den Markt in die wichtigsten Segmente, wählen Sie ein (konzentriertes Marketing) oder mehrere (differenziertes Marketing) davon aus, und entwickeln Sie Produkte und Marketingpläne, die speziell auf die einzelnen Segmente zugeschnitten sind. Dies hilft Ihnen, Ihre Marktchancen besser zu ermitteln. Sie können das richtige Angebot für den jeweiligen Zielmarkt entwickeln und die Preise und Werbemaßnahmen gut darauf abstimmen. Statt Ihre Marketingmaßnahmen breit zu streuen, konzentrieren Sie sich besser auf jene Kunden, die Sie am ehesten zufrieden stellen können.

Konzentriertes Marketing

Dabei konzentrieren Sie sich lediglich auf ein Segment und entwickeln Produkte und Marketingprogramme, die genau auf dieses Segment zugeschnitten sind. Das Event-Hotel konzentriert sich mit voller Energie auf das Incentive-Geschäft. Es richtet alles auf diese eine Zielgruppe aus. So konzentriert sich z. B. Porsche auf das Marktsegment für teure Sportwagen und Toshiba auf Laptop-Computer.

Das Risiko des konzentrierten Marketings liegt auf der Hand: Das Marktsegment kann „dahinschmelzen". Als die modebewusste Frau z. B. plötzlich aufhörte, Pelzkleidung zu kaufen, schrieben viele Gerber und Couturiers rote Zahlen. Ein zweiter Risikofaktor kann entstehen, wenn ein Mitbewerber genau in dasselbe Segment, das auch Sie bearbeiten, eintritt.

Differenziertes Marketing

Sie konzentrieren sich beispielsweise auf zwei Segmente: Geschäftsreisende und Seminargäste. Für beide Segmente müssen Sie unterschiedliche Marketingangebote entwickeln. Beide Segmente ergänzen sich in diesem Fall aber optimal. Sie „stören" sich nicht gegenseitig beim Mittagessen, auf der Terrasse etc.

Es liegt in Ihrem Ermessen, welche Segmente sich „vertragen" und welche nicht. Problematisch wird es z. B., wenn Sie auf die beiden Segmente Seminargast und Gruppenvereinsgast setzen. Turbulenzen im Haus (Frühstücksraum, Bar etc.) sind wahrscheinlich vorprogrammiert. Genauso erfolglos ist es, den Wildliebhaber für ein vegetarisches Lokal zu begeistern – die beiden Segmente verhalten sich nicht harmonisch zueinander.

General Motors bearbeitet mehrere Segmente und entwickelt für jedes spezielle Programme. General Motors behauptet, für jede Brieftasche, für jeden Zweck und Persönlichkeit das richtige Auto zu haben.

Beispiele: Segmentierung

- Ausbau des Seminargeschäfts
- Ausbau von Firmenkontakten
- Aufbau von Kultur- und Ausflugstourismus
- Konzentration auf den Individualgast
- Konzentration auf junge Familien mit Kindern
- Konzentration auf das Bus- und Vereinsgeschäft
- Ausbau des Frühstücks- und Brunchgeschäfts
- Aufbau eines Gesundheitstourismus
- Konzentration auf Spezialgruppen wie Snowboarder, Kiteboarder, Biker, Tennisspieler, Golfer, Fischer, Museumsliebhaber, Techno-Freaks

Um in einem Marktsegment wirklich erfolgreich zu sein, müssen Sie gegenüber den Mitbewerbern absolute Wettbewerbsvorteile vorweisen. Treten Sie deshalb niemals in einen Markt oder ein Marktsegment ein, ohne in irgendeiner Form einen besonderen Kundennutzen anbieten zu können.

- Ein Beispiel dafür ist der Kultur- und Ausflugstourismus.

Urlaub im Kloster: Neue Angebote bieten Spiritualität und Erlebnis für Leib und Seele. Die Urlauber nutzen den Aufenthalt im Kloster in erster Linie für die Meditation und die innere Einkehr sowie für Gespräche mit den jeweiligen Patres. Die Gäste möchten das Klosterleben kennen lernen und Einblick in den Wirkungsbereich der Mönche bekommen. Bieten Sie einen Workshop an zum Lesen alter Schriften oder einen Spezialkurs für Ikonenmalerei. Das Einkommensniveau dieser Gästeschicht ist eher höher. Auch dies ist ein Trend der Zukunft – siehe Kapitel 2.

- Ein weiteres Beispiel dafür ist der Urlaub für junge Familien mit Kindern.

Hier bietet sich der Trend der letzten Jahre („all-inclusive") sehr stark an. Wichtig dabei ist, dass es sich nicht lediglich um ein Pauschalangebot handelt, sondern wirklich dem Namen gerecht wird. Ein echtes „All-inclusive"-Angebot umfasst unter anderem neben dem Frühstück und Abendessen auch die Getränke beim Essen, ganztägige Kindersaftbar, nachmittags Kaffee und Kuchen, professionelle Kinderbetreuung, Erwachsenenanimation, Benützung sämtlicher Sporteinrichtungen und der Bergbahnen.

Der Unterschied zu den viel zitierten „All-inclusive"-Angeboten der Karibik ist in zwei wesentlichen Kernbereichen festzuhalten. In den meisten Fällen erhält der Gast bei uns kein Mittagessen, und die alkoholischen Getränke müssen an der Bar bezahlt werden. Bei gleicher Bezeichnung erhält der Gast dies in der Karibik gratis dazu. Der Vorteil dieser Segmentierung liegt auf der Hand: Der Gast bezahlt einen festgelegten Preis, kennt im Vorfeld bereits seine Ausgaben und kann seinen Urlaub klar budgetieren.

2. Die Zielmarktfestlegung

Wählen Sie einen oder mehrere Zielmärkte aus, um darin Fuß zu fassen:

Die geographische Segmentierung
Sie erfordert eine Einteilung des Marktes in verschiedene geographische Einheiten, wie z. B. in Länder, Kantone, Regionen, Städte oder Stadtviertel.

Die demographische Segmentierung
Sie erfordert die Einteilung der Kunden nach Alter und Lebensabschnitt, Geschlecht, Familiengröße, Familienlebenszyklus, nationale Herkunft, soziale Schicht, Einkommen etc. So hat sich die Firma Hipp auf Babynahrung und Alterskost spezialisiert, Ferrero produziert für Kinder Kinderschokolade und Überraschungseier, für Erwachsene die mit Alkohol gefüllten „Mon Chèri". Eine Segmentierung nach dem Einkommen ist in unserer Dienstleistungsbranche gängige Praxis. Echter Champagner und alter Whisky sind z. B. für anspruchsvolle und zahlungskräftige Gäste gedacht. Und das Designer-Hotel wird vom jungen Anwalt ohne Familie höchstwahrscheinlich öfter frequentiert als von einer kinderreichen Familie.

Ein Feriengast kann wie folgt segmentiert werden:

- Jugendlicher, 17 bis 25 Jahre alt.
  Diesem Gast muss Action geboten werden, er will etwas sehen und erleben. Ferien mit Gleichaltrigen oder Familienferien sind bei diesem Segment „out". Dieser Gast mag Sport, Abenteuer, Risiko, Partys und Konzerte; er stellt keine allzu großen Ansprüche an Komfort.
- Single, 25 bis 45 Jahre alt.
  Der weibliche oder männliche Single ist modern, aktiv, anspruchsvoll, aufgeschlossen, unabhängig und kontaktfreudig. Er liebt nicht alltägliche Sportarten, lebt in guten finanziellen Verhältnissen und braucht ein Zimmer zur Alleinbenützung.

- Junge Familien mit Kindern im Alter bis 16 Jahren.
  Familienleben steht bei dieser Gästegruppe im Vordergrund. Sie möchte im Urlaub unabhängig sein, mit viel Freiraum für die Kinder. Wichtig sind flexible Essenszeiten, Kochgelegenheiten für Kleinkindernahrung, Wickeltische, Kinderbetreuung, Kinderanimation und eine lockere Atmosphäre. Die finanziellen Verhältnisse sind je nach Familiengröße und Einkommen bescheiden bis gut.
- Kinderlose Paare, 25 bis 55 Jahre alt.
  Sie sind sportlich und kulturell interessiert, suchen Komfort, Unterhaltung, Erholung, perfekten Service und exklusive Gastronomie. Meist sind sie Doppelverdiener und machen 2- bis 4- mal pro Jahr Ferien.
- Ab 55 Jahre, die so genannte Master-Konsum-Zielgruppe.
  Diese Personen reisen oft allein und haben großes Interesse an Ferien- und Freizeitgestaltung. Sie sind moderat sportlich, suchen Unterhaltung, Gesellschaft, Geselligkeit und Sicherheit und leben in guten finanziellen Verhältnissen.

Die psychographische Segmentierung
Hier werden die Gäste anhand ihres Lebensstils bzw. besonderer Persönlichkeitsmerkmale in verschiedene Gruppen eingeteilt. Man geht dabei davon aus, dass das Interesse eines Gastes an einem bestimmten Produkt von seinem Lebensstil bestimmt wird. Produkte, die der Gast konsumiert, sind Ausdruck seines Lebensgefühls.

Die verhaltensbezogene Segmentierung
Der Gast wird auf der Grundlage seiner Produktkenntnisse, seiner Einstellungen und seiner Verwendungsgewohnheiten eingeteilt. Verhaltensbezogene Variablen sind z. B. Anlässe wie Hochzeiten. Markentreue (unsere Stammgäste!) und das Stadium der Kaufbereitschaft (siehe auch Kapitel 10, Verkauf). Nach dem Kriterium der Kaufbereitschaft werden folgende Gästetypen unterschieden:

A Stammgäste
B „Mehrmals"-Gäste

C Erstgäste
D Gäste, die ein bestimmtes Angebot/eine Offerte verlangt haben
E Gäste, die uns kontaktieren
F Gäste, die uns kennen
G potenzielle Gäste

Gäste befinden sich sozusagen in verschiedenen Stadien der Kaufbereitschaft. Einigen ist das Produkt bekannt, anderen nicht. Wieder andere sind über das Produkt informiert, manche sind daran interessiert, manche beabsichtigen es zu kaufen. Für die Gestaltung des Marketingprogramms ist es wichtig, den Anteil der Personen im jeweiligen Stadium der Kaufbereitschaft zu kennen.

3. Die Positionierung

Jedes Unternehmen muss bestrebt sein, sich am Markt zu positionieren. Das Angebot muss so gestaltet sein, dass es im Bewusstsein des Zielkunden einen besonderen, geschätzten Platz einnimmt und sich von den Angeboten der Wettbewerber abhebt. Die wesentlichsten Unterschiede müssen herausgearbeitet und entsprechend kommuniziert werden. Die Kernfragen lauten: Wie können wir uns am Markt zukünftig erfolgreich positionieren? Wie können wir unsere Wettbewerbsposition mit unserem Leistungsprogramm im angepeilten Zeitraum auf- bzw. ausbauen?

Strategien zur Neupositionierung

Die Strategie der Verteidigung

Verteidigen Sie Ihre bisherige Position, indem Sie einfach besser werden. Manchmal ist es vorteilhafter, die bisherige Position nicht aufzugeben, sondern einfach kontinuierlich besser zu werden. Konzentrieren Sie sich auf den Ausbau Ihrer bisherigen Stärken und weniger auf die Ausmerzung Ihrer Schwächen.

Die Strategie des direkten Angriffs
Hier müssen Sie Stärke und Ausdauer beweisen. Ihr Ziel ist es, Ihre Marktanteile zu erhöhen. Sie setzen auf die gleiche Zielgruppe wie Ihr Mitbewerber. Sie machen ihm seine Gäste streitig. Dies ist allerdings nur sinnvoll und möglich, wenn das Produkt sehr rar und das Bedürfnis nach dem Produkt sehr groß ist.

Die Umgehungsstrategie
Das Motto könnte lauten: Die einzige Möglichkeit, langfristig Nummer 1 zu werden, ist, als Nummer 2 zu denken. Angriffslustiger und gleichzeitig individueller zu sein. Sie umgehen das Angebot Ihres Mitbewerbers, indem Sie anders und besser werden. Sie streben eine andere Positionierung an.

Die Strategie der Kopie
Sie profitieren vom guten Ruf Ihres Mitbewerbers und kopieren ihn einfach. Sie bewerben dieselben Stärken wie Ihr Mitbewerber. Der Nachteil liegt auf der Hand: Sie sind immer abhängig von der Nummer 1 am Markt. Sie reagieren ständig und agieren nicht mehr.

Grundgesetze der Positionierung

- Versuchen Sie grundsätzlich, Ihre Positionierung zu verteidigen.
- Geben Sie niemals eine starke Position auf.
- Eine Position zu halten ist wesentlich einfacher, als sie neu aufzubauen.

Wettbewerbsvorteile durch strategische Erfolgspositionen (SEP)

Strategische Erfolgspositionen sind die Kernfähigkeiten Ihres Betriebes, welche die entscheidenden Wettbewerbsvorteile bringen. Sie sind schwer kopierbar, dauerhaft spürbar und Voraussetzung für langfristigen, überdurchschnittlichen Erfolg. Tun Sie, was andere nicht tun. Ob Sie dabei mit oder gegen den Strom schwimmen, braucht Sie nicht zu kümmern. Hauptsache, Sie bleiben sich selbst treu. Ihr Produkt hat ein klares, individuelles Profil, das sich aus der Masse der Mitbewerber heraushebt. Dieses Profil ist die Grundlage Ihrer zukünftigen Kommunikation. Demonstrieren Sie die einzigartigen Eigenschaften Ihres Produktes.

Beispiele: Strategische Erfolgspositionen

- Lage (Restaurant mit Seeblick, Hotelzimmer mit Gletscherblick, Flughafennähe).
- Besondere bauliche Eigenheiten (denkmalgeschützt, altertümlich).
- Sportangebote (innovativste Tennisschule, bester Golflehrer).
- Aufbau eines hohen Dienstleistungsgrades, der um mindestens 30 Prozent besser ist als jener der Mitbewerber.
- Schnellbistro für Anspruchsvolle – Salat mit der Hand essen, ohne schmutzige Finger „Wrap" – gewickelte Weizentortilla mit Frischefüllung.
- Vegetarisches Fastfood – saftig, knackig, kernig.
- Einzige mittelamerikanische Kaffeebar (Coffeeshop) in der Region mit besonderem Zigarrenangebot.
- Musikrestaurant mit Bergkulisse – Erlebnisgastronomie.
- Lounge mit biologischen Drinks wie frischen Fruchtsäften, kühl levitiertem Wasser und Weizengras-Saft, dazu Organic-Fingerfood.
- Suppenbistro – hier gibt's alles rund um die Suppe.
- Zirkus-Hotel mit orientalischem Frühstück.
- Event-Hotel – alles rund um die Inszenierung.
- „Surf & Sushi" – Internet-Café mit japanischem Fisch und trendiger Atmosphäre.
- Themenrestaurant mit Originalkulissen von Warner Brothers' Hollywood-Studio – von Casablanca bis Batman.
- Fun-Hotel mit der höchsten und schrecklichsten Achterbahn der Welt.

Darüber hinaus sind es die vielen kleinen angenehmen Dinge USP's (Unique Selling Propositions), die die Visitenkarte Ihres Hauses ausmachen. Sie machen den Aufenthalt in Ihrem Haus unverwechselbar. Die USP's sind einzigartige und unverwechselbare Leistungen Ihres Unternehmens. USP's sind in der Regel kurzlebig, da sie Modeströmungen unterliegen und sehr schnell kopiert werden.

Qualität geht vor Profit!

Wenn Sie heute für hervorragende Qualität Ihrer Dienstleistung und Ihrer Produkte sorgen, brauchen Sie morgen um Ihren Gewinn nicht zu fürchten. Schaffen Sie Außergewöhnliches, und das auch noch außergewöhnlich gut. Qualität ist ein menschliches Grundbedürfnis. Diskutieren Sie daher niemals über Qualität, sondern bemühen Sie sich stets um dessen Optimierung. Heben Sie sich durch die Qualität der Dienstleistung Ihrer Mitarbeiter ebenso deutlich im Wettbewerb ab wie durch die Qualität Ihrer Produkte.

Die Strategie der Zusammenarbeit

Das bekannteste strategische Spiel ist das Schachspiel. Es ist das Spiel der Konfliktstrategie – die Zielsetzung von A schließt die Zielsetzung von B aus. Auch das „Spiel" des Unternehmers wird meist als Strategie des Kampfes angesehen. Als Alternative dazu bietet sich jedoch die Strategie der Zusammenarbeit an, der gemeinsamen Beratung und größtmöglichen Kooperation. Betriebe, die jahrelang um Marktanteile miteinander gerungen haben, müssen sich heute überlegen, kooperativ zu agieren oder sogar zu fusionieren, wenn sie am Markt überleben wollen. Dieselben Hoteliers und Gastronomen, die sich bisher in der Strategie des Kampfes geübt haben, müssen nun plötzlich die Strategie der Zusammenarbeit erlernen. Dies verläuft natürlich nicht immer ganz reibungslos. Zwischen den beiden Extremen „Kampf" und „Zusammenarbeit" liegt die Ebene des Verhandelns. Unternehmer stehen bei der Bewältigung der Zukunft im strategischen Feld immer irgendwie zwischen dem Streben nach Vernichtung des Konkurrenten und dem Streben nach Zusammenarbeit. Um jedoch zu Kompromissen und gemeinsamen Ergebnissen zu gelangen, muss der Aspekt der Mitmenschlichkeit mehr Platz finden, „Ellbogentechnik“ ist bei der Strategie der Zusammenarbeit nicht gefragt. Welche Strategie Sie wählen, hängt auch von Ihrer persönlichen Einstellung ab. Allerdings ist langfristige Zusammenarbeit wirtschaftlich sicherlich vorteilhafter als der Kampf gegeneinander.

Beispiele: Strategische Zusammenarbeit und Partnerschaften

- Ein ganzer Tourismusort baut gemeinsam eine Sportanlage (Tennis, Golf), die ein einzelner Betrieb aus Kostengründen nicht errichten könnte. Die Sportanlage kommt allen Betrieben gleichermaßen zugute.

- Tagungshotels schließen sich zu einem Kongress- und Tagungszentrum zusammen und können so für Großkunden attraktiver werden.

- Kleine, eigenständige Familienhotels bilden eine Werbekooperation, ohne damit ihre Eigenständigkeit aufzugeben.

- Eine ganze Region schließt sich zu einem „Gesamtanbieter“ zusammen, wobei die einzelnen Betriebe und Gesellschaften optimal miteinander kooperieren (Hotels, Einzelhandel, öffentliche Verkehrsmittel, Verkehrsverein, Flughafen, Seilbahnen, Schifffahrtsgesellschaften etc., z. B. in Form einer Touristikkarte speziell für die Region).

- TV-Tourismus: Eine Region setzt sich zum Ziel, Drehort einer populären TV-Serie zu werden. Serien wie der Bergdoktor oder Schlosshotel Orth ziehen ganze Touristenströme zu den Originalschauplätzen und verzeichnen steigende Gästezahlen.

Beispiel: Tourismus-Partnerschaft einer Region

Die Projektgruppe will mit einem neuen Informations- und Gästeservicezentrum in Brig das Oberwallis als einzigartiges Tourismus-

Netzwerk im Alpenraum positionieren. Das Zentrum soll Kooperationsplattform für alle touristischen Akteure der Region sein. Gemeinsam will man neue Produkte und Dienstleistungen entwickeln, um im verschärften Standortwettbewerb bestehen zu können. Dazu gehören vor allem Informations- und Beratungsdienstleistungen, aber auch der Verkauf von kommerziellen Produkten. Gäste können dazu direkt vor Ort Reservationen vornehmen. Die beteiligten Branchen sind die öffentliche Hand, der öffentliche Verkehr, die Landwirtschaft, der Tourismus, das Gewerbe und das Gastgewerbe.

Der touristische Standortwettbewerb zwingt die Region Brig-Aletsch und speziell die Stadt Brig, sich neu zu positionieren. Dazu braucht es eine einheitliche strategische Stoßrichtung, für die sich die verschiedenen regionalen Interessenvertreter gemeinsam einsetzen. Die Attraktivität einer Region hängt im Wesentlichen davon ab, ob sie das gestiegene Qualitätsbewusstsein und Informationsbedürfnis von Touristen befriedigen kann. Durch die Zusammenlegung von bisher dezentral erfüllten Aufgaben und die Nutzung von Synergien profitieren die Projektbeteiligten zudem von einer höheren Kosteneffizienz.

Das Projekt ermöglicht damit eine neue, kompetenzorientierte Aufgabenverteilung zwischen den touristischen Partnern im Oberwallis. Ziele sind unter anderem die Erhöhung der Dienstleistungsqualität, die Verbesserung der touristischen Wettbewerbsfähigkeit, die Schaffung eines Angebots marktgerechter Produkte und die Konzentration von bisher dezentral erledigten Aufgaben sowie die Schaffung einer Kooperationsplattform für die Nutzung von Synergien durch Zusammenlegen von Aktivitäten, wie z. B. Veranstaltungskoordination und eine gemeinsame Event-Strategie für die Region.

Zukunftsgestaltung ist kein Spiel für Individualisten. Zu rasch wächst die Komplexität unseres Lebens, zu groß sind die Verflechtungen unseres Betriebes im Markt und in der Gesellschaft.

Partnerschaften sind mehr als Interessengemeinschaften. Sie sind menschliche Beziehungen. Wir begegnen unseren Partnern mit Vertrauen und Toleranz, wir kommunizieren wechselseitig und aufrichtig und tragen Konflikte offen und kritisch miteinander aus.

Ziel dieses Partnermanagements ist die Umwandlung von Gegnerschaft in Partnerschaft. Statt gegeneinander zu streben, wollen wir mit- und füreinander wirken. Partnerschaften sind menschliche Beziehungen und müssen permanent gepflegt und gestaltet werden – zu Lieferanten, Reisevermittlern, Mitarbeitern, Verkäufern und Kunden, zu Geldgebern und Behörden.

Strategische Erfolgsfaktoren: Innovation und Zeit

Nicht die Großen fressen die Kleinen, sondern die Schnellen die Langsamen – Tempo schlägt Größe!

Wirklich Neues kann nur entstehen, wenn Sie sensibel sind für die leisen Signale des Marktes. Wer stets nur das Alte sieht, kann nichts Neues schaffen. Ihr Gast kann nur wissen, was er haben möchte. Aber er kann nicht wissen, was er haben könnte.

In einer Wettbewerbssituation, in der Schnelllebigkeit zum überragenden Leistungsmaßstab geworden ist, haben ganze Branchen und Industrien ihren Erfolg auf Zeitstrategien aufgebaut. Nicht nur im Beförderungswesen und in der Fastfood-Gastronomie, sondern überall, von der Textil- bis hin zur Automobilindustrie.

Bereiten Sie sich darauf vor, mehrere Varianten Ihres Produktes in höherer Qualität kostengünstiger doppelt so schnell auf den Markt zu bringen. Denken Sie dabei an Ihre Speisenangebote, Ihr Getränkesortiment und an Ihre Reservierungszentrale, an Ihre „All-inclusive"- und Pauschalangebote, an Ihre Seminarveranstaltungen, an Ihre Events, Ihre Hotelbar und an alle übrigen Profit-Center. Der Schlüssel zum Erfolg liegt in der Geschwindigkeit.

Leider wird man in der Praxis häufig vom operativen Geschäft „überrollt", oft bleibt zu wenig Zeit für taktische Überlegungen.

Doch der Zeitwettbewerb unterscheidet allein zwischen schnellen und langsamen Anbietern. Zeit ist der Wettbewerbsvorteil und die Waffe erfolgreicher Unternehmer. Zeit ist das Maß der Arbeit, so wie Geld das Maß der Ware ist, und Arbeit wird teuer, wo wenig Eile dabei ist. Wir können uns nur so viel Zeit in einem Bereich nehmen, wie wir in einem anderen gewinnen. Zeit kann man nicht kaufen, Zeit ist deshalb kostbarer als Geld. Kümmern Sie sich um ein wirkungsvolles, persönliches Zeitmanagement. Investieren Sie deshalb Zeit, um Zeit zu gewinnen.

Es geht aber nicht nur um unsere Zeit, sondern vor allem auch um die Zeit unseres Gastes. Es besteht ein Wettlauf mit dem Gast, der keine Zeit mehr hat. Immer häufiger tritt „value for time“ ein. In München im Wirtshaus zum Straubinger wettet man mit den Gästen: „Wir wetten mit Ihnen, dass von Montag bis Freitag unser Mittagsschmankerl nach Ihrer Bestellung innerhalb der nächsten 10 Minuten auf dem Tisch ist. Wenn uns das nicht gelingt, dann müssen Sie nix bezahlen – aber essen dürfen Sie es trotzdem.“ Diese Aktion nennt sich „10 oder nix“ und wird quartalsmäßig mit großem Erfolg durchgeführt.

Oliver Rubin ist überzeugt, dass Technologie (im IT-Bereich ebenso wie in der Haustechnik) effiziente, kostengünstige Abläufe (gut funktionierendes Supply Chain Management), Nutzung von Synergien, ein sehr gutes Preis-Leistungs-Verhältnis mit einer transparenten, einfachen Preisstruktur und der Erschließung neuer Marketingkanäle (in diesem Fall die McDonald's Restaurants) zentrale Bestandteile jeder Innovation sein müssen. McDonald's müsste es wissen, bei 30 000 Restaurants und 45 Millionen Kunden täglich.

Beispiele: Innovation

1. Immer mehr Restaurantmarken verkaufen ihre Produkte über den Einzelhandel (z. B. Mövenpick, Käfer). Restaurantunternehmen zielen damit auf ein Marktsegment, das überproportionales Wachstum verzeichnet. Bekannte Restaurantmarken haben gegenüber neuen Marken der Industrie einen unschätzbaren Vorsprung.

2. Erstellen Sie eine Rezeptdatenbank Ihrer beliebtesten Gerichte für Ihre Stammgäste zum Nachkochen. Der Gast, der eine Woche lang täglich hoch zufrieden mit Ihrer Küche war, würde vielleicht gerne das eine oder andere Menü zu Hause selbst nachkochen. Bieten Sie ihm diese Möglichkeit – auf Ihrer Homepage erhält Ihr Gast einen Code, um alle Rezepte abrufen zu können.

Beispiel: Ihre persönliche Gastronomiestrategie

Ziel: Schaffen Sie sich Wettbewerbsvorteile durch Einzigartigkeit.

Ihre 1. Entscheidung

Beantworten Sie folgende Fragen:

Was sind Ihre Gästesegmente? Welches sind Ihre Schwerpunkte? Welches Segment soll mit welcher Priorität bearbeitet werden? Welches ist Ihre zukünftige Zielgruppe?

Ziel ist es, die Wünsche einer Zielgruppe durch die von Ihnen angebotenen Leistungen zu erfüllen.

Die Segmentierung ist ein Muss für das gezielte Ansprechen eines Gastes.

Wer sind meine Gäste?

- Für wen wollen wir da sein?
  Kinder- oder Seminar-Hotel, Fun-, Event-, Wellness-Hotel.
- Auf wen konzentrieren wir uns?
  Familien, Singles, Vereine, Kongresse, Reisebusse, Incentiveveranstaltungen.
- Woher kommen unsere Gäste?
  Italien, USA, Schweden.
- Welche soziodemographischen Kriterien erfüllen unsere Gäste?
  Mittelmanagement, Airline-Crews, Singles mit Kind, Einkommen, Geschlecht, Alter.

- Aus welchem Grund kommen die Gäste?
  Erholung, Seminar, Sport, Erlebnis, Gesundheit, Wellness.

Welche Zielsegmente möchte ich bedienen? Wer passt in mein Unternehmen?

- Feriengast
- Individualgast
- Wellnessgast
- Vegetarischer Gast
- Gesundheitsgast
- Firmengäste
- Incentivegäste
- Reisebüros (individuell oder Gruppengeschäft)
- Stammgäste
- Singles
- Junge Familien mit Kindern

„Eher lasse ich Zimmer frei, als für Familienurlauber zu werben", erläutert der Hotelier Peter Gastberger vom Schlosshotel am Wolfgangsee. „Alle Arten von Gästen – Sommerfrischler wie Incentivegäste – gleichermaßen zufrieden zu stellen, ist nicht möglich. Man muss sich auf eine Sache konzentrieren, dann erwirbt man dafür Kompetenz."
(Quelle: Internet)

Erstellen Sie für Ihren Betrieb eine Markt-Matrix. Sie erhalten damit eine übersichtliche Darstellung der Gästesegmente und deren Herkunftsmarkt. Mit Hilfe dieser Ergebnisse können Sie konkreter agieren und arbeiten.

Märkte/Segmente	Anfrager	Erstgast	Stammgast 1	Stammgast 2
Wallis	C	B	**A**	**A**
Bern	**A**	**A**	**A**	**A**
Zürich	B	**A**	**A**	**A**
Basel	**A**	**A**	B	**A**
München	**A**	B	B	C
Düsseldorf	B	**A**	**A**	C
Straßburg	C	B	C	C

Ordnen Sie diese nach Wichtigkeit in A-, B- und C-Prioritäten, in dieser Reihenfolge müssen sie auch bearbeitet werden.

A ist zum Beispiel die Zielgruppe für unsere Strategie.
C entspricht lediglich in Teilbereichen unserer Strategie.

Definieren Sie den Begriff Stammgast sehr genau.

So erkennen Sie auf einen Blick, worauf und vor allem in welcher Region Sie bei Ihren zukünftigen Marketingmaßnahmen die Schwerpunkte setzen müssen. Auf gut Glück gemachte, teure und durch hohe Streuverluste gekennzeichnete Werbeaussendungen werden so vermieden.

Konzentrieren Sie Ihre Werbung (Mailing, E-Mail-Aussendung, Inserate etc.) gezielt auf Ihre A- und eventuell auch B-Kunden. Informieren Sie sich z. B., wann in welcher Region die Sommerferien beginnen. So erreichen Sie Ihre Kunden mit Ihrem Leistungsangebot punktgenau.

Denken Sie stets daran: 20 Prozent Ihrer Gäste bringen Ihnen 80 Prozent Deckungsbeitrag.

Ihre Frage muss lauten: Wer sind diese 20 Prozent?

Hilfreich dabei ist eine entsprechende Darstellung, auch Gäste-Portfolio genannt:

Gliedern Sie Ihre Gäste in dieses Gäste-Portfolio, und betreuen Sie Ihre Kundschaft auf dieser Grundlage. So werden Sie einem erfolgreichen Marketing einen bedeutenden Schritt näher sein.

Stellen Sie sich die folgenden drei wichtigen Abschlussfragen zu diesem Thema:

- Welche Gäste möchte ich in 5 Jahren vermehrt bei uns haben?
- Auf welche Gäste wäre ich in 5 Jahren gerne weniger angewiesen?
- Bei welchen Gästen kann ich kurzfristig am schnellsten etwas erreichen?

Ihre 2. Entscheidung

Beantworten Sie folgende Fragen:

Wofür stehen Sie bei Ihren Gästen? Wie sind Sie positioniert? Worin grenzen Sie sich gegenüber Ihren Mitbewerbern ab? Wie sollen die Gäste Sie sehen? Worin liegt die Einzigartigkeit Ihres Betriebes?

Ziel ist es, sich klar von den Mitbewerbern abzuheben.

Ihr Gast wie auch Ihr Vermittler brauchen klare und eindeutige Anhaltspunkte, um Ihr Unternehmen überhaupt wahrzunehmen und im Kopf zu behalten. Es ist daher notwendig, die Vorteile und Eigenheiten Ihres Hauses klar und transparent darzustellen.

Der Gast nimmt lediglich jene Vorteile wahr, die sein Problem lösen.

Der Gast achtet grundsätzlich auf den Preis, die Leistung und das Image des angebotenen Produktes.

Klären Sie Ihre Position gegenüber Ihren Mitbewerbern.

Als einfaches und übersichtliches Instrument dient Ihnen dazu die folgende Matrix.

Schritt 1: Erstellen Sie eine Ist-Positionierung.

Wo stehe ich jetzt und heute?

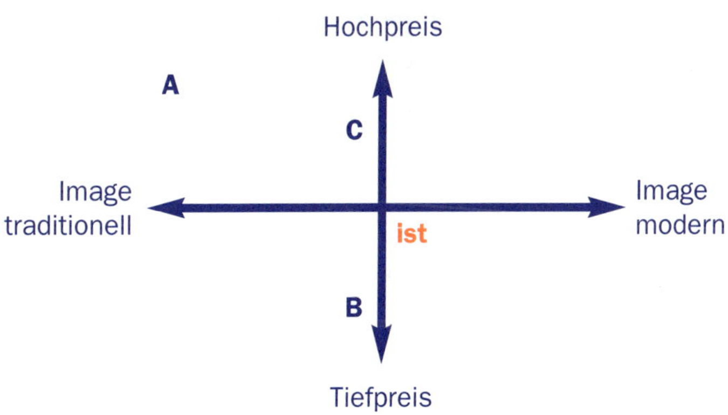

Betrachten Sie dieses Ergebnis als Ist-Situation. Es ist eine Zusammenfassung des Gesamtmarktes aus der Sicht der Vogelperspektive. Analysieren Sie Ihre drei schärfsten Mitbewerber, und setzen Sie die Zusammenfassung des Ergebnisses in die Matrix ein. Somit erhalten Sie eine klare Übersicht über die momentane Marktsituation.

Aus diesem Matrixbeispiel erkennen Sie, dass der Betrieb momentan im mittleren Preissegment mit traditionellem Image positioniert ist. Nicht richtig Fisch und nicht richtig Fleisch. Im traditionellen Mittelfeld. So wie die anderen Mitbewerber auch. In dieser Position wird Sie wahrscheinlich niemand so richtig wahrnehmen. Ein Verkaufsargument, warum der Kunde zu Ihnen soll und nicht zum Mitbewerber, wird wahrscheinlich sehr schwer zu finden sein. Leiten Sie deshalb Schritt 2 ein.

Schritt 2: Erstellen Sie eine Soll-Positionierung.

Wo würde ich gerne in einem Jahr stehen?

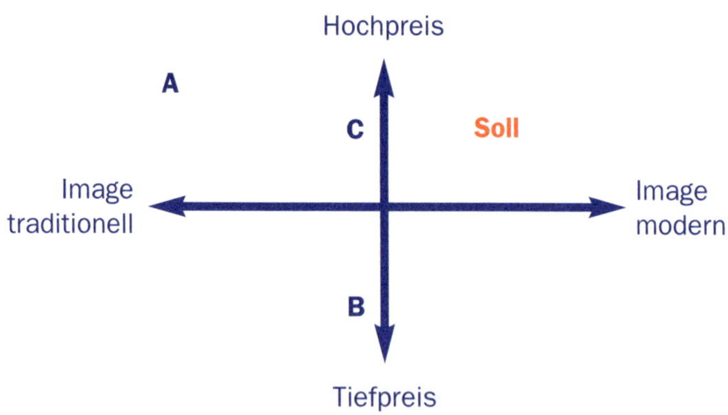

A, B und C sind die Positionierungen der Mitbewerber.

Berücksichtigen Sie dabei eventuelle Veränderungen bei Ihren Mitbewerbern.

Ziel der Neupositionierung ist eine Verankerung im Hochpreissegment durch eine Neugestaltung des Betriebes. Dadurch erzielen Sie eine Aufwertung Ihres Produktes in Bezug auf Ausstattung und Angebot. Sie werden sich dadurch ganz klar von Ihren Mitbewerbern abheben.

Ihre 3. Entscheidung

Beantworten Sie folgende Fragen:

Was ist Ihre tragende Marketingidee? Ist sie individuell auf Ihren Betrieb zugeschnitten? Ist sie Ausdruck Ihrer Positionierung? Symbolisiert sie das, was Sie sein wollen?

Ziel ist es, sich von der Masse abzuheben, unverwechselbar zu sein und auf Anhieb wieder erkannt zu werden.

Das Ziel ist erreicht, wenn der „Aha"-Effekt eintritt – aha, das Haus mit dieser innovativen Tennisschule, aha, das Restaurant mit den besten Suppen, aha, das Hotel mit der riesigen Achterbahn, aha, das Familienhotel mit der umwerfenden Kinderbetreuung, aha, das Hotel mit der modernsten Seminarausstattung, aha, der Drink der Flügel verleiht, etc.

Beschreiben Sie passend zu Ihrer Unternehmensvision Ihre tragende Marketingidee. Sie muss kurz, prägnant und maximal in der Länge eines Satzes sein.

Die Vision einer bekannten Fastfood-Kette lautet zum Beispiel:

- „Wir werden das beste Quick-Service-Restaurant-Unternehmen der Welt in Sachen Gästezufriedenheit und individueller Restaurantprofitabilität."

Die daraus abgeleitete Marketingidee für das Mitarbeiterteam in puncto Gästezufriedenheit lautet:

- „Wir wollen jeden Gast zum Stammgast machen."

Neben einer längerfristigen strategischen Planung müssen im täglichen Betriebsablauf immer wieder kurzfristig Entscheidungen getroffen werden. Führen Sie dazu wöchentliche Besprechungen mit den Abteilungsleitern und Ihrem Team ein. Das Team ist das Kreativcenter Ihres Unternehmens.

Das Motto könnte lauten: „Wir haben keine Angst vor Veränderungen, wir führen sie herbei." Lösen Sie gemeinsam die anfallenden Probleme, fällen Sie gemeinsam die Entscheidungen.

Befassen Sie sich nicht allein mit der Ideenfindung für neue Marketingstrategien, sondern beziehen Sie Ihre Mitarbeiter und auch Ihre Gäste, Lieferanten und Nachbarn mit ein.

Fördern Sie in jeder Phase die Kreativität aller Beteiligten. Geben Sie den Menschen in Ihrem Umfeld die Gelegenheit, ihre meist ungenutzten „Kreativitätsmuskeln" anzustrengen. Kreativität erwächst meist aus der Notwendigkeit, Probleme zu erkennen und zu lösen. Kreativität setzt auch Interesse voraus. Noch nie wurden zündende Marketingideen in der Hotellerie und Gastronomie aus Langeweile geboren! Wecken Sie das Interesse Ihrer Mitarbeiter an der Mitgestaltung ihres Arbeitsplatzes. Ideen formulieren zu können, setzt aber auch Wissen voraus. Informieren Sie daher Ihre Angestellten über unternehmerische Entscheidungen, über Probleme, aber auch Erfolge im Betrieb. Neue Ideen entstehen in einer guten Atmosphäre, in einem Umfeld der Menschlichkeit und nur dort, wo Menschen sich entfalten können.

Ihre 4. Entscheidung

Beantworten Sie folgende Fragen:

Welches sind Ihre quantitativen Ziele? Welches sind Ihre wichtigen Eckdaten?

Ziel ist es, Zahlen und Fakten zu analysieren und auszuwerten. Schlussendlich geht es um den Deckungsbeitrag und um Ihre Existenzsicherung.

Beispiel

Der Anteil an Feriengästen in Ihrem ★★★★-Hotel Larus macht nur 50 Prozent aus.

Mit einem völlig neuen Konzept wollen Sie dieses Geschäft ankurbeln. Dieses hat zum Ziel, den Individualtourismus während der Monate Mai, Juni und Oktober zu fördern. Sie wollen in dieser Zeit eine Bettenauslastung von 70 Prozent anstelle der während dieser Monate üblichen 50 Prozent erreichen.

Ihre tragende Marketingidee heißt:

Fun and Harmony 4 Body and Soul.
Unter diesem Motto bieten sie ein Wellnessprogramm kombiniert mit einem Unterhaltungsangebot am Abend an.

- 300 Betten
- Nettopreis für HP pro Person 100 Euro
- Es wird kein EZ-Zuschlag erhoben
- Bei einer Auslastung von 70 Prozent betragen die Kosten pro Gast und Tag 80 Euro
- Das Marketingbudget ist mit 190 000 Euro veranschlagt

Umsatz pro Person und Tag	100
Auslastung 100 % an 84 Tagen	
Mai, Juni, Oktober	2 520 000
Auslastung 70 %	**1 764 000**
Auslastung 50 %	1 260 000
Mehrumsatz für 12 Wochen (+20 %)	756 000
Gesamtkosten (80 Euro x 300 Betten x 84 Tage x 70 %)	**1 411 200**
Marketingkosten	**190 000**
Gewinn (Umsatz minus Aufwand/Marketingkosten)	162 800

Die Aktion lohnt sich!

Grundthemen in der Gastronomie

Welche Art von Betrieb führen Sie? Kommt man zu Ihnen, um den Hunger zu stillen, verbringt man bei Ihnen einen gemütlichen Abend, oder gehört Ihr Betrieb zu den „In-Lokalen" der Stadt? In der Gastronomie gelten die folgenden sechs Grundthemen:

Zelebrieren

Die Gäste geben durchschnittlich viel Geld aus, sind mindestens zu zweit. Es geht bei der Konsumation um Genuss, die Gäste möchten für einige Stunden die Realität vergessen, sich einer Illusion hingeben, das Gespräch ist der Mittelpunkt. Dabei nimmt der Pres-tigegedanke (dabei sein ist alles!) einen hohen Stellenwert ein.

Schnelles Häppchen
Ein gutes Beispiel ist hier die Verkehrsgastronomie, also die Verpflegung an den Autobahnen, an Flughäfen, in Bahnhöfen, in Einkaufs- und Stadtzentren.

Man geht hin, um unkompliziert und schnell etwas zu essen. Die Aufenthaltsdauer ist eher kurz, gefragt ist einfaches Food-Handling (Stehimbiss) – oftmals verbunden mit einem „Takeaway-Service" (Verzehr nicht vor Ort).

Beispiel: Passaggio-Snack in der Schweiz

„Lassen Sie Gstürm für eine Viertelstunde Gstürm sein, und machen Sie eine Pause am Passaggio-Snack!" An diesem originellen Takeaway, der je nach Standort auch Sitzgelegenheiten bietet, herrscht Passaggio-Feeling par excellence. Wählen Sie aus einem vielfältigen, liebevoll präsentierten Snack- und Getränkeangebot, und gehen Sie an der geschwungenen Theke knabbernd einen Moment lang auf Distanz zur Alltagshektik.

Inszenieren
Dabei spricht man von In-Kneipen, Szenelokalen, Themenlokalen, Entertainment, Unterhaltung, Event-Hotels. Man erzielt hohe durchschnittliche Ausgaben pro Gast, die Mitarbeiter sind Teil der Inszenierung. Die Betriebe befinden sich an außergewöhnlichen Standorten, wie alte Fabrikgebäude, Baustellen, Kellergewölbe oder ein Schloss am Wolfgangsee. Wie z. B. die Veranstaltung des größten Ferrari-Meetings von Europa. Für die Gäste solcher Events oder zur Präsentation neuer Produkte werden theatralisch-musikalisch-lukullische Events veranstaltet.

Ruhige Oase
Die Gäste verweilen lang und konsumieren relativ wenig. Man hat hohe Bereitschaftskosten und eine niedrige Frequenz (z. B. Tearoom).

Treffpunkt
Hier handelt es sich um einen Betrieb mit einer hohen Frequenz, hohem (alkoholischem) Getränkeanteil und einfachem Food-Hand-

ling. Es ist kein Ort, wo man länger bleibt – Bar, Besuch nach Feierabend, sehen und gesehen werden, Geselligkeit. Wichtig sind Stammmitarbeiter, da sie ebenfalls aus der Szene kommen und dadurch schon viel Publikum kennen; es herrscht ein ständiges Kommen und Gehen.

Ein sehr gutes Beispiel dazu ist das Restaurant/Bar und Club Kaufleuten in Zürich. Seit Jahren ist dieser Szenetreff einer der beliebtesten Anziehungspunkte für Nachtschwärmer.

Geschäftstreffpunkt
Man trifft sich, um Verhandlungen, Geschäftsgespräche und Meetings abzuhalten. Erwartet werden erstklassiger Service, angenehme Atmosphäre und ruhige abgeschlossene Räume. Ebenso Voraussetzung ist eine gute Verkehrsanbindung.

Gerade internationale Hotelketten, wie Hilton, Sheraton oder Intercontinental, sind spezialisiert auf Geschäftsreisende. Die zentrale Lage in der Stadtmitte oder am Flughafen ist sehr entscheidend für diese Art von Hotels.

Fazit für die Grundthemen der Gastronomie:

Um in dieser Branche Geld zu verdienen, müssen zwei der vorgenannten Grundthemen vorhanden sein.

Versuchen Sie, die durchschnittlichen Ausgaben und die Frequenz der Gäste zu steigern, dazu erhöht ein hoher Getränkeanteil den Gewinn. Ein einfaches Food-Handling ist dabei Voraussetzung. Darüber hinaus erleichtern einfache betriebliche Abläufe die Kontrolle im Betrieb.

Checkliste: Marketingstrategie

Wie klar kennen Sie Ihre Strategie für die nächsten Jahre?

- Welche Marktsegmente sollen bearbeitet werden?
- Mit welchen Schwerpunkten?
- Wie soll der Markt geographisch abgedeckt werden?
- Mit welchen Schwerpunkten?
- Wie sollen die Leistungsbereiche definiert werden?
- Wie positioniert sich das Unternehmen gegenüber den Mitbewerbern?
- Wie positioniert sich das Unternehmen gegenüber den Gästen?
- Welche Grundthemen findet man im Betrieb vor?
- Mit welchen langfristigen Wettbewerbsvorteilen will das Unternehmen am Markt operieren?
- Mit welchen quantitativen Zielsetzungen soll der Erfolg der Strategie gemessen werden?
- Welche Planung und Durchführung wird in welchen Unternehmensbereichen angestrebt?
- Mit wem soll die angestrebte Position erreicht werden: Aus eigener Kraft oder in Zusammenarbeit mit anderen Partnern (Kooperations-/Integrationsstrategie)?

Kapitel 5

Grundlagen – Situationsanalyse

Grundlagen – Situationsanalyse

„Ein Kunde ist die jeweils wichtigste Person in dem Betrieb. Er ist nicht von uns abhängig, sondern wir von ihm. Er bedeutet keine Unterbrechung in unserer Arbeit, sondern ist ihr Inhalt. Er ist kein Außenseiter unseres Geschäfts, er ist ein Teil von ihm. Er ist niemand, mit dem man sich streitet. Denn niemand wird jemals einen Streit mit einem Kunden gewinnen. Ein Kunde ist eine Person, die uns ihre Wünsche mitteilt. Unsere Aufgabe ist es, diese zu seiner und unserer Zufriedenheit auszuführen."
Heinrich Path im Kloster Eismar, 12. Jahrhundert

Obwohl dieses Zitat aus dem 12. Jahrhundert stammt, ist es hochaktuell und entspricht den heutigen Gepflogenheiten.

Um die Wünsche des Kunden – wie bereits im 12. Jahrhundert formuliert – „zu seiner und unserer Zufriedenheit auszuführen", war und ist es notwendig, die Grundlagen eines Betriebes genau zu kennen. Nur wenn Sie genau über das Produkt – den Betrieb – Bescheid wissen, wird es Ihnen möglich sein, das dazu passende Marketing zu definieren.

Was bezeichnet man als Grundlagen?

Mit Grundlagen ist der Ist-Zustand des Betriebes gemeint. Dazu ist eine Bestandsaufnahme aller relevanten Bereiche notwendig.

Geprüft werden müssen dabei nicht nur der eigene Betrieb, die eigenen Angebote und Leistungen, sondern auch die der Mitbewerber und die Einbettung des Betriebes in die unmittelbare Umgebung und in die gesamte Region. Ebenso ist eine Analyse des wirtschaftlichen Umfelds zu erstellen.

Welches Angebot und welche Atmosphäre erwarten den Gast? Welches Zielpublikum will Ihr Betrieb ansprechen, und können die Bedürfnisse und Erwartungen dieser Zielgruppen erfüllt werden?

Wie ist es um die Infrastruktur der Gesamtregion bestellt? Ist Ihr Betrieb in die Umgebung integriert, und können Sie die Infrastruktur der Gesamtregion für Ihren Betrieb nützen?

Folgende Aspekte werden dazu analysiert:
- der Betrieb – das eigene Unternehmen (die Hardware)
- das Mitarbeiterteam (die Software)
- der Gästekreis
- die Mitbewerber
- die Umgebung (Lage)
- die gesamte Infrastruktur in der Region
- das Umfeld (wirtschaftliche, gesellschaftliche und politische Situation in der Region)

Der Betrieb – die Hardware

Analyse des eigenen Betriebes

Nehmen Sie sich Zeit, und notieren Sie den gesamten Ist-Zustand Ihres Betriebes. Gehen Sie wie ein Gast durch Ihr Hotel oder Ihr Restaurant, und machen Sie eine genaue Bestandsaufnahme. Beginnen Sie am Eingang, lassen Sie aber keine Ecke aus.

Führen Sie die Bestandsaufnahme kritisch durch. Lassen Sie sich von Freunden dabei helfen. Außenstehende sehen in der Regel mehr als Sie selbst (Stichwort: Betriebsblindheit!). Es ist wichtig, dass Sie die „Scheuklappen“ ablegen und mit „offenen Augen“ durch den Betrieb gehen. Achten Sie nicht nur auf die Ausstattung (abgeschlagener Türrahmen, abgenützter Teppichboden, zerkratzte Liftwände etc.), sondern schenken Sie auch den Kleinigkeiten („Liebe zum Detail“) Ihre Aufmerksamkeit, wie z. B. einem frisch duftenden Blumenstrauß an der Rezeption.

Hilfreich kann es auch sein, wenn Sie Ihre Freunde anonym bei sich übernachten oder essen lassen. Das Urteil eines Außenstehenden ist besonders wertvoll.

Verwenden Sie für die Analyse des Ist-Zustandes Ihres Betriebes die folgende Checkliste.

Checkliste: Analyse des Ist-Zustandes (Hardware)

	Top-Zustand	In Ordnung	Nicht akzeptabel	Bemerkung
Beleuchtung/Außenbereich				
Beschriftung/Außenbereich				
Parkplätze				
Grünanlagen				
Terrasse				
Hoteleingang				
Empfangshalle				
Rezeption				
Kioskangebot				
Welcome-Drink beim Check-in				
Foto „Ihr Gastgeber“				
Gepäckraum				
Preisausschilderung				
Gästetoiletten				
Beleuchtung/Gebäude				
Beschriftung/Gebäude				
Musik/Beschallung				
Treppen				
Aufzüge				
Böden im ganzen Gebäude				
Eingang				
Wirtschaftsräume				
Küche				

Die vollständige Checkliste entnehmen Sie bitte der beigefügten CD.

Das Mitarbeiterteam – die Software

Erringen Sie einen Wettbewerbsvorteil, indem Sie bessere und motiviertere Mitarbeiter einstellen und sie gründlicher ausbilden, als es Ihre Wettbewerber tun.

Besitzen Ihre Mitarbeiter folgende Eigenschaften?

- Fachkompetenz:
  Der Mitarbeiter hat das erforderliche Wissen und das fachliche Geschick.
- Freundlichkeit:
  Der Mitarbeiter ist den Gästen gegenüber freundlich, höflich, rücksichtsvoll und respektvoll.
- Kompetenz/Vertrauenswürdigkeit:
  Der Mitarbeiter macht einen vertrauenswürdigen Eindruck und gibt dem Kunden dementsprechende Antworten und Ratschläge.
- Zuverlässigkeit:
  Der Mitarbeiter erledigt seine Arbeiten für den Gast pünktlich, korrekt und in der erwarteten Qualität.
- Geistige Beweglichkeit:
  Der Mitarbeiter reagiert umgehend auf Probleme und Anfragen der Kunden.
- Kommunikation:
  Der Mitarbeiter bemüht sich, den Kunden und seine Bedürfnisse genau zu verstehen und ist in der Lage, mit dem Kunden dementsprechend zu kommunizieren.
- Loyalität:
  Durch das Feedback des Mitarbeiters erkennen Sie, ob er Ihrem Betrieb loyal gegenübersteht.

Notieren Sie die Namen aller Mitarbeiter, dazu die Stärken und Schwächen jedes Einzelnen. Halten Sie besondere Fähigkeiten und Qualifikationen Ihrer Mitarbeiter fest.

Checkliste: Analyse des einzelnen Mitarbeiters (Software)

Qualifizierungsbereiche	Entwicklungsbereich	OK-Bereich	Stärkenbereich
1. Setzt Ziele und Aufgaben um	O O	O O	O O
2. Arbeitet selbständig, bringt Vorschläge und Ideen ein, optimiert Abläufe	O O	O O	O O
3. Anwendung von Fachkenntnissen	O O	O O	O O
4. Kommuniziert und gibt Informationen weiter	O O	O O	O O
5. Motiviert und ist Vorbild	O O	O O	O O
6. Löst Konflikte und arbeitet im Team	O O	O O	O O
7. Betreuung der Gäste	O O	O O	O O
8. Sicheres Auftreten, positive Ausstrahlung	O O	O O	O O
9. Konstante Leistung	O O	O O	O O

Struktur des Mitarbeiterteams

Erstellen Sie nun ein Organigramm, das die Struktur Ihres Hauses aufzeigt. Ist für jede Position eine Stellenbeschreibung vorhanden? Diese umfasst die jeweiligen Aufgaben des Arbeitsplatzes, außerdem definiert eine Stellenbeschreibung die Zuständigkeit und die Kompetenz innerhalb der Hierarchie. Somit ist festgelegt, wer wofür zuständig ist und wer wem gegenüber weisungsbefugt ist.

Beispiel: Organigramm

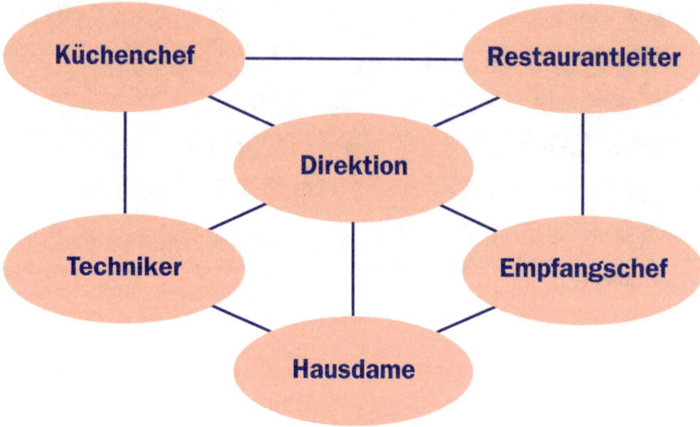

Charaktereigenschaften eines einfachen Organigramms ohne Hierarchiestufen:

- Direktion ist Impulsgeber und Kommunikator.
- Die einzelnen Abteilungen arbeiten selbständig.
- Es herrscht jedoch rege Zusammenarbeit (z. B. abteilungsübergreifender Mitarbeiteraustausch).
- Alle Abteilungsleiter sind gleichrangig.

Ordnen Sie alle in Ihrem Betrieb anfallenden Aufgaben (z. B. Mitarbeiteradministration, technischer Unterhalt, Zuständigkeit für die Sauberkeit, Betreuung der Stammkunden, Einkauf) den entsprechenden Personen zu. Berücksichtigen Sie dabei die besonderen Qualifikationen und Fähigkeiten Ihrer Mitarbeiter.

Beispiel: Aufgabenverteilung

Betrieb
(Hotel mit 150 Betten)

Direktion	Rezeption	Küche	Service	Bar
Teamgestaltung Finanzplanung Marketing Verkauf	Telefon Reservierung Anreise, Abreise Administration Zimmerbereich Kasse	Einkauf Essensplanung Mitarbeiterkosten Warenkosten	„Wohlfühl"-Ambiente Mitarbeiter-planung Aktivitäten	Kommunikation Atmosphäre Stockverwaltung

Definieren Sie klar, wer welche Aufgaben im Betrieb übernimmt. Somit kennt jeder Mitarbeiter sein Aufgabengebiet und seine Verantwortung. Dadurch vermeiden Sie Missverständnisse und Doppelgleisigkeiten. Sie stärken Verantwortungsbewusstsein und Zugehörigkeitsgefühl jedes einzelnen Teammitglieds. (Stichwort: Zufriedene Mitunternehmer – zufriedene Kunden!)

Der Gästekreis

Analyse der Gästezufriedenheit

Die Kundenwünsche „aus dem Bauch" zu kennen, ist sicherlich unumgänglich, aber zu wenig, um daraus ein Managementinstrument herzuleiten. Kundenzufriedenheit ist messbar. Nur durch genaue Aufzeichnungen erhalten Sie verlässliche Daten zu Erwartungshaltungen, Wünschen und Defiziten aus der Sicht der einzelnen Zielgruppen. Daraus lassen sich sehr konkrete Maßnahmen ableiten, die wiederum auf ihre Effizienz und Umsetzungsmöglichkeiten hin getestet werden müssen. Bereits in vielen Unternehmen wird die Kundenorientierung als messbare Größe ins Manager-/Abteilungsleiter-Bonussystem eingebaut.

Die Kundenzufriedenheit definiert sich als Differenz zwischen Erwartungshaltung und Erfüllungsgrad. Ein Faktor, der zwar sehr gut erfüllt ist, auf den der Gast jedoch nicht besonders viel Wert legt, wird zur generellen Kundenbindung wenig beitragen. Ergibt sich jedoch auch bei nur einem wichtigen Zufriedenheitsfaktor eine Differenz, so kann dies für ein Unternehmen existenzgefährdend sein.

Die Messung der Kundenzufriedenheit beantwortet vor allem folgende Fragen:

- Wie zufrieden sind die Kunden insgesamt, und wie zufrieden sind sie mit einzelnen Leistungskomponenten?
- Wovon hängt ihre Zufriedenheit stark und wovon weniger stark ab?
- Wo gibt es Ansatzpunkte zur Steigerung der Kundenzufriedenheit?

Um den Grad der Gästezufriedenheit messen zu können, stehen diese Erhebungsmethoden zur Verfügung:

- Persönliches Interview mit den Gästen
  (z. B. Welcome-Drink an der Bar, Manager-Cocktail, kurzes Gespräch beim Abendessen)
- Gäste-Gesprächsrunde (Art Stammtisch)
- Kinderbefragung bei Kinderaktionen (z. B. Kinderstammtisch)
- Fragebogen in verschiedenen Formen
- Befragung durch die Mitarbeiter
- Auswertung von positiven und negativen Gästebriefen
- Gespräche mit Mittlern (Verkehrsamt, Reisebüro, Taxifahrer etc.)

Damit Gästezufriedenheit nicht nur gemessen, sondern auch erfolgreich gemanagt werden kann, sind grundlegende Anforderungen an die Messung zu stellen.

Sie sollte sein:
- systematisch
- regelmäßig
- nach Marktsegmenten differenziert (z. B. Kundengruppen wie Seminargäste, Kinder mit Familien, Tanzpublikum)
- nach Leistungskomponenten unterteilt (Restaurant, Bar etc.)

Bieten Sie Anreize zum Gäste-Feedback:

- Geschenkartikel (z. B. ein F&B-Produkt wie Wein, ein Glas hausgemachte Marmelade).
- Gutschein für eine einzulösende Leistung (z. B. für Aktivitäten in der Region wie Gondelfahrt, Riesenrad, Eintritt ins Museum, 1 Stunde Tennis, Ponyreiten, Aperitif).
- Gewinnspiel etc.

„Wenn du eine weise Antwort verlangst,
musst du vernünftig fragen."
Alte Weisheit

Eine Methode, um die Gästezufriedenheit festzustellen, ist, den Gast direkt zu fragen.

In unserem Beispiel ist dieser Prozess in drei Phasen aufgeteilt:

1. Der Fragebogen

Eines der wichtigsten Erhebungsmittel ist der Fragebogen, daher soll an dieser Stelle näher darauf eingegangen werden.

Achten Sie bei der Erstellung des Fragebogens auf folgende Punkte:

- Kurz fassen, das erleichtert die Auswertung, und der Gast füllt den Fragebogen schneller und lieber aus.
- Bei Fragestellungen durch W-Fragen (wie, warum, welche etc.) erhalten Sie die Meinung des Gastes.
- Durch geschlossene Fragen erhalten sie eine konkrete Antwort.
- Setzen Sie auch gezielte Fragen in Bezug auf Ihre Mitarbeiter ein.
- Bieten Sie stets 2, 4 oder 6 Antwortmöglichkeiten; man tendiert nämlich immer dazu, einfach einen Mittelwert anzukreuzen – was für Sie keine aussagekräftige Information wäre.

Der Fragebogen sollte diese Punkte enthalten:
- vollständige Adresse
- eventuell Firmenadresse
- eventuell Geburtsdatum
- Reise- oder Aufenthaltsgrund
- besondere Anmerkungen

Stellen Sie etwa folgende Fragen:
- Wie wurden Sie auf unseren Betrieb aufmerksam?
- Warum haben Sie unseren Betrieb gewählt?
- Wie sind Sie empfangen worden?
- Waren Sie mit der Ausstattung zufrieden?
- Waren Sie mit dem Service zufrieden?
- Wie war die Qualität der Speisen?
- Wie war die Betreuung während Ihres Aufenthaltes?
- Haben Sie sich bei uns wohl gefühlt?
- Was hat Ihnen besonders gefallen?
- Was haben Sie vermisst?
- Was können wir verbessern?
- Werden Sie wieder kommen?

Wenn Sie die Gästereaktion zu einer bestimmten Aktion interessiert, sollten Sie dafür einen entsprechenden Fragebogen einsetzen.

Beispiel: Fragebogen

Lieber Gast, herzlich willkommen bei unserer „(G)Astro Week"! Gerne würden wir erfahren, wie Sie unsere Aktion beurteilen.

Angebot:

Service:

Was hat Ihnen besonders gut gefallen?

Was vermissen Sie?

Bemerkung:

Herzlichen Dank!

Adresse:

Details des Befragten:

2. Auswertung des Fragebogens

Übertragen Sie z. B. monatlich die Ergebnisse der ausgefüllten Fragebogen auf die Auswertungsliste. Somit erhalten Sie eine Gesamtsumme vom jeweiligen Departement.

Mit diesem System erhalten Sie die Meinung des Gastes. Folgende Schritte sind dabei zu beachten:

- Stellen Sie einen Soll-Ist-Vergleich auf. Legen Sie gemeinsam mit Ihren Mitarbeitern die Ziele fest, die Sie erreichen wollen. In einer Skala von 0 bis 100 wird das Soll-Ziel fixiert (z. B. Sauberkeit 94 %, Freundlichkeit 98 %, Qualität der Speisen 95 %, Infrastruktur 84 %) Dieser Prozess dient auch als Leistungsmessinstrument.
- Legen Sie die für eine repräsentative Umfrage unbedingt benötigte Anzahl der auszufüllenden Fragebogen fest. Je mehr Gäste den Fragebogen ausfüllen, desto genauer sind die Ergebnisse.
- Führen Sie in gewissen Zeitabständen (z. B. monatlich, quartalsmäßig oder halbjährlich) eine detaillierte Auswertung durch. Anhand dieser Bewertung können Sie die Qualität der einzelnen Dienstleistungskomponenten erkennen. Liegt die erreichte Zahl unter den vorgegebenen Zielen, muss eine Verbesserung angestrebt werden.
- Bei erreichten Zielen und Ergebnissen, die über den Zielvorgaben liegen, erhalten Sie die Bestätigung, dass die von Ihnen

angebotene Dienstleistung den Marktanforderungen entspricht. Belohnen Sie Ihre Mitarbeiter für den erreichten Erfolg!
- Neben der übersichtlichen „Spinnenauswertung“ werden die einzelnen Bemerkungen der Gäste separat aufgeführt und übersichtlich dargestellt. Sie erhalten so die unverfälschte Meinung des Gastes.
- Besprechen Sie die Ergebnisse der Fragebogenauswertung sorgfältig mit Ihrem Team. Analysieren Sie die Überschneidungen der Soll- und Ist-Linien, die Abweichungen nach oben sowie nach unten, und handeln Sie dementsprechend gemeinsam mit Ihrem Team.

Ein detailliertes Auswertungsformular mit Formeln finden Sie auf der CD!

3. Das Ergebnis der Auswertung: Die Spinne

Es reicht einfach nicht aus, die Kundenzufriedenheit nur zu messen. Um eine langfristige Qualitätssteigerung zu erzielen, ist das konsequente Managen der Kundenzufriedenheit ein unverzichtbarer Bereich heutiger Managementkonzeptionen geworden.

Die Kundenzufriedenheitsspinne ist ein optimales Instrument, um die ausgewertete Meinung des Gastes, den Blick aus der Sicht des Gastes, visuell und für jeden Mitarbeiter leicht verständlich, darzustellen.

Die Spinne ist nicht nur ein Messinstrument für Kadermitarbeiter und leitende Mitunternehmer, die Spinne dient auch den Mitarbeitern hinter den Kulissen mit wenig Fachwissen. Durch den einfachen Verlauf der zwei verschiedenfarbigen Linien sieht er auf einen Blick, ob seine geleistete Arbeit gut oder schlecht ist. Es gibt dabei keine Sprach- bzw. Leseprobleme. Das Zimmermädchen erkennt optisch sehr rasch, ob die Gäste mit den gereinigten Zimmern zufrieden waren und das Ziel erreicht wurde oder nicht.

Diese Spinne ist praktisch überall einsetzbar, vom kleinen Kaffeehaus bis hin zum großen Hotel und in sämtlichen Abteilungen – einfach überall, wo Sie es für richtig und sinnvoll halten.

Der Schweizer H. R. Knüsel, ehemaliger Generaldirektor der Hems/Schiphol Restaurants in Amsterdam, kontrollierte damit über 35 Outlets – davon 2 Hotels – und wurde unter anderem mit diesem System innerhalb von nur 3 Jahren zum besten Flughafengastronomen Europas gewählt.

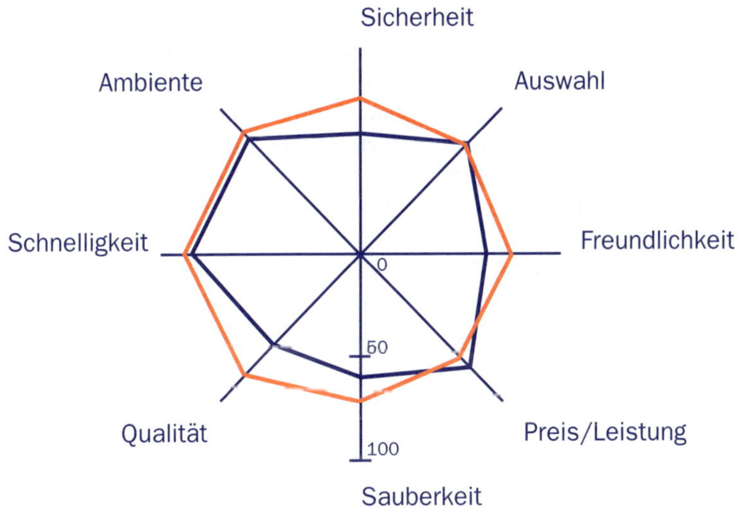

Orange Linie: Zielvorgabe. Blaue Linie: Ist-Zustand.

Die Mitbewerber

Mitbewerberanalyse

Eine permanente Mitbewerberanalyse ist unerlässlich. Oft können die unterschiedlichsten Anbieter in der Branche entsprechende Mitbewerber in den einzelnen Leistungsbereichen sein (z. B. Logisbereich, Barbereich, Tagungsbereich, Bankettraum).

Dabei ist es wichtig, dass Sie die ausgewählten Betriebe kontinuierlich beobachten. Stellen Sie die Stärken und Schwächen Ihrer drei wichtigsten Mitbewerber fest.

Beispiel: UPP

Eine gute Hilfe dafür bietet das UPP, das UNSICHTBARE PATEN PROGRAMM.

Bestimmte Mitarbeiter, die an dem Programm freiwillig teilnehmen möchten, und auch Mitarbeiter, für deren Bereich die Information über Mitbewerber wichtig ist, bekommen einen Partnerbetrieb zugeteilt, den sie ständig beobachten. Dabei werden in regelmäßigen Abständen verschiedene Leistungsbereiche geprüft. Ihr Mitarbeiter erhält z. B. von Ihnen ein bestimmtes Budget, um das Mittagessen im Konkurrenzbetrieb zu testen. Ein anderer Mitarbeiter bekommt die Aufgabe, an einer Hausführung teilzunehmen und sich ein Angebot für eine Geburtstagsfeier erstellen zu lassen.

Erstellen Sie vor jeder Prüfung eine Checkliste, die ausgefüllt werden muss. Dadurch können Sie die einzelnen Betriebe miteinander vergleichen.

Dieses System bringt zusätzlich zum Mitbewerbercheck noch einige weitere Vorteile:
- Ihre Mitarbeiter entwickeln ein Bewusstsein für die Leistungen der Mitbewerber.
- Manche der Leistungen können im eigenen Betrieb kopiert werden.
- In dem Moment, in dem Ihre Mitarbeiter prüfen, versetzen sie sich in die Rolle des Gastes – was Ihnen in Ihrem eigenen Betrieb nur von Nutzen sein kann. (Stichwort: Außensicht!)

Checkliste: Mitbewerberanalyse – Restaurant

Hotel:					
Datum:					
	sehr gut ..... schlecht				
	1	2	3	4	5
Wie war der erste Gesamteindruck im Hotel?	0	0	0	0	0
Wie ist die Einrichtung/Möblierung im Restaurant?	0	0	0	0	0

Wie war die Begrüßung im Restaurant?	0 0 0 0 0
War der Service freundlich und schnell?	0 0 0 0 0
Wie hat die Bedienung auf Sie gewirkt?	0 0 0 0 0
Wie war der Tisch gedeckt?	0 0 0 0 0
Kommentar:	
Waren die Produkte frisch?	0 0 0 0 0
Wie wurden die Speisen präsentiert?	0 0 0 0 0
Kommentar:	
Wurden Brot und Butter gereicht?	0 0 0 0 0
Kommentar:	
Wie war das Angebot?	0 0 0 0 0
Kommentar:	
Was fehlte im Angebot?	
Wurde gebrauchtes Geschirr gleich abserviert?	0 0 0 0 0
Sauberkeit im Allgemeinen? (Boden, Geruch)	0 0 0 0 0
Mussten Sie lange auf die Rechnung warten?	0 0 0 0 0
War das Preis-Leistungs-Verhältnis angemessen?	0 0 0 0 0
Stimmte die Rechnung?	0 Ja 0 Nein
Wie waren die Parkmöglichkeiten?	0 0 0 0 0
Gebühr:	
Wie war Ihr allgemeiner Eindruck, und würden Sie wieder kommen?	

Alle weiteren Checklisten der Mitbewerberanalyse (Frühstück, Bar und Hausführung) finden Sie auf der CD.

Das Umfeld

Die wirtschaftliche, gesellschaftliche und politische Situation in der Region

Beobachtung des Umfelds

Um eine ganzheitliche Sicht über Ihr Unternehmen zu erlangen, ist es notwendig, neben den vorne beschriebenen Elementen (Betrieb, Mitbewerber, Mitarbeiter etc.), auch das Umfeld, in dem Ihr Betrieb angesiedelt ist, zu beobachten und zu analysieren. Welchen Trends folgt das Angebot in der Gesamtregion? Ergeben sich hier Anknüpfungspunkte für Ihren Betrieb? Darüber hinaus dürfen globalere Aspekte keinesfalls außer Acht gelassen werden. Verfolgen Sie, was über die Grenzen hinaus passiert. Megatrends, wie die momentane, bereits länger andauernde Wellnessphase oder der „Sowohl-als-auch Kunde“ (heute Currywurst am Imbissstand und morgen Lachs im Nobelrestaurant), dürfen nicht spurlos an Ihnen vorübergehen. Berücksichtigen Sie in Ihren Strategieüberlegungen auch spezielle Gruppen mit spezifischen Bedürfnissen wie Allergiker, Behinderte, Senioren etc.

Portfolio-Management

Wo stehe ich mit meinem Betrieb?

Die Situationsanalyse (Ist-Situation) ist eine Zusammenfassung vom Gesamtmarkt, eine Art „Vogelperspektive“.

Wie ist der Stellenwert Ihres Betriebes bezogen auf das Umfeld?
Wie hoch ist die Marktattraktivität?
Wie hoch ist die Akzeptanz Ihres Betriebsangebots? (Ist z. B. das mexikanische Angebot im Restaurant noch gefragt?)

- Wie groß ist das Volumen für den Betrieb?
  (Einwohnerzahl, Einzugsgebiet, Durchgangsverkehr)
- Ist eine hohe Kaufkraft vorhanden, sind Sie mit Ihrem Betrieb saisonal unabhängig?
  (Bustouristen, jüngeres Publikum, Golfer etc.)

- Entspricht das Produkt dem Trend und dem Zeitgeist? (Einrichtung im Restaurant, Dekoration etc.)
- Wie ist die Mitbewerbersituation? (Wie viele Betriebe bieten z. B. mexikanisches Essen an?)
- Ist Ihr Betrieb ein Mitläufer, oder welche Rolle spielt er am Markt? (Wettbewerbsstellung)
- Ist Ihr Betrieb unverwechselbar?
- Weist Ihr Betrieb strategische Erfolgspositionen/Kernfähigkeiten auf?
- Sind die Leistungen kopierbar?
- Erwirtschaften Sie mit Ihrem Betrieb eine hohe Rendite?
- Wie groß ist der Marktanteil? (z. B. bei einer Belegung von 70 % bedeutet dies einen Marktanteil in der Region von 11 %.)
  Errechnung des Marktanteils:
  - Legen Sie die Anzahl der Betriebe fest, die zu Ihren Mitbewerbern zählen.
  - Legen Sie anhand der Betriebsgröße (Zimmerzahl, Sitzplätze im Restaurant) den Anteil des jeweiligen Betriebes fest.
  - Am Monatsende kann mittels der Umsatzzahlen festgestellt werden, ob die Betriebe über oder unter diesen „normalen" Werten liegen.

Checkliste: Marktanalyse

Diese Tabelle zeigt Ihnen Ihren Marktanteil, ausgewertet nach der Zimmerbelegung, und den erreichten Zimmerdurchschnittspreis an.

Tragen Sie jeweils die monatliche Belegung sowie die Durchschnittsrate von Ihrem Betrieb und den Mitbewerbern ein.

Die Tabelle rechnet Ihnen automatisch den Gesamtumsatz, den Umsatz pro verfügbarem Zimmer und den Marktanteil aus.

Interessant dabei ist, dass nicht immer die Hotels, welche die beste Belegung haben, auch den höchsten Marktanteil erreichen, da oft die Durchschnittsrate niedriger ist.

Positionierung Ihres Betriebes innerhalb des Umfelds mit den Mitbewerbern

Tragen Sie Monat für Monat die Belegung und den erreichten Durchschnittspreis ein.

Monat	
JAN	31
2002	

Hotels	Zimmer	Eingabe Zimmer Kapazität	Eingabe Belegung	Eingabe Durchschnittsp. in CHF	Verkaufte Zimmer	Umsatz pro Monat	Umsatz pro verfügbaren Zimmer	Gesamter Marktanteil
Larus	177	**5487**	**73,26 %**	**207,84**	4020	835.470	152,26	1,13
Rafael	163	**5053**	**66,44 %**	**211,48**	3357	709.983	140,51	1,04
Stella	220	**6820**	**68,40 %**	**210,00**	4665	979.625	143,64	1,06
Monte	148	**4588**	**64,88 %**	**193,67**	2977	576.496	125,65	0,93
Linden	224	**6944**	**67,54 %**	**171,40**	4690	803.862	115,76	0,86
Gesamtergebnis		28892	68,21%	198,16	19.709	3.905.437	135,17	

Ist-Portfolio-Analyse

Erstellen Sie für jeden Bereich Ihres Betriebes jeweils eine Ist- und eine Soll-Situations-Analyse. Anhand der Ergebnisse sind Sie in der Lage, genau zu erkennen, wo Ihre Leistungsbereiche anzusiedeln sind (Ist-Situations-Analyse). Befinden sich Ihre Leistungsbereiche nicht in der Gewinnzone, müssen Sie reagieren: Entweder gelingt es, in die Gewinnzone zu wechseln, oder Sie müssen den betroffenen Leistungsbereich verändern oder schließen.

Die vier Bereiche einer Situationsanalyse

Wie attraktiv sind die Produkte, und was muss unternommen werden?

Entwicklungsbereich
Treffen Sie eine Entscheidung, ob dieser Leistungsbereich weitergeführt oder aufgelöst werden soll (z. B. Mexikanisches Restaurant). Hier befinden sich die Nachwuchsprodukte – es ist die so genannte Einführungsphase.

Verlustbereich
Dieser Leistungsbereich muss aufgegeben werden, da er weder eine Nachfrage befriedigt noch ein zeitgemäßes Angebot darstellt. Er hat keine Daseinsberechtigung, nur im äußersten Notfall nochmals „voll durchstarten" (z. B. plüschiger, altmodischer Bistrobereich). Dies ist die Abbau- bzw. Degenerationsphase.

Gewinnbereich
Dieser Leistungsbereich hat eine gute Auslastung, liegt in der Gewinnzone und sollte weiterhin gut gepflegt werden (z. B. Übernachtungsbereich, Brunch). Investieren Sie nur so viel, dass die Leistungen möglichst lange als Gewinnbereich erhalten bleiben. Den Überschuss verwenden Sie am besten für den Entwicklungsbereich sowie für den Attraktivitätsbereich. Hier sprechen wir von der so genannten Erntephase.

Attraktivitätsbereich
Dieser Leistungsbereich wird von den Gästen sehr gut angenommen und ist für Ihr Unternehmen finanziell äußerst lukrativ (z. B. Karibische Bar). Hier sind die Wachstumsprodukte eingebaut – wir nennen sie die Erhaltungsphase.

Ist-Portfolio-Analyse bzw. Produkt-Portfolio

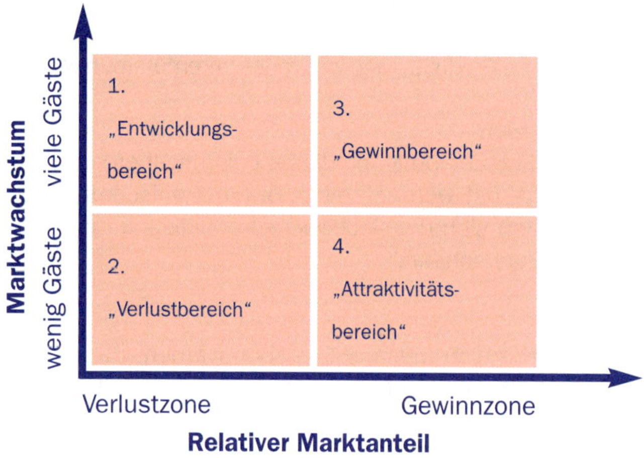

Soll-Portfolio-Analyse

Ziel muss es stets sein, die Leistungsbereiche in den Gewinnbereich zu führen. Überprüfen Sie jeden der problematischen Bereiche Ihres Betriebes anhand folgender Konzepte:

- Überprüfung von Angebot und Nachfrage
- Überprüfung des Einkaufskonzeptes
- Vergleich der Lieferantenpreise
- Gezielter Einsatz und Schulung der Mitarbeiter

Positionierung am Markt

Messen Sie sich mit Ihren Mitbewerbern am Markt. Welches Bild erzeugen Sie bei Ihren Gästen im Vergleich zu Ihren Mitbewerbern? Welches Marktsegment können Sie mit Ihrem Betrieb besetzen?

Beispiel: Ist-Positionierung – Soll-Positionierung

Schritt 1: Ist-Positionierung (Momentaufnahme)

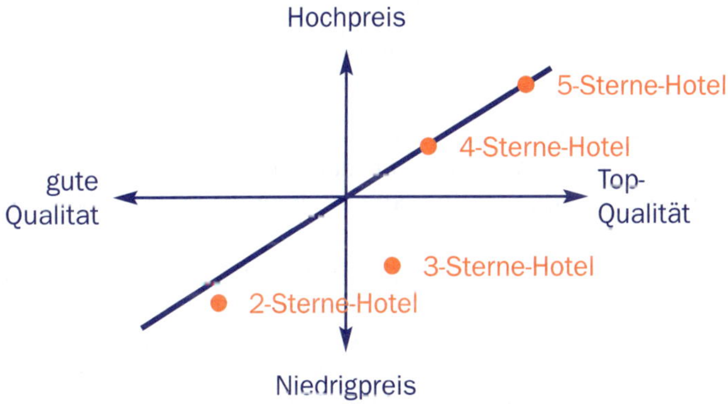

Beispiel

Holen Sie Informationen über Preise und Angebote Ihrer Mitbewerber ein (z. B. direkt bei den Betrieben oder über das Verkehrsamt).

Setzen Sie alle in Frage kommenden Betriebe gemäß Qualität und Preispolitik in die oben gezeigte Achse ein. Verhalten sich die Betriebe linear zueinander, ist das Angebot und der Preis entsprechend gerechtfertigt. An dem 3-Sterne-Hotel erkennen Sie, dass dieser Betrieb mit einer „Niedrigpreispolitik" versucht, seine Gästefrequenz zu erhöhen. Überlegen Sie sich in Anbetracht dieser Analyse, welche Positionierung Sie anstreben möchten.

Schritt 2: Soll-Positionierung (Zukunft)

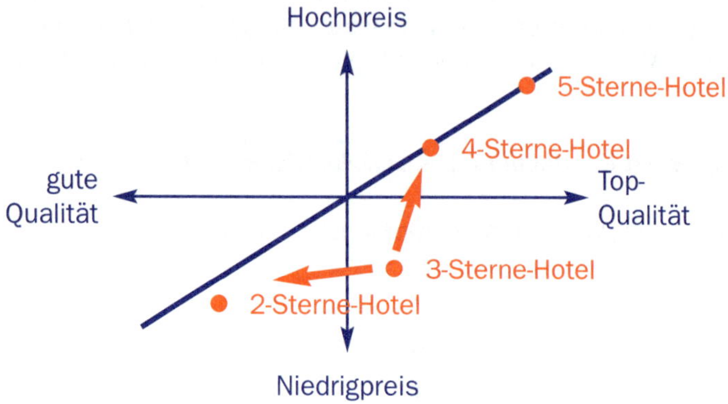

Dieses Beispiel zeigt, dass das 3-Sterne-Hotel seine momentane Position überdenken muss. Entweder reduziert das Haus die Leistungen (2-Sterne-Hotel), oder es erhöht die Preise.

Sie können nun anhand der vorgestellten Analysen herausfinden, welche Leistungsbereiche in Ihrem Betrieb verändert werden müssen. Bestimmen Sie nun, welche Leistungsbereiche (Logis, Bar, Restaurant, Tiefgarage) für Sie Priorität haben, und für welche Sie eine Gastronomiestrategie erstellen möchten.

Formulieren Sie eine tragende Marketingidee als Basis für die neue Struktur Ihres Betriebes. Sie symbolisieren damit, wie Ihr Betrieb sein will und vermitteln den „Aha-Effekt", den Sie durch die Veränderung erreichen möchten.

Beispiel

Ein 4-Sterne-Stadt-Hotel mit einer klassischen Nachtbar „Taverne".

Ist-Zustand: Die Frequenz ist niedrig, das Angebot unattraktiv und teuer, das ganze Konzept entspricht nicht mehr dem Zeitgeist (Portfolio-Analyse: Verlustbereich).

Ziel: Aufbau eines In-Lokals und Rückführung des Leistungsbereichs in die Gewinnzone.

Die tragende Marketingidee dazu wäre z. B.:

Wir schaffen durch das Thema Karibik eine „Havanna Bar“ mit Latino-Musik, Rum-Cocktails, Whisky und Zigarren.

Zusammenfassung des Ist-Zustandes

Anhand der vorgestellten Analysen sind Sie nun in der Lage zu überprüfen, ob Ihr Betrieb alle Voraussetzungen eines modernen, konkurrenzfähigen Unternehmens erfüllt, ob Sie marktgerecht und an den Kundenbedürfnissen orientiert arbeiten.

Oft liegt es nur an Kleinigkeiten, wie Malerarbeiten, neue Bezugsstoffe für die Stühle etc., um ein ansprechendes Erscheinungsbild der „Hardware“ Ihres Betriebes wieder herzustellen. Manchmal jedoch wird es größerer Anstrengungen bedürfen, um einzelne Bereiche wieder in die Gewinnzone zu führen.

Bei der „Software“ müssen Sie sich fragen, ob der einzelne Mitarbeiter zu Ihrem Betrieb passt und ob er in der Lage ist, die Bedürfnisse des Gastes zu erfüllen. Dabei ist es notwendig, dass Sie einen neutralen Standpunkt einnehmen. Betriebszugehörigkeit und persönliche Beziehungen zu den Mitarbeitern sollten bei der Beurteilung keine primäre Rolle spielen.

Prüfen Sie Ihren Betrieb kritisch, hinterfragen Sie alle oben angeführten Punkte und Bereiche sehr sorgfältig.

Die zentrale Frage eines jeden Unternehmens muss lauten: Warum kommt der Gast zu uns und nicht zur Konkurrenz? Jeder Mitarbeiter sollte diese Frage spontan beantworten können!

Die von uns vorgestellten Analysen und Beispiele sollen Ihnen einen Überblick über den gesamten Betrieb verschaffen und dienen als Voraussetzung für die weiteren Schritte. Je bewusster

Ihnen die erzielten Analyseergebnisse über die Grundlagen Ihres Betriebes sind, desto exakter können Sie darauf aufbauen. Fragen Sie sich:

- Sind die Ergebnisse der Ist-Zustands-Analysen aussagekräftig? Was genau sagen sie aus?
- Wurde der Mitbewerbersituation genügend Beachtung geschenkt?
- Wurde das Umfeld in seiner Ganzheit berücksichtigt?
- Haben Sie die richtigen Mitarbeiter für Ihre Unternehmensziele?

Es ist sehr wichtig, dass Sie die „Ist-Positionierung" Ihres Betriebes von allen Seiten durchleuchten. Jetzt fällt es Ihnen sicherlich leicht, den Zustand Ihres Unternehmens zu beurteilen.

Kapitel 6

Kommunikation und Öffentlichkeitsarbeit

Kommunikation und Öffentlichkeitsarbeit

„Man kann nicht nicht kommunizieren!“

Nicht nur durch sprachliche Äußerungen, sondern mit jedem Zeichen, jedem Handeln und Tun kommunizieren Sie nach außen.

Bedeutung von Kommunikation

Kommunikation ist der Schlüsselbegriff unserer Zeit. Alle modernen Unternehmen haben erkannt, dass eine funktionierende interne und externe Kommunikation notwendig ist. Es gibt mittlerweile unzählige Kommunikationsworkshops, in denen Mitarbeiter und Manager in den verschiedensten Bereichen von Kommunikation geschult werden. Dabei geht es nicht nur um die Kommunizierung des Produktes, sondern wesentlich auch um Kommunikation innerhalb des Betriebes.

Ein Hotel- und Gastronomiebetrieb kommuniziert wesentlich durch sein Erscheinungsbild. Je durchdachter und abgerundeter die eigene betriebliche Identität (Corporate Identity) ist, desto erfolgreicher wird sich Ihr Betrieb positionieren können. Damit das Produkt überhaupt kommuniziert werden kann, bedarf es Maßnahmen und Methoden zur internen und externen Öffentlichkeitsarbeit. Dabei ist gerade Werbung im klassischen Sinn ein schwieriges und oft auch kostspieliges Unterfangen und sollte gut durchdacht und geplant sein. Schließlich ist Werbung ein Gebiet, das ständigem Wandel unterworfen ist. Die Methoden verändern sich rasch, und heute ergeben sich durch das weltweite elektronische Netz ganz neue Möglichkeiten.

Corporate Communication

Dies ist der Sammelbegriff für alle Kommunikationsmaßnahmen Ihres Unternehmens nach innen und außen. Ziel muss es sein, je nach Situation Ihres Betriebes, ein Image in der öffentlichen Meinung aufzubauen, zu korrigieren oder zu pflegen. Dazu dienen alle Arten, Mittel und Wege der Kommunikation.

Was sollte das Ziel dieser Corporate Communication sein?

Sie können dadurch Ihren Bekanntheitsgrad steigern, die Glaubwürdigkeit Ihres Unternehmens nach außen transportieren, Sie beeinflussen Kaufentscheide und schaffen Sympathieeffekte.

Wir unterscheiden im Bereich der Kommunikation folgende Bestandteile:
- Absatzwerbung
- Verkaufsförderung
- Öffentlichkeitsarbeit

Wie grenzt sich Öffentlichkeitsarbeit von Werbung ab?

Öffentlichkeitsarbeit versucht, Vorstellungsbilder, die man von bestimmten Institutionen hat, zu verändern, zu festigen oder zu verstärken. Es handelt sich hierbei um eine langfristige, geistige Einstellung. Zielgruppen sind Meinungsbildner, Medien, Kunden und die Bevölkerung vor Ort.

Die Kommunikation zu diesen Gruppen erfolgt durch
- das gedruckte Wort (Kundenzeitschriften, Geschäftsberichte),
- das geschriebene Wort (Pressetexte, Rundschreiben an Mitarbeiter),
- Veranstaltungen (Betriebsbesichtigungen, Ausstellungen),
- Sponsoring (Sport, Kultur, siehe Kapitel 13, „Sponsoring"),

- Product Placement. (Film, TV, Zeitschrift, z. B.: Eine berühmte Person logiert bei Ihnen und wird fotografiert. Im Hintergrund ist das Logo Ihres Hauses zu sehen. Oder ein Seminar wird in Ihrem Geschäftshotel abgehalten. Das Bild des Redners wird in der internen Firmenzeitschrift veröffentlicht. Auf dem Rednerpult ist Ihr Firmenlogo sichtbar.)

Werbung dagegen soll den Verkauf bestimmter Produkte fördern. Werbung wird kurz- oder mittelfristig eingesetzt, um die angestrebte Zielgruppe zum Kauf bestimmter Produkte zu bewegen. Die spezielle Zielgruppe für eine bestimmte Werbung wird im Vorfeld definiert (nach soziodemographischen Merkmalen, wie z. B. Geschlecht, Einkommen, Schulbildung, oder nach psychologischen Merkmalen, wie beispielsweise Verhaltensweisen, Konsumverhalten). Das Ziel von Werbung ist es, den Verkauf zu steigern. Werbung findet man vor allem in den klassischen Medien wie Zeitungen, Zeitschriften, TV-Spots, Radio- und Kinospots, Internet, Plakatanschlag, Flyer oder auch SMS.

Corporate Identity – Unternehmensidentität

Ihr Betrieb bietet nicht nur Produkte und Dienstleistungen an. Ihr Unternehmen selbst ist ein Produkt, das sich verkaufen muss. Dazu ist es notwendig, sowohl nach innen als auch nach außen hin ein einheitliches Bild zu präsentieren und dieses auch zu kommunizieren. Es sollte im Betrieb eine einheitliche, klare Unternehmensphilosophie, die möglichst unverwechselbar sein muss, existieren. Alle an dem Unternehmen Beteiligten müssen dieses Bild mittragen und mitbilden, es muss eine Unternehmensidentität entstehen, mit der sich alle Mitarbeiter identifizieren können und die allen bewusst ist. Die interne Kommunikationskultur Ihres Unternehmens spielt dabei eine entscheidende Rolle.

Diese Unternehmensidentität (Coporate Identity) kann allgemein als Charakter Ihres Unternehmens bezeichnet werden, der sich aus „Eigenschaften“ wie Auftritt des Unternehmens in seiner Umwelt (Image), Haltung der Mitarbeiter, visueller Auftritt, die Produkte

Ihres Unternehmens, Unternehmensphilosophie, Unternehmenskultur und Unternehmenspolitik zusammensetzt. Die Gesamtheit all dieser Faktoren bildet die Corporate Identity des Hauses. Es ist das Soll-Image Ihres Betriebes und gibt die Antwort auf die Frage: „Wie will mein Betrieb nach innen und außen erscheinen?“ Im günstigsten Fall stimmt dieses Soll-Image mit dem Image, das der Betrieb nach außen hin transportiert (Betrachterseite), überein.

Corporate Behavior

Innerhalb der Corporate Identity spielt das Corporate Behavior eine große Rolle. Corporate Behavior meint die spezifischen Verhaltensregeln, die in Ihrem Betrieb gelten. Diese Verhaltensregeln können innerbetrieblich festgelegt werden, beispielsweise Bereiche des Corporate Wording. Der Begriff Corporate Wording fasst die verschiedenen Bereiche der Kommunikation in einem Betrieb zusammen und „regelt“ die Kommunikationsverhaltensweisen in betrieblichen Abläufen, wie z. B. die Kompetenz des Schriftverkehrs und der verbalen Kommunikation mit den Gästen. Legen Sie die für Ihr Haus wichtigsten Kommunikationsregeln für Ihre Mitarbeiter in einem Art Wörterbuch schriftlich fest, und schulen Sie sie entsprechend.

Zum Beispiel:
- Begrüßungsregeln am Telefon
- Kommunikationsregeln an der Rezeption
- der richtige Schriftverkehr
- Standardverabschiedung

Geben Sie Ihrem Betrieb auch in diesem Bereich ein unverwechselbares „Aussehen“, und beweisen Sie die Dialogfähigkeit Ihres Unternehmens.

Corporate Design

Bei all diesen Elementen der Corporate Identity geht es auch um Unverwechselbarkeit und Wiedererkennbarkeit Ihres Betriebes. Dazu gehört auch das Corporate Design eines Unternehmens, mit dem Sie Ihrem Betrieb eine unverwechselbare visuelle Identität geben. Zum Corporate Design gehören alle visuellen Erkennungsmerkmale wie Hausfarben, Hausuniformen, Schriftzug, Prospektgestaltung, Logo usw. Damit schaffen Sie einen hohen Wiedererkennungswert für Ihre Kunden.

Beispiel

Die Hausfarbe ist Blau/Silber. Diesen „roten Faden" erkennt man im Betrieb dadurch, dass die Farbe Blau/Silber an der Uniform, im Logo, auf sämtlichen Druckmaterialien, auf dem Werbekugelschreiber etc. wiederzufinden ist.

Corporate Music und United Adventing Propositions (UAP)

Auch der musikalischen Wiedererkennung sollten Sie Aufmerksamkeit schenken: Geben Sie Ihrem Unternehmen z. B. durch eine Corporate Music eine unverwechselbare „musikalische Note". Statten Sie beispielsweise Ihre Telefonwarteschleife durch eine eigens für Ihren Betrieb komponierte Musik aus, oder verwenden Sie spezifische regionale Musik. Viele große Firmen setzen auf den Wiedererkennbarkeitswert und die Unverwechselbarkeit solcher akustischer Logos (Jungles), z. B. Bacardi Rum oder McDonald's. Aber auch durch symbolische Zeichen (United Adventing Propositions) ist das Wiedererkennen einer bestimmten Marke gegeben (z. B. berühmte Figuren wie das Michelin-Männchen, der Esso-Tiger, das Kamel der Zigarettenmarke Camel oder der rote Bulle).

Überlegen Sie sich, welche dieser Elemente einer Corporate Identity Sie für Ihren Betrieb nutzen können. Wichtig dabei ist, dass Sie eine abgerundete Einheit präsentieren, die als solche auch von Ihren Gästen gesehen wird.

Interne Öffentlichkeitsarbeit

Voraussetzung für ein florierendes Unternehmen, für erfolgreiche Aktionen und Angebote, ist ein funktionierender Informationsfluss unter den Mitarbeitern. Sobald eine besondere Aktion geplant wird – Sie wollen z. B. einen Werbebrief mit einem speziellen Angebot an Kunden verschicken oder ein Inserat schalten –, müssen alle Angestellten über den Inhalt informiert und entsprechend eingewiesen werden. Dafür gibt es einige einfache Methoden, die nicht besonders zeitaufwendig sind und dennoch einen guten Informationsfluss garantieren. Fördern Sie diesen Informationsfluss innerhalb Ihres Unternehmens beispielsweise durch folgende Maßnahmen und Instrumente:

- Informationen am schwarzen Brett
- Rundschreiben an die einzelnen Abteilungen
- Persönliche Informationsgespräche mit den Arbeitnehmern
- Informationen während der Mitarbeitermeetings
- Präsentationen
- Betriebsversammlung
- Weiterbildungskurse
- Rundlaufzettel

Diese letzte Methode klingt vielleicht auf den ersten Blick etwas aufwendig, ist jedoch eine recht zielführende Methode: Jeder Mitarbeiter, der informiert sein soll, wird in der Mitteilung namentlich aufgeführt. Der Rundlaufzettel wird innerhalb von einem Tag von den Betriebsangehörigen untereinander weitergegeben und das Gelesene durch Unterschrift und Datum bestätigt. Dies führt mit Sicherheit dazu, dass Informationen aufmerksamer wahrgenommen werden, und Sie haben die Gewissheit, alle informiert zu haben.

Die Delegation von Information stellt eine wichtige Aufgabe des Managements im Hotel- und Gastgewerbe dar. Besserer Informationsfluss dient letztendlich auch dem besseren Verständnis für Entscheidungen, die von der Managerebene kommen. Mitarbeiter sind motivierter, wenn sie wissen, warum bestimmte Entscheidungen getroffen werden und wie wichtig ihr persönlicher Einsatz letztendlich für das Unternehmen ist. Allerdings ist es auch die Aufgabe des Managements, keine Informationsüberflutung zu produzieren, die ihrerseits wieder informationshemmend wirken könnte.

Wichtig ist aber nicht nur eine Kommunikation von Managerebene zu den einzelnen Abteilungen. Auch zwischen den Abteilungen muss eine aktive Kommunikationsstruktur aufgebaut werden, damit ein reibungsloser Informationsfluss und damit letztendlich ein reibungsloser Arbeitsablauf gewährleistet ist. Es genügt zum Beispiel nicht, wenn die Mitarbeiter im Rezeptionsbereich wissen, dass ein Gast heute seinen Geburtstag feiert oder bereits zum 10. Mal das Hotel oder Restaurant besucht. Die entsprechenden Abteilungen müssen darüber informiert sein, damit sie durch aufmerksames Verhalten das Wohlbefinden des Gastes fördern und damit die Kundenbindung stärken.

Unternehmenskommunikation und Unternehmenskultur

Bei all dieser verwalteten Information und Kommunikation muss dennoch der Mensch – als Kunde, aber auch als Mitarbeiter – im Mittelpunkt stehen. Das Verhältnis der Angestellten zum Betrieb und die Einstellung zu ihrer Arbeit spiegelt sich in deren verbalen und – noch viel mehr – im nonverbalen Verhalten (nonverbale Kommunikation) wider. Eine positive Unternehmenskultur schlägt sich auf das Arbeitsklima und letztlich auf das gesamte Image des Betriebes nieder. Gut informierte und zufriedene Beschäftigte mit einer positiven Einstellung zum Betrieb und zur Arbeit kommunizieren auf positive Art und Weise mit den Kunden und prägen ein positives Image des Unternehmens. So wirkt Ihr Haus auch anziehend auf potenzielle, qualifizierte Mitarbeiter am Arbeitsmarkt.

Es gibt genügend Gründe, sich einmal die „Kultur“ des eigenen Betriebes näher anzusehen. Prüfen Sie, wie in Ihrer Firma miteinander und untereinander kommuniziert wird. Vielleicht gibt es ja Verbesserungsmöglichkeiten.

Beispiele: Unternehmenskultur

Ziel	**Maßnahmen**
Verbesserung der Kommunikation	Hauszeitung, schwarzes Brett, Laufzettel, Mitarbeitermeetings
Fördern von abteilungsübergreifendem Denken	Abteilungsübergreifende Projekte (z. B. Müllkonzept, Mitarbeiterbeschaffungsstrategie)
Verständnis schaffen für interne Zusammenhänge	Interne Information und Pressetexte
Zusammenarbeit und Zusammengehörigkeitsgefühl fördern	Gemeinsame Geburtstagsfeiern, informelle Kommunikation (Stammtisch), Mitarbeiterveranstaltungen, Mitarbeiterausflug
Soll- und Ist-Verhalten der Mitarbeiter mit der Unternehmensphilosophie auf einen Nenner bringen	Seminare, Präsentationen, Jahreszielplanung
Ziele des Unternehmens mit den Zielen der Mitarbeiter verbinden	Jahresbericht, Sozialbilanz, Leitbild
Leistungsbereitschaft steigern	Vorschlagswesen implementieren
Betriebstreue verstärken	Anerkennungsschreiben, Gratifikationen, Betriebsjubiläum

Externe Öffentlichkeitsarbeit

Was ist „Public Relation" oder auch Öffentlichkeitsarbeit genannt?

„Wenn ein junger Mann ein Mädchen kennen lernt und ihr erzählt, was für ein großartiger Kerl er sei, so ist das Reklame. Wenn er ihr sagt, wie reizend sie aussähe, ist das Werbung. Wenn sie sich aber für ihn entscheidet, weil sie von anderen gehört hat, er sei ein feiner Kerl, so ist das Public Relation."
Alwin Münchmeyer, zit. in Management Wissen 09/89

Wie und in welchen Bereichen können Sie Öffentlichkeitsarbeit betreiben?

Lokale Presse

Suchen Sie den persönlichen Kontakt zu den lokalen Redakteuren. Behandeln Sie diese wie Stammkunden, und binden Sie sie in Ihr Stammkundenmarketing ein. Laden Sie die Journalisten ruhig einmal zu einem „Sympathietreffen" (z. B. zum Familienbrunch oder zur nächsten Power-Party) ein, wobei auf gar keinen Fall der Eindruck entstehen darf, Sie wollten die Journalisten „kaufen". Versorgen Sie die lokale Presse regelmäßig mit Informationen über Ihren Betrieb, über geplante Aktionen und Veranstaltungen. Sie sollten allerdings nicht davon ausgehen, dass jede Ihrer Veranstaltungen in der Zeitung steht. Kontinuierliche Pressearbeit im lokalen Sektor zahlt sich dennoch aus: Man kennt Sie und Ihre Arbeit und wird Ihnen auch einmal entgegenkommen, wenn Sie Hilfe brauchen.

Fachpresse

Ein ganz wichtiges Instrument für den Gastronomiebereich ist die Gastronomie- und Hotelpresse (z. B. Salz und Pfeffer, Gastgewerbe aktuell, Hotel Touristik, food service, First Class, Savoir Vivre,

AHGZ, ÖGZ). Betreuen Sie auch diese Journalisten wie Ihre Stammkunden, und versorgen Sie alle regelmäßig und rechtzeitig mit News aus Ihrem Betrieb.

Sie sollten sich auch nicht durch gelegentliche Fehlschläge entmutigen lassen. Wer hat nicht schon einmal erlebt, dass von einer Presseaussendung schlussendlich in der Zeitung nicht mehr viel übrig geblieben ist. Oder dass ein Bericht über eine Ihrer Veranstaltungen stark verkürzt oder auch unwahr wiedergegeben wird. Um eine erfolgreiche Pressearbeit machen zu können, müssen Sie auch den Arbeitsalltag der Redakteure verstehen und sich darauf einstellen. Redakteure bekommen täglich Hunderte von Presseaussendungen zugeschickt, haben kaum noch Zeit, vor Ort zu recherchieren und sind – vor allem im Bereich der Tagespresse – durch ein enges zeitliches Korsett eingeschränkt. Wenn Sie zum Beispiel eine Pressekonferenz am Freitag um 15.00 Uhr ansetzen, dürfen Sie sich nicht wundern, wenn das Interesse eher mager sein wird. Die ideale Zeit für eine Pressekonferenz ist um 11.00 Uhr am Vormittag. Das gibt den Journalisten noch genügend Zeit, vor Re-daktionsschluss einen Bericht zu verfassen und gegebenenfalls noch zu recherchieren. Sie müssen sich auch darüber im Klaren sein, dass Journalisten nicht nur zur Informationsflut beitragen, sondern selbst davon betroffen sind. Wählen Sie also originelle Themen und Aufhänger für Themen, und bereiten Sie die Unterlagen für die Presse sorgfältig vor. (Bei Pressekonferenzen stets eine Pressemappe bereithalten!) Je mehr Arbeit Sie in die Vorbereitung Ihrer Pressearbeit investieren, desto größer wird der Erfolg sein.

Legen Sie einen Presseverteiler an. Finden Sie heraus, welcher Journalist für welches Ressort zuständig ist, und bedienen Sie diesen gezielt. Wenn Sie Ihre Betriebsnews lediglich ganz allgemein an eine Zeitung verschicken, ist die Chance groß, dass diese im Papierkorb landen. Sowohl für die Lokal- als auch für die Fachpresse gilt: Da Mitarbeiter in den Redaktionen oft wechseln, müssen Adressen und Ansprechpartner im Presseverteiler stets aktuell gehalten werden!

Die 10 Elemente der Pressemitteilung

Bei der Auswahl Ihrer PR-Themen müssen Sie darauf achten, möglichst viele der nachstehend aufgeführten Punkte zu berücksichtigen.

Elemente	Beschreibung
1. Aktualität	siehe Titelseite einer Tageszeitung
2. Nähe	Gefühle werden angesprochen
3. Folgenschwere	Wasserbruch im Hotel
4. Öffentliche Bedeutung	Mwst.-Erhöhung in der Gastronomie
5. Dramatik	Feuer im Betrieb
6. Kuriosität	größte Doughnuts der Welt
7. Kampf	Preiskämpfe in der Hotellerie/ Gastronomie
8. Liebe	Hochzeit des Ministers im Hause
9. Gefühl	Spendenaktion
10. Fortschritt	Multiapplikationsfähiges Zutrittssystem in Uhrform

Versuchen Sie hier, kreative Themen aufzugreifen, die den Leser interessieren könnten, und stellen Sie sich selbst immer wieder die Frage, ob Sie über ein solches Thema gerne etwas lesen möchten. Beteiligen Sie sich an Gewinnspielen bei Zeitungen, Radio oder TV. Meist sind Sie mit einigen Übernachtungen, einem Überraschungsfrühstücksbüfett oder einem japanischen Yakitori-Gericht dabei und werden dafür redaktionell erwähnt bzw. ein Foto oder das Logo Ihres Hauses wird mit dem Gewinnspiel abgedruckt.

Motivieren Sie Ihre Mitarbeiter dazu, ebenfalls einen Beitrag zur Öffentlichkeitsarbeit zu leisten. Berichten Sie zum Beispiel über die dreimonatige Weltreise Ihres Küchenchefs, der mit Kochideen aus aller Welt neue Inspirationen in Ihren Betrieb einbringt.

Es sind aber nicht immer nur Sensationen gefragt.

Hier einige Beispiele für weitere Themen:
- neue Broschüren
- Pauschalen und Angebote
- Bilanzen/Statistiken/Jahresabschlüsse
- touristisches Umfeld
- aktuelle Ereignisse
- Personalien, z. B. neue Bankettleiterin
- Gesundheit, Bio, Umwelt
- Angebote für Alleinreisende
- spezielle Angebote für Frauen

Beispiele: PR-Themen

- „Adrenalin-Woche“
  Nervenkitzel in den Alpen.
- „Kinder-Wohlfühl-Garantie“
  Fühlt sich das Kind nicht wohl, erhält es einen Gutschein für eine Reitstunde.
- „Zahlen Sie, was Sie möchten“
  Gestalten Sie eine Aktion für einen bestimmten Zeitraum, und lassen Sie die Gäste bezahlen, was ihnen die Dienstleistung wert ist. Ein Medienecho ist Ihnen sicher, und Sie können gleichzeitig überprüfen, wie Ihre Gäste das Preis-Leistungs-Verhältnis Ihres Betriebes empfinden.

- „Fit für Erfolg“
  Bieten Sie eine ausgefallene Version einer Sportart an, z. B. mentales Training beim Tennis – als Angebot im Hotel.
- Mitarbeiterthemen
  Jubiläum, Gründung eines Mitarbeiterclubs, Aikido-Kurs für die Angestellten.
- Besondere F&B-Aktionen
  „Blues Brunch“ im Thema der 30er-Jahre.
- „Eine gute Tat“
  Zeigen Sie soziales Engagement: Während der Weihnachtszeit kann jeder Besucher des benachbarten Altenheims kostenlos eine Nacht im Hotel logieren bzw. im Hotel speisen.

Der Pressetext

Wie schreibe ich eine Pressemitteilung?

Achten Sie darauf, dass diese klar, sachlich und ohne Übertreibung formuliert ist. Ein Pressetext vermittelt Tatsachen und soll nicht als Werbemittel eingesetzt werden. Das Seitenformat sollte am besten immer links und rechts vom Rand eingerückt sein, damit der Redakteur Platz für Anmerkungen hat.

Kennzeichnen Sie Ihr Schreiben als Presseinformation. Denken Sie an die Überschrift, welche unbedingt den Leser/Redakteur anziehen und neugierig machen sollte, und führen Sie den Absender mit genauer Adresse und einer Kontaktperson an.

Beschränken Sie sich möglichst auf eine DIN-A4-Seite. (Zeitbudget des Redakteurs beachten!)

Vermeiden Sie Unterstreichungen, Fettdrucke, Kursivschreibung und Abkürzungen. Schreib- und Kommafehler haben absolut nichts in einer Pressemitteilung verloren!

Wichtig sind bei einer Pressemitteilung vor allem die W-Fragen: Wer macht wo, was, wann mit wem?

Im ersten Abschnitt müssen die 5 W-Fragen, also das Wichtigste, kompakt zusammengefasst werden, damit der Journalist auf den ersten Blick sieht, um was es geht. Redakteure haben keine Zeit, einen Text ganz zu lesen und entscheiden nach den ersten Zeilen, ob er für ihr Medium interessant ist. Achten Sie darauf, dass Ihre Aussendung immer mit dem Datum versehen ist.

Die Pressemitteilung muss immer ehrlich, sachlich und aktuell sein. Darüber hinaus muss die Mitteilung zeitpunktgenau (sofort nach dem Ereignis) verarbeitet werden. Das heißt, noch am Tag des Ereignisses sollte die Pressemitteilung verschickt werden.

Im weiteren Verlauf des Textes können dann Einzelheiten genauer erklärt werden. Zitate einzelner Personen lockern das Ganze etwas auf.

Denken Sie stets daran: Es ist „Gesetz" im Zeitungswesen, dass bei Platzmangel Texte immer von unten nach oben gekürzt werden. Wenn Sie daher zentrale Inhalte Ihrer Pressemitteilung in der Zeitung „wiederfinden" möchten, platzieren Sie diese im oberen Drittel Ihres Textes.

Besonders die Fotos sind bei einer Pressemitteilung wichtig. Ein künstlich gestelltes Bild wirkt oft langweilig und austauschbar. Suchen Sie eine typische Stelle Ihres Betriebes, und fotografieren Sie Menschen in Aktion, allerdings wirken zu viele Personen auf einem Bild unübersichtlich.

Das Bild muss zum Anschauen reizen, die geschriebene Information darstellen und ergänzen.

Es dient als Blickfang in der Flut von schriftlichen Presseinformationen und fungiert als „Visitenkarte" für das übrigen Material.

Ein gutes Foto erhöht die Chancen des Abdrucks eines Pressetextes.

Checkliste: Pressefoto

- Versenden Sie nie Diaoriginale, nur Duplikate.
- Beschriften Sie die Fotos mit Namen der Personen/des Events, und machen Sie den Vermerk „copyright/honorarfrei".
- Stecken Sie Dias in eine Fototasche.
- Papierfotos müssen unbedingt ein Mindestformat von 13 x 18 cm aufweisen.
- Heften Sie Papierfotos niemals mit einer Heftklammer an den Text.
- Wenn Sie Fotos per Mail verschicken, informieren Sie sich im Vorfeld über die verwendbaren Dateiformate.

Beispiele

1. Azubi-Tag im Hotel Larus: „Chef sein für einen Tag"

„Chef sein für einen Tag" hieß das Motto des diesjährigen Azubi-Tages im Hotel Larus, an dem alle 13 Abteilungsleiterpositionen, vom F&B-Manager über die Empfangschefin bis hin zum Direktor, von Auszubildenden besetzt wurden.

Damit die Auszubildenden nicht vollkommen ahnungslos an ihre Aufgabe herangingen, konnten sie bereits am Vortag den Abteilungsleitern über die Schulter schauen und so wichtige Informationen sammeln. Die Gäste wurden durch Handzettel an der Rezeption auf diese Aktion hingewiesen und durften gerne ihre Meinungen dazu äußern. Zusätzlich trugen alle Beteiligten Buttons, die den Namen und die übliche Position angaben, allerdings mit der Ergänzung „Heute bin ich Direktor", wie z. B. im Fall des Auszubildenden, der an diesem Tag Hausherr spielen durfte.

Durch diese Aktion sollte den Azubis einmal die Chance gegeben werden, den Tagesablauf der Abteilungsleiter kennen zu lernen und deren Verantwortung auf sich zu nehmen, so Klaus Knoll, Direktor im Hotel Larus.

Zürich, ...20..
Rückfragen der Presse bitte an: Adresse/Tel. etc.

2. „Meet-Sensation“ –
   Der neue Tagungs- und Meeting-Planer des Hotels Larus

Um Veranstaltern und Organisatoren von Tagungen, Konferenzen und auch kleineren Meetings die Arbeit so leicht wie nur möglich zu machen, hat das Hotel Larus soeben einen neuen und praktischen Tagungs- und Meeting-Planer herausgegeben.

Zahlreiche Details sind im Vorfeld von Veranstaltungen gleich welcher Art zu berücksichtigen, um diese zu einem durchschlagenden Erfolg werden zu lassen.

Unter dem Motto “We take care of your business in each way” enthält die in einer umfangreichen Mappe gelieferte Information alles zum Thema Tagungen und Veranstaltungen. Während die Vorderseite sich mit der Lage, der Gastronomie und der Unterkunft des Hotels beschäftigt, gibt die Rückseite eingehend Auskunft über die Tagungsgegebenheiten. Exakte Angaben zu den Größenverhältnissen der Konferenzräume, zu Lichtverhältnissen und Grundrissen gehören ebenso zum Inhalt wie die maximale Personenzahl, berechnet nach Sitzordnung (U-Form, Klassenzimmer, Konferenztisch, Theater etc.).

Veranstalter und Organisationen, die vorzugsweise per Internet ihre Konferenzen planen, können sich auch auf direktem Weg über den erst kürzlich lancierten „Meet-Sensation“ des Hotels Larus kundig machen. Unter http://www.hotel-larus.com sind detaillierte Informationen – von der Raumtechnik über die Teppichfarbe bis hin zum Steckdosentyp – des Hotels abfragbar. Hat der Veranstalter das passende Angebot gefunden, so kann er gratis per automatischer Fax-Anfrage im Hotel bzw. mit Hilfe einer Internet-Telefonverbindung das Hotel direkt kontaktieren.

Der Broschüre „Meet-Sensation“ kann unter folgender Adresse bestellt werden: Hotel Larus, Verkaufsabteilung, Limmatquai 99, Zürich, Tel.
Zürich, am ....
Rückfragen der Presse bitte an: Hotel Larus, PR-Verantwortliche, Limmatquai 99, Tel. ...., E-Mail ....

Kapitel 7

Dienstleistung

Dienstleistung

Die Dienstleistungsstrategie soll als langfristiger Verhaltensplan zur Erreichung der Unternehmens- und Marketingziele verstanden werden.

Eine Dienstleistungsstrategie bildet somit das zentrale Bindeglied zwischen den Zielen und der operativen Maßnahmenplanung.

Auf dem Markt treffen Angebot und Nachfrage zusammen. Der Gast beurteilt die Leistung, die ihm ein Unternehmen bietet. Er lässt sich nicht mehr nur durch zugkräftige Slogans verführen. Der moderne Konsument ist einerseits preisbewusst, und andererseits genießt er in vollen Zügen den hochpreisigen Konsum. Er nimmt sich das Recht, seine Bedürfnisse selbst zu definieren, das Produkt frei zu wählen und will über Qualität und Eigenschaften des Produktes umfassend informiert werden. Der Gesamteindruck ist neben dem Preis dafür ausschlaggebend, ob der Gast enttäuscht, zufrieden oder begeistert ist.

Viele Gäste haben eigentlich alles, was sie brauchen, jedoch nicht alles, was sie sich wünschen. Es liegt in der Natur des Menschen danach zu streben, ständig neue Bedürfnisse zu entwickeln und diese auch befriedigen zu wollen. An diesem Punkt sind Sie als Unternehmer gefragt, neue Bedürfnisse zu erkennen und Produkte zur Befriedigung derselben anzubieten.

Arten von Leistung

Drei Leistungsdimensionen lassen sich unterscheiden:

- die Basis des Betriebes
- die Kernfähigkeiten
- die Spitzenleistungen

Basisleistungen

Die Basisleistungen sind Muss-Ansprüche. Sie stellen jene Fähigkeiten und Ressourcen dar, die ein Unternehmen benötigt, um in einem Markt als relevanter Anbieter angesehen zu werden. Die Basis ist das eigentliche Kernprodukt und dient dazu, die wichtigsten Ansprüche erfüllen zu können. Sie ist die elementare Grundsubstanz, ohne die ein Zugang zum Markt nicht möglich wäre. Beim Arzt wäre es der Doktortitel, beim Stahlhersteller der Stahl etc. Für einen Gastronomiebetrieb wären hier das Gebäude, die Einrichtung, die Fassade etc. zu nennen. Diese Grundausstattung ist ständigen Veränderungen unterworfen. Was vor einigen Jahren noch als Besonderheit galt (z. B. das Bad im Hotelzimmer, Parkplatz vor dem Restaurant, der Saunabereich im Hotel, die gute Küche), ist heutzutage Selbstverständlichkeit. Daher ist es notwendig, immer am Puls der Zeit zu bleiben und die Basis Ihrer wirtschaftlichen Tätigkeit nach den veränderten Bedürfnissen (z. B. im technischen Bereich wie Internet, multifunktionales Telefon) Ihrer Gäste zu modifizieren.

Zur Basis zählen in der Dienstleistungsbranche auch alle Produkteigenschaften, -merkmale, -bestandteile und Zusatzleistungen, die der Kunde „stillschweigend“ erwartet. Diese Basisleistungen werden als Selbstverständlichkeit vorausgesetzt und bringen einem Betrieb heute keine Wettbewerbsvorteile mehr. Überlegen Sie daher, welche Spitzenleistungen Sie in Ihrem Haus anbieten können.

Kernfähigkeiten (USP = Unique Selling Propositions)

Diese Soll-Ansprüche benötigt Ihr Unternehmen dazu, um sich im Markt von anderen Anbietern zu differenzieren. Die Kernfähigkeiten sind Vorteile, die schwer kopierbar und einzigartig sind. Als Kernfähigkeiten sind z. B. die Lage eines Hauses, das Restaurant mit Seeblick, die Flughafennähe, das denkmalgeschützte Haus, die Herzlichkeit der Mitarbeiter zu nennen. Der Gast ist bereit, diese Unterschiede im Vergleich zum Mitbewerber zu honorieren.

Spitzenleistungen

Spitzenleistungen sind etwas Besonderes. Sie gehen über das Herkömmliche hinaus und machen Ihren Gastronomiebetrieb von anderen unterscheidbar. Der Gast erkennt diese Leistungen als einen Vorteil für sich. Spitzenleistungen sind Erfolgsfaktoren. Es sind jene Fähigkeiten und Ressourcen, die Ihr Unternehmen benötigt, um in Ihrem Segment erfolgreich zu sein und die Erwartungen des Gastes übertreffen.

Spitzenleistungen bedeuten nicht unbedingt gleich Zusatzkosten. Sie sind auch nicht abhängig von der Art des Betriebes: So können Sie in einem 5-Sterne-Hotel oder Spitzenrestaurant ebenso angeboten werden wie in einer kleinen Kneipe um die Ecke. Oft sind es die vielen kleinen Dinge, die lediglich Aufmerksamkeit von jedem Mitarbeiter und Mitunternehmer fordern (herzliche Mitarbeiter, stimmungsvolle Atmosphäre, den Gast namentlich begrüßen, kleine Aufmerksamkeiten wie eine Gratisflasche Mineralwasser bei der Ankunft oder Gratiskaffee in der Thermoskanne bei der Abreise, Zeitschriften in der Halle, Minishop, Nachrichten beim Frühstück in der Landessprache, statt dem üblichen 3-Gänge-Menü zur Abwechslung einmal ein lustiges Büfett etc.). Ziel muss dabei sein, sich vom Durchschnitt abzuheben. Machen Sie die bestehende Leistung durch permanente Verbesserungen laufend attraktiver. Achten Sie auf die vielen Kleinigkeiten, mit denen Sie dem Gast vor, während und nach dem Aufenthalt das Gastronomieerlebnis verschönern können. Fragen Sie sich, welches Potenzial steckt noch im Produkt? Was wird noch nicht angeboten? Was wäre noch besser für unsere Zielgruppe? Schaffen Sie neue Leistungen. Sie müssen beim Gast ein Aha-Erlebnis auslösen, sie müssen besser sein als ähnliche Leistungen beim Mitbewerber, sie müssen unverwechselbar sein, wahrgenommen werden und in Erinnerung bleiben.

Beispiele

- CDs und CD-Player im Zimmer
- Wasserkocher für Tee und Kaffee im Zimmer
- spezielles Brot- und Butterarrangement zum Essen
- nettes, ansprechendes Reservationsschild im Restaurant
- persönliche Begrüßung (rotes, handgeschriebenes Herz „Guten Abend" im Hotelzimmer und „Guten Appetit" im Restaurant)
- Tageszeitung zum Frühstück
- Handcremespender auf der öffentlichen Toilette
- kleine „Hundeecke" mit frischem Wasser
- Wassereimer und Scheibenwischerbürste in der Nähe des Gästeparkplatzes installieren
- Pläne der Umgebung, Stadtpläne mit Detailinformationen bereithalten
- Badesalz im Badezimmer bereitstellen
- Malutensilien und Malblocks für Kinder
- Willkommensgetränk (kann auch ein preisgünstiger, selbst gemachter Eistee oder ein Kräutertee aus eigenem Garten sein!)
- Bonbons an der Rezeption oder beim Ausgang des Restaurants
- Anzeige des Wetterberichts
- Tageszeitung auf der öffentlichen Toilette
- Hunde-Welcome-Snack
- auf der Terrasse Sonnencreme zur Verfügung stellen
- Eiskratzer im Winter bereithalten
- frankierte Rückantwort bei Reservierungsbestätigungen
- Kinderspielecke
- spezielles Welcome-Geschenk für Kinder
- bei Busgruppen winkt das gesamte Team mit einem weißen Tuch zum Abschied – weckt fast immer Emotionen
- spezielles Bus-Arrangement kreieren: ein Gutschein für ein Glas Orangensaft für den Busfahrer, dazu einen Eiskratzer oder ein Fensterledertuch

Versuchen Sie, Ihre persönliche Note zu entwickeln, schreiben Sie doch einmal die nächste Willkommenskarte per Hand. Machen Sie zum Beispiel ein Foto von Ihrem Team, und schicken Sie diese Karte jedem Gast nach seiner Abreise als „Dankeschön" mit persönlicher Anmerkung. Im Zuge unserer elektronischen Kommunikationsmittel wäre es ebenso möglich, eine „elektronische Dankeskarte“ per E-Mail oder SMS zu verschicken.

Beispiel: Leistung, auf die Bedürfnisse eines Familienhotels abgestimmt

Nur Cowboy-Schnitzel und Himbeersirup genügen heute nicht mehr. Gefragt ist professionelle Kinderbetreuung – mindestens 8 Stunden am Tag an mindestens 5 Tagen der Woche im dafür eingerichteten Kinderzimmer, auf einer Spielwiese mit entsprechenden Geräten. Nicht fehlen darf eine kindergerechte Ernährung, spezielle betreute Essenszeiten für Kinder und Kochgelegenheiten für Säuglingsnahrung. Betreuung darf nicht verstanden werden als lästiger „Hütedienst“, sondern bedeutet das Organisieren von Ferienerlebnissen und Urlaubsabenteuer.

Ein neuer Gast entscheidet bei seinem ersten Besuch zu 80 Prozent aus dem Bauch und zu 20 Prozent mit dem Kopf, ob es ihm gefallen hat oder nicht. Daher ist es wichtig, auf das Wohlbefinden (z. B. Ambiente, Blumen, Licht, Duft, Musik, Geruch), die Zufriedenheit (beispielsweise Kommunikation mit dem Gast) und die speziellen Bedürfnisse des Gastes zu achten.

Angebot der Leistungen

Sie können Ihre Leistungen einzeln oder als Pauschale anbieten. Der Vorteil von Pauschalen liegt für Ihren Betrieb darin, dass Sie Nebensaisonen besser füllen können. Wenn z. B. Ihr Sonntagsbrunch ein Selbstläufer ist, benötigen Sie keine weiteren Pauschalen für diese Zeit. Bringt jedoch beispielsweise der Montag- oder Dienstagabend zu wenig Umsatz, sollten Sie sich für diese Zeit ein Pauschalangebot überlegen (Büfettangebot plus Getränke oder Kultur-Menü mit Musik etc.).

Pauschalen sind auch an umsatzschwachen Tagen und Monaten von Vorteil. Der Gast besitzt eine Kostengarantie, und Sie haben ein gutes Verkaufsargument an der Hand.

Leistungsschwerpunkte in der Gastronomie

Als Leistungsschwerpunkte können im Betrieb der Beherbergungsbereich, das Restaurant und Nebenabteilungen (Minibar, Parkplatz, Kiosk, Schwimmbad) definiert werden.

Diese Leistungsbereiche müssen Sie immer wieder hinterfragen. Entsprechen sie noch den Vorstellungen des Gastes? Dabei gibt es für jeden Leistungsbereich einen Leistungszyklus, den Sie beachten sollten.

Fragen Sie sich: In welchem Lebensabschnitt sind meine Produkte? Was kommt danach?

Leistungszyklus bzw. Produktlebenszyklus

1. Phase der Einführung
2. Wachstumsphase (Einzigartigkeit am Markt wird erkannt)
3. Reife, Sättigung (Mitbewerber ziehen nach)
4. Umsatzrückgänge – Zeit für Veränderung

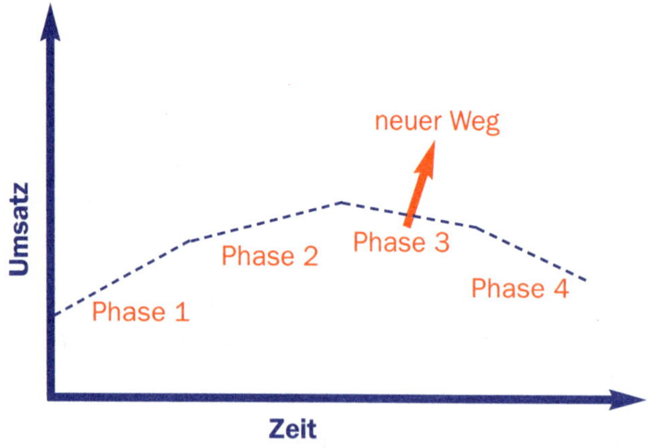

Entscheidend ist, dass Sie durch genaueste Marktanalysen und ständige Beobachtungen die Phase 3 erkennen und wirkungsvolle neue strategische Maßnahmen setzen, bevor Phase 4 zu weit fortgeschritten ist. Mit dem veränderten oder ausgetauschten Produkt wählen Sie einen neuen Weg und beginnen wieder mit der Phase 1.

Wenn der Mensch nicht mehr zu Veränderungen fähig ist, wird er unweigerlich scheitern. Planen Sie daher ständig (neue) Wachstumsphasen/Bereiche in Ihrem Betrieb ein.

Wie schaffen Sie neue Bereiche, die Sie von den Mitbewerbern unterscheiden?

- Bieten Sie attraktive Zusatzleistungen an, die sich der Gast wünscht, wie z. B. separates Bügelzimmer, Bio-Produkte, breit gefächerte Rum- und Whiskykarte, vegetarische Gerichte, Transfer zum Flughafen, verlockende Angebote für die Anreise mit der Bahn, Internet-Zugang.
- Gehen Sie auf spezielle Zielgruppen ein, wie z. B. Golf: Golfführer im Haus, Kooperationen mit Golfclubs, Golfpackages, Driving Range, Probeprodukte wie neue Schläger, spezielle Menüs und Getränke für Golfer.
- Führen Sie neue Produkte ein, wie z. B. Carving-Ski, Rollerblade, Wakeboards, Kitesailing mit Buggys, neue vegetarische Produkte sowie Weine aus neuen Anbaugebieten auf die Karte nehmen.
- Betreiben Sie kreativen „Klau“. Behalten Sie Ihre Mitbewerber im Auge. Bestimmt gibt es etwas, das Sie von anderen Betrieben kopieren und bei sich umsetzen können.
- Lassen Sie sich von anderen Ländern inspirieren, von Metropolen wie London, New York, Paris etc. Holen Sie sich Anregungen von anderen Kulturen wie Japan oder Amerika.
- Überarbeiten Sie bestehende Leistungen neu, wie z. B. zu Mittag ein gesundheitsbewusstes Lunchbüfett einführen und entsprechend gestalten; mit Musik, ansprechender Dekoration auf dem Tisch, Dekoration des Büfetts, ausgewählten Gerichten.

Mitarbeiter als Leistungsträger

Das gesamte Mitarbeiterteam prägt die Leistungsfähigkeit eines Betriebes. Es ist demnach sinnvoll, für unser „wertvollstes Gut" – den Mitarbeiter – ein eigenes Konzept zu erstellen. Der Grundsatz dabei sollte sein, dass sich die Angestellten genauso wohl fühlen sollen wie die Gäste (Motto: zufriedene Mitunternehmer – zufriedene Gäste). Wenn die Arbeit Ihren Mitarbeitern Spaß macht, werden Leistungen besser und schneller erbracht, und es bleibt so mehr Zeit für die individuelle Gästebetreuung.

Suchen Sie nicht die Schwächen Ihrer Mitarbeiter, sondern bauen Sie die vorhandenen Stärken weiter aus. Setzen Sie die Mitarbeiter nach Möglichkeit dort ein, wo deren Stärken liegen. Sehen Sie die Mitarbeiter als Berater für Sie als Unternehmer und für Ihre Gäste. Fördern Sie Eigeninitiative und kreatives Mitdenken. Ihre Mitarbeiter befinden sich oft näher an den Wünschen und Bedürfnissen Ihrer Gäste als Sie selbst! Motivieren Sie Ihre Mitarbeiter, indem Sie einen Sturm von heißer Leidenschaft erwecken. Leidenschaft erwecken können Sie nur, wenn Sie sie selbst im Inneren tragen!

Mitarbeitermotivation

- Anerkennung
  Dies ist das wichtigste Instrument. Zögern Sie nicht, es einzusetzen! Begrüßen Sie ein neues Mitglied in Ihrem Team mit einem Blumenstrauß. Notieren Sie sich die Geburtsdaten Ihrer Mitarbeiter, und veranstalten Sie einmal im Monat eine „Mitarbeiter-Geburtstags-Feier" mit Kaffee, Kuchen und einem kleinen Geschenk. Setzen Sie Prämien für besondere Leistungen aus, und beteiligen Sie alle (vom Spüler bis zum Direktor) an besonderen Umsatzergebnissen.
- Information
  Wenn Ihre Mitarbeiter Einblick in das Betriebsgeschehen erhalten, werden sie sich stärker an das Unternehmen gebunden fühlen. Der Betrieb wird dann auch zu „ihrem" Betrieb, mit dem sie sich identifizieren können. Halten Sie regelmäßig Meetings und Besprechungen ab. Erläutern Sie auf diesen Zusammenkünften

das Betriebsziel, und geben Sie klare Leitlinien vor. Fördern Sie das Mitspracherecht Ihrer Mitarbeiter bei der Strategieplanung, beim Festlegen des Jahreszielplans, bei der Einführung von neuen Leistungsbereichen, bei der Auswahl neuer Uniformen, aber auch bei der Einstellung neuer Mitarbeiter. Unterstützen Sie auch informelle Treffen der Mitarbeiter untereinander, wie z. B. einen Mitarbeiterstammtisch.

- Arbeitsumfeld
  Achten Sie darauf, dass Ihre Mitarbeiter einen gut organisierten Arbeitsplatz vorfinden (einfaches Bestellwesen für den Küchenchef, genügend Servicestationen im Restaurant, ergonomische Büroausstattung etc.). Achten Sie auch auf eine nette Betriebskantine, und handeln Sie in den umliegenden Geschäften Sonderkonditionen für Ihre Mitarbeiter aus. Sie steigern so die Arbeitseffizienz, heben die Zufriedenheit Ihrer Mitarbeiter und vermeiden unnötige Ausfälle.

Reklamation als Leistung

Sehen Sie eine Beschwerde als Chance, um einerseits den Wünschen und Anforderungen der Gäste gerechter werden zu können und andererseits einen verärgerten Gast wieder positiv zu stimmen. Seien Sie großzügig bei der Wiedergutmachung, die Gäste sind überrascht und erfreut, wenn Sie spontan einen Gutschein zum Essen erhalten oder direkt vor Ort als Entschädigung eingeladen werden. So hinterlassen Sie einen guten Eindruck beim Gast, wirken kompetent, und die Gäste erkennen Ihr Bemühen um einwandfreie Spitzenleistung.

Diese Punkte sollten beachtet werden:

- Behandeln Sie Beschwerden innerhalb von 24 Stunden.
- Jedes Teammitglied muss in der Lage sein, Beschwerden selbständig zu bearbeiten.
- Schulen Sie Ihre Mitarbeiter, wie man sich richtig verhält.
- Reklamationen sind Chefsache, kümmern Sie sich selbst darum, wie Reklamationen im Betrieb behandelt werden sollen.
- Vereinheitlichen Sie durch nachfolgendes Formular den Ablauf einer Beschwerde (einheitliches Beschwerdemanagement).

- Hängen Sie die ausgefüllten Formulare ans schwarze Brett. Ihre Mitarbeiter können anhand der dokumentierten Vorfälle lernen, in Zukunft Fehler zu vermeiden.

Beschwerdemanagement

Ein einheitliches Beschwerdemanagement erhalten Sie durch Einführung eines Formulars:

Wie reagiere ich?	Was ist passiert?
1. Ruhe bewahren, durchatmen, lächeln, zuhören, Reklamation notieren 2. Informationen sammeln, nachfragen • Abteilung • Mitarbeiter • Datum • Zeit • Gastname • Adresse • Telefon 3. Maßnahmen 4. Bemerkung in der Gästekartei 5. Formblatt an den Abteilungsleiter/Direktor weiterleiten	

Beispiel: Entschuldigungsbrief

Herrn
Filippo Nisi
Gottesweg 108
D-50939 Köln

Ort, Datum

Sehr geehrter Herr Nisi,

vielen Dank für den von Ihnen ausgefüllten Fragebogen.

Wir möchten uns in aller Form dafür entschuldigen, dass die Leistung im Restaurant nicht dem Qualitätsanspruch des Hauses entsprochen hat und die Speisen zu kalt waren.

Eine Entschuldigung kann zwar den angerichteten Schaden nicht wieder gutmachen, wir versichern Ihnen aber, dass der von Ihnen reklamierte Vorfall eine Ausnahme und nicht die Regel ist.

Als Geste der Gastfreundschaft und Wiedergutmachung übersenden wir Ihnen beiliegenden Gutschein für einen Aperitif.

Wir hoffen auf Ihr Verständnis und würden uns freuen, Sie wieder bei uns begrüßen zu dürfen.

Vielen Dank.

Mit freundlichen Grüßen

Klaus Knoll
Direktor

Preis als Leistung

Die fünf Hauptkomponenten des Preis-Leistungs-Verhältnisses sind

• die Lage	am Flughafen, im Berg, unter Wasser
• das Produkt	ergonomische, sehr bequeme und qualitativ hochwertige Stühle im Tagungsbereich
• die Leistung	Telefonanschluss – ISDN und Analoganschluss in jedem Hotelzimmer
• die Preisgestaltung	Sonderaktionen für Familien – Kinder schlafen kostenlos im Zimmer der Eltern
• das Mitarbeiterteam	das herzhafteste und kompetenteste Team in der Umgebung

Diese fünf Hauptprinzipien prägen grundlegend und nachhaltig das gesamte Image eines Unternehmens. Es sind die entscheidenden Kriterien, die einen Gast veranlassen, Ihren Betrieb ins Herz zu schließen und den Wunsch wecken, wieder zu kommen.

Wer keine deutlichen, schwer kopierbaren und dauernd beweisbaren Wettbewerbsvorteile aufweist, kann den Wettbewerb nur über den Preis führen!

Preis-Leistungs-Differenz

„Weil wir nicht einfach sind, sind wir nicht nachahmbar."
Ueli Prager

Nehmen wir an, ein Unternehmen hat seine möglichen Zielmärkte erforscht und ausgewählt, in welchen es tätig sein will. Falls es als einziges Unternehmen in einem Zielmarkt tätig ist, kann es in der Regel die Preise so gestalten, dass dabei ein Gewinn erzielt wird. Wenn es die Preise zu hoch ansetzt und der Zielmarkt keine wesentlichen Eintrittsbarrieren aufweist, werden Wettbewerber in diesen Markt eintreten und das Preisniveau senken. Falls mehrere Wettbewerber im gleichen Zielmarkt tätig sind und ihre Produkte nicht differenzieren, werden die meisten Käufer den Anbieter mit dem niedrigsten Preis wählen. Die anderen Anbieter sind dann gezwungen, ihre Preise zu senken. Als einzige Alternative zu diesem Preiskampf kann das Unternehmen sein Angebot an den Markt – im Vergleich zu seinen Wettbewerbern – differenzieren und in den Köpfen der Kunden positionieren. Wenn das Unternehmen sein Angebot effektiv differenziert und positioniert, so dass die Differenzierung wahrgenommen wird und aus der Sicht der Käufer einen besonderen Wert hat, steht das Unternehmen nicht mehr im direkten Preisvergleich mit den Konkurrenten und kann einen Preis erzielen, der dem Wert des Angebots angemessen ist.

Produktleistung

Die Produktleistung ergibt sich daraus, wie gut das Produkt die wesentlichen Leistungsanforderungen des Kunden erfüllt. Ein Mercedes leistet z. B. mehr als ein Volkswagen, wenn die Fahrt mit ihm den Benutzer weniger anstrengt, wenn sich der Mercedes im Verkehr besser beherrschen lässt, schneller beschleunigt und mehr Sicherheit bietet. Ein Apple-Computer leistet mehr als ein Siemens-Computer, wenn er benutzerfreundlicher ist, Berechnungen schneller durchführt und einen größeren Arbeitsspeicher hat. Die Käufer teurer Produkte vergleichen in der Regel die Leistungseigenschaften unterschiedlicher Marken. Sie sind in der Regel bereit, für ein Produkt mit höherer Leistung mehr zu bezahlen, wenn sie den Leistungsunterschied höher bewerten als den Kostenunterschied.

Die Preisstruktur

Berücksichtigen Sie bei der Preisgestaltung drei Faktoren:

- Kosten
- Nachfrage nach Ihren Leistungen
- Mitbewerber

Um einen Gewinn zu erzielen, muss bekanntlich der Gesamterlös die Gesamtkosten (fixe und variable Kosten) übersteigen. Damit Sie die Zukunft Ihres Unternehmens sichern können, müssen Sie

Ihre Preise so festlegen, dass Sie in dieser Gewinnzone arbeiten können. Aber auch der Markt bestimmt den Preis, und als Konsequenz daraus bestimmt der Marktpreis die Kosten. Sind Ihre Kosten zu hoch, dürfen Sie keinesfalls Leistungen abbauen oder vereinfachen, sondern Sie müssen sie kostengünstiger erbringen. Leistungen müssen also auch unter wirtschaftlichen Gesichtspunkten angeboten werden. Ziel ist es daher, mit geringstem Einsatz ein maximales Ergebnis zu erreichen.

Beispiele für Kostenoptimierung

Mitarbeiterkosten:

- Jobrotation
- Optimierung der Arbeitsabläufe
- Einsatz von Fremdfirmen, z. B. externe Zimmerreinigung (Kosten nur bei tatsächlicher Belegung)

Energieverbrauch:

- Zeitschalter beim Licht
- Reduktion der WC-Wasserbehälter um 2 Liter
- Energiesparprogramm (siehe Kapitel 2, „Trends – Einige Gedanken zum Hotelzimmer der Zukunft")

Dienstleistung:

- Statt Minibars kleiner Minishop an der Rezeption
- Bildung einer Einkaufsgruppe – gemeinsamer Einkauf (siehe Kapitel 11, „Win-Win-Methode")
- Einkauf über das Internet – Zeitersparnis

Preisgestaltung:

- Beachten Sie das Preisgefüge in der Region – politische Preise wie Bier, Kaffee, Kinderteller. Außerdem können versteckte Preiserhöhungen eingebaut werden – Bier, 40 cl, 2 Euro, neu: 30 cl, 2 Euro. Achten Sie ebenfalls auf die richtige Wortwahl – z. B. statt Preisliste Leistungspalette.
- Preisgestaltung nach dem Baukastensystem.
  Den größten Einfluss auf den Preis haben Angebot und Nachfrage. Es gibt kaum eine Branche mit so vielen Preisstaffelungen und Flexibilität wie die Gastronomie/Hotellerie. Preise nach Saisonzeiten, Wochentagen, Tageszeiten, Messezeiten, Weihnachtszeiten, Kindern, Ehepaaren, Senioren, Gruppen, Firmen,

1 Tag, 3 Tage, Treuebonus, Barzahlung, Vorauszahlungsrabatt, Abzug von Provisionen etc.

Die Leistungswaage

Der Gast entscheidet mit lauter kleinen JA und NEIN und bildet sich so sein Urteil, ob der Gesamteindruck positiv bzw. negativ ist.

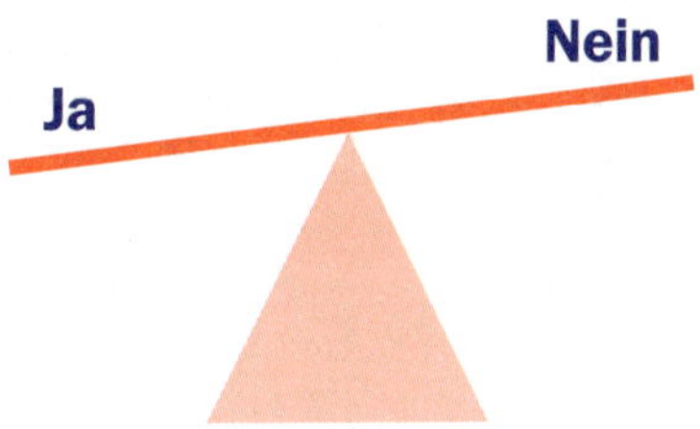

Am Ende seines Aufenthaltes sollte die Waagschale der JA stark überwiegen. Der Gast verlässt unseren Betrieb mit einem sehr positiven Eindruck. Er sieht über das eine oder andere kleine Missgeschick hinweg, da das Produkt als Ganzes stimmig war.

- Vor dem Restaurant ist ein großer, sauberer Parkplatz. JA
- Der Eingang ist gepflegt. JA
- Links und rechts stehen wundervolle Blumentröge. JA
- Im Restaurant herrscht hektisches Treiben, niemand bemerkt die neuen Gäste. NEIN
- Der Tisch ist schön gedeckt, es stehen frische Blumen da. JA
- Die Barkarte ist abgegriffen und schmuddelig. NEIN
- Und so weiter.

Manchmal zeigt der Kunde die Tendenz, sich auf das schwächste Glied zu konzentrieren und diesen Mangel auf sein Gesamturteil mit einem „schwergewichtigen Nein“ einfließen zu lassen.

Checkliste: Dienstleistung

- Was suchen unsere Gäste?
- Was bieten wir unseren Gästen?
- Womit können wir unsere Gäste begeistern?
- Welche Problemlösungen finden die Gäste bei uns?
- Welche Werte verkörpern wir?
- Welchen Nutzen haben unsere Gäste?
- Welchen Zusatznutzen bieten wir unseren Gästen?

Kapitel 8

Werbung

Werbung

„Wer aufhört zu werben um Geld zu sparen,
kann ebenso seine Uhr anhalten, um Zeit zu sparen."
Henry Ford

Werbung dient als gezielte Absatzförderung für den direkten Verkauf. Mit der Darstellung der Vorteile soll ein Kaufentschluss herbeigeführt werden. Mit Werbung wird versucht, Vertrauen in die Produkte oder in die Dienstleistungen zu schaffen.

Welche Wirkung erzielt Werbung?

Aufmerksamkeit
Die Werbebotschaft muss den unbewussten Wahrnehmungsfilter des Umworbenen durchdringen. Die Werbebotschaft muss sich von der Konkurrenzwerbung deutlich abheben und bewusst wahrgenommen werden.

Gefühle
Die Werbebotschaft muss auf das individuelle Empfinden des Umworbenen wirken und Emotionen wecken.

Erinnerung
Die Werbebotschaft soll im Gedächtnis gespeichert bleiben. Die Werbung soll unbewusste Bedürfnisse konkretisieren und bewusst machen. Sie soll den Kunden dazu hinführen, den Nutzen des angebotenen Produktes oder der Dienstleistung zu erkennen.

Interesse
Beim Kunden muss Interesse am Produkt geweckt werden, das schlussendlich den Kauf bzw. die Buchung auslöst.

Information
Die Werbung hat Informationsfunktion. Sie soll über den Umfang der gebotenen Leistung informieren.

Ein entscheidender Schlüsselfaktor für den Erfolg von Werbung ist der richtige Zeitpunkt.

Beispiel

Sie sind mit der Buchungssituation für den kommenden Sommer noch nicht zufrieden und beabsichtigen, dafür eine Anzeige zu schalten. Wann ist der richtige Zeitpunkt? Die Zielgruppe, die Sie sich ausgewählt haben, sind kurz entschlossene junge Familien. Schalten Sie in diesem Fall eine Anzeige 7 bis 14 Tage vor Ferienbeginn. Von Vorteil wäre es, wenn die Anzeige bei schönem Wetter erscheint, denn dies animiert zusätzlich, Urlaub in den Bergen zu buchen.

Wirtschaftlichkeit

Die Werbung dient dazu, den Umsatz zu halten respektive zu steigern. Darüber hinaus ist es wichtig, dass die Werbebotschaft den Kunden dazu animiert, bei einer erneuten Kaufentscheidung auf das beworbene Produkt zurückzugreifen.

Täglich erhalten wir ca. 1000 Werbeanstöße. Diese Zahl macht deutlich, wie sorgfältig Werbebotschaften vorbereitet werden müssen, um aufzufallen. Was nicht auffällt, fällt durch. Bei jeder Art von Werbung sollte es sich unverkennbar um Ihr Produkt handeln. Es sollte als Problemlösung dienen (z. B. wo gehen wir am Wochen-ende zum Essen hin?). Der Gast muss einen Nutzen sehen, mittels der Werbung sollte sein Kaufdrang geweckt und der „Kauf" bzw. die Buchung ausgelöst werden.

Fragen Sie sich, welche Werbestrategie Sie verfolgen möchten!

Konzentrieren Sie sich auf bestimmte Gruppen (Tennisspieler, Golfer, Gourmets, Weintrinker, Flughafengäste, Tagungsgäste etc.), und bauen Sie Ihre Werbestrategie auf diese Gruppen auf.

Beispiele: Flughafenhotel und Tennisturnier

Flughafenhotel	– Werbung auf den Kofferschildern – auf dem Laufband am Flughafen einen Koffer mit Werbung versehen – Werbeschilder im Ankunftsbereich
Tennisturnier	– Preis für den Gewinner sponsern – Display während des Spiels – als Partner auf dem Plakat vertreten sein – Getränkestand während des Spiels aufstellen – Spezial-Package für die Veranstaltung anbieten

Eigentlich ist die beste Werbung die Ware selbst und der zufriedene Gast.
„Der Fisch, nicht der Fischer muss den Wurm (Werbung) mögen."

Die 3-K-Regel

Werbung muss sein:

- kontinuierlich (regelmäßig werben)
- konzentriert (auf wenige Medien und Maßnahmen fokussieren)
- konsequent (langfristige Gestaltung halten, denn Bekanntes und Vertrautes wird stärker und schneller beachtet als Neues)

Blättern Sie doch einmal die Tageszeitung durch. Testen Sie dann, an welche Werbeanzeige Sie sich noch erinnern können. Durch diesen Test lässt sich sehr einfach demonstrieren, wie viel „durchschnittliche" Werbung gemacht wird.

Die Kaufentscheidung für ein Produkt oder der Entscheid für eine Dienstleistung (z. B. zum Essen gehen) wird immer kürzer und spontaner, deshalb muss der richtige Zeitpunkt für die eingesetzte Werbung genau überdacht werden.

Nutzen Sie die 2-Sekunden-Regel – innerhalb von 2 Sekunden müssen dem Betrachter die zwei wichtigsten Werbeaussagen der Anzeige vermittelt werden.

Werbung in der Praxis

Tragen Sie zunächst Ihre gesamten Werbedrucksachen und Materialien (angefangen vom Hotelprospekt, Postkarte, Aufdrucke auf Zündhölzern bis hin zum Rechnungsformular) zusammen. Nun sollte eine „Linie“ erkennbar sein. Erkennt man an jeder Drucksache, dass diese von Ihrem Hause stammt? Finden Sie überall dasselbe Logo, die gleiche Farbgestaltung?
Man spricht hier von Corporate Design (CD) und Corporate Identity (CI), wie bereits im Kapitel 6, „Kommunikation und Öffentlichkeitsarbeit“, beschrieben.

Basis in der Werbegestaltung

Achten Sie bei der Werbegestaltung auf folgende Punkte:

Bilder
- Bilder vor Schriften bevorzugen
- große Bilder vor kleinen Bildern nützen
- mehrfarbige vor einfarbigen Bildern einsetzen
- gerundete vor quadratischen Bildern verwenden
- Bilder mit Menschen bevorzugen
- Portraits vor Ganzaufnahmen nehmen
- Augenmotive vor Portraits einsetzen
- Bilder mit Menschengruppen vor Portraits gebrauchen
- Kinder vor Erwachsenen darstellen

Motive
- helle vor dunkler Gestaltung bevorzugen
- bewegte Motive vor stiller Gestaltung verwenden
- Bilder ohne Hintergrund (freigestellt) vor solchen mit Hintergrund benützen
- Bildfolgen vor Einzelbildern nutzen
- vertraute vor immer neuen Bildern einsetzen

Schriften
- große vor kleinen Schriften verwenden
- Handschrift vor Druckschriften benützen
- Groß- und Kleinschreibung bevorzugen vor einheitlichem Schriftbild mit Großbuchstaben
- Positivschriften (dunkle Buchstaben auf hellem Hintergrund) vor Negativschriften verwenden
- Schriften auf hellem vor Schriften auf dunklem Hintergrund bevorzugen
- maximal drei Schriftarten anwenden

Text und Sätze
- Bildunterschriften vor Bildüberschriften verwenden
- rechts vom Bild platzierte Erklärungen bevorzugen
- Text im Blocksatz vor zentrierten Texten bevorzugen
- nach rechts „offene" Texte vor links „offenen" Texten
- unterstrichene Texte vor nicht unterstrichenen einsetzen
- gerahmte vor nicht gerahmten Texten verwenden
- warme Farbtöne vor kalten Tönen benützen

Gefahren
- zu viele Informationen
- Verworrenheit (Gestaltungswirrwar – unterschiedliche Schrifttypen, Bild zu klein etc.)
- Schriftzug zu klein, der Werbetext sollte nicht größer sein als das Logo
- Negativdruck (weiße Schrift auf schwarzer Fläche)
- zu viel Schwarz vermeiden, ist keine Sympathiefarbe
- zu lange Textgestaltung
- zu kleine Schrift
- langweilige, kontaktarme Bilder
- langweilige Werbung – fällt nicht ins Auge

Papierqualität
Bei der Papierqualität sollten Sie zunächst beim Drucker verschiedene Qualitäten sowie das Gewicht testen. Vergleichen Sie dabei die Qualität des Papiers in Relation zum Preis. Ebenfalls sollten Sie sich überlegen, welche Drucksache welches Papier benötigt. Für das Rechnungsformular reicht ein günstiges, bei einem Hotelprospekt sollte hochwertiges Papier verwendet werden.

Zusammenarbeit mit der externen Druckerei
Die Druckerei ist sorgfältig auszusuchen. Oft kann Ihnen der Drucker den Satz/Film herstellen. Bei komplizierteren Drucksachen, wie die Gestaltung eines Hotelprospektes, sollten Sie eine Werbeagentur beauftragen.

Was Sie vor Auftragsvergaben an Druckereien beachten sollten
- Holen Sie immer Angebote von verschiedenen Firmen ein.
- Überlegen Sie sich vorher ganz genau, welche Leistungen Sie von der Druckerei erwarten. (Zusatzleistungen, die nicht im Angebot stehen, können oft zu unangenehmen Überraschungen führen!)
- Lassen Sie sich ein detailliertes Angebot erstellen. (Gewicht und Qualität des Papiers, Satz-/Filmkosten, Format, Zwei- oder Vierfarbendruck, Bildeinarbeitung, Matt- oder Hochglanz, Auflagenhöhe, Korrekturfahnen, Art des Drucks).
- Bei komplizierteren, teureren Drucksachen (z. B. Prospekte mit Vierfarbendruck) lassen Sie sich einen Andruck machen. Das bedeutet, Sie bekommen ein Vorausexemplar und können so die Farbgestaltung prüfen und verbessern, bevor die komplette Auflage gedruckt wird. (Achtung: Extrakosten!)

Erfolgsmessung

Um die Investition einer Anzeige auch messen und nachvollziehen zu können, empfiehlt es sich, eine Erfolgsmessung durchzuführen. Das können Sie auf die unterschiedlichste Art und Weise analysieren. Hier ein paar Beispiele:
- Bauen Sie in Ihre Anzeige einen Gutschein zum Ausschneiden ein.
- Richten Sie eine separate Reservations-Telefonnummer speziell für diese Anzeige ein.
- Lassen Sie das Angebot unter einem bestimmten Namen laufen (z. B. „Relax-Wochenende“, „Sonnenschein-Programm“), das nur für diese Anzeige konzipiert wurde.
- Führen Sie eine einfache Strichliste am Telefon.

Es ist zu empfehlen, diese Erfolgskontrolle durchzuführen. Jede Anzeige ist auch Imagewerbung, doch denken Sie an sich selbst, welche Werbung fällt Ihnen denn auf?

Planen Sie Ihre Werbemaßnahmen frühzeitig.

Werbung in Printmedien

Neben den bereits besprochenen Werbeformen dienen vor allem die Printmedien als Werbeoberfläche. Es kann sich dabei um Anzeigen handeln, um Pressemeldungen oder Hintergrundberichte in der lokalen Presse bis hin zu zielgruppenorientiertem Werben in Special-Interest-Magazinen (Fachzeitschriften), die je nach Spezialisierung Ihres Betriebes optimal eingesetzt werden können.

Die Anzeigenplatzierung

Wo soll eine Anzeige bzw. eine Anzeigenkampagne platziert werden?

Lokale Tageszeitung
- F&B Themen
- Anlässe wie Hochzeiten, Geburtstage
- Tagungen
- Leistungsbereiche, z. B. Wellnessbereich

Fachzeitschriften
- Packages, abgestimmt auf das „Interesse“
- saisonale Angebote (Weihnachten, Ostern, Sommer)

Prüfen Sie anhand der folgenden Checkliste, wie in Ihrem Betrieb mit dem Thema Werbung umgegangen wird.

Checkliste: Werbung

Verantwortlichkeit
- Wer übernimmt die Werbeaufgabe im Betrieb?
- Wer formuliert die zu erreichenden Ziele?
- Wer bringt die Ideen für die Werbung?
- Haben Sie ein taugliches Werbekonzept oder nur einzelne Ideen?
- Wer gestaltet die Werbemittel?
- Wer sucht das Bildmaterial aus?
- Wer fotografiert?
- Wer schreibt die Texte?
- Wer gestaltet den einheitlichen Auftritt?
- Wer holt Offerten ein und vergleicht die Angebote?

Werbetreibender
- Wird mit einer externen Firma zusammengearbeitet?
- Welche Werbemaßnahmen werden intern und welche extern erledigt?

Werbebotschaft/Werbewirkung
- Was ist Ihre Botschaft?
- Woran soll man sich erinnern?
- Wollen Sie an Bekanntes erinnern, oder wollen Sie über Neues informieren?

Zielgruppen
- Welches Segment wollen Sie erreichen?
- Machen Sie Werbung für Stammgäste, Neukunden, Reisebüros oder für spezielle Sportgruppen?

Zeitpunkt
- Welchen Zeitpunkt wählen Sie für Ihre Werbung?
- Wie oft werben Sie? Einmal, in bestimmten Zeitabständen oder zu bestimmten Anlässen?

Werbe-Instrumente

- Welche Kommunikationsmittel verwenden Sie?

Kommunikationsmittel

- Das persönliche Verkaufsgespräch, Werbung am Empfang, im Restaurant oder Lift? Oder bevorzugen Sie moderne Medien wie E-Mail, Internet, CD-ROM?
- Ist vielleicht der Werbebrief das richtige Medium?
- Oder nützen Sie Massenwerbung wie Tageszeitung, Schaufenster, Kinospot oder die Plakatwerbung?
- Die kostengünstigste und glaubwürdigste Werbung ist immer noch die Mund-zu-Mund-Werbung.

Umsetzung/Stil

- Wie setzen Sie Ihre Werbebotschaft um?
- Weckt sie genügend Interesse?
- Ist sie überzeugungsstark?
- Wie ist die Reaktion auf Ihre Werbung?
- Welche Ausdrucksmittel (Fotos, Blumen, CD etc.) möchten Sie einsetzen?

Budget

- Wie hoch sind die Kosten?
- Planen Sie Ihr Werbebudget frühzeitig?
- Sind die Kosten von Ihnen genau vorgegeben?

Checkliste: Prüfen Sie Ihre Werbung

	Ja	Nein
• Kontrolle nach grammatischen Fehlern	O	O
• Kontrolle nach Rechtschreibfehlern	O	O
• Kontrolle nach inhaltlicher Korrektheit	O	O
• Fällt die Anzeige/Werbung auf oder durch?	O	O
• Ist die Anzeige ansprechend, reizt sie zum Hinschauen?	O	O
• Sehen Sie innerhalb von 2 Sekunden die zwei wichtigsten Werbeaussagen?	O	O
• Ist der Text knapp und mit gut leserlichen Zeilenabständen geschrieben?	O	O
• Ist die Anzeige in sich schlüssig und glaubhaft?	O	O
• Ist das Logo groß genug? Erkennt man sofort den Betrieb?	O	O
• Beachten Sie, dass Sie nicht mehr als drei Schriftarten verwenden?	O	O

Nehmen Sie sich Zeit, und prüfen Sie anhand dieser Checkliste Ihre Werbung. Sollten Sie die Fragen nicht mit Ja beantworten können, müssen Sie den Entwurf nochmals überarbeiten.

Kapitel 9

Virtueller Marktplatz der Zukunft

Virtueller Marktplatz der Zukunft

"Computers in the future may weigh no more than 1.5 tons."
Popular Mechanics,
forecasting the relentless march of science, 1949

Die Anfänge des Internets (World Wide Web)

Die Ursprünge des heutigen Internets reichen in die 60er-Jahre des letzten Jahrhunderts zurück. Es war die Zeit des Kalten Krieges zwischen den beiden Weltmächten USA und UdSSR. Neue Impulse in der Elektronischen Datenverarbeitung (EDV) kamen in jener Zeit hauptsächlich durch militärische Initiativen zustande.

Im Departement of Defense, dem amerikanischen Verteidigungsministerium, wurde überlegt, wie man wichtige militärische Daten besser schützen könnte. Selbst bei einem atomaren Angriff des Gegners sollten die Daten nicht zerstört werden können. Als Lösung kam nur ein elektronisches Datennetz in Frage. Die gleichen Daten sollten dabei auf mehreren, weit entfernten Rechnern abgelegt werden. Bei neuen oder geänderten Daten sollten sich alle angeschlossenen Rechner binnen kürzester Zeit den aktuellen Datenstand zusenden. Jeder Rechner sollte dabei über mehrere Wege mit jedem anderen Rechner kommunizieren können. So würde das Netz auch dann funktionieren, wenn ein einzelner Rechner oder eine bestimmte Leitung durch einen Angriff zerstört würde.

Die Advanced Research Projects Agency (ARPA), Teil der US-Militärs, realisierte das Projekt. In den ersten Jahren wurde das Netz deshalb ARPA-Net genannt. Ende 1969 waren die ersten 4 Rechner an das ARPA-Net angeschlossen. 3 Jahre später waren es bereits 40 Rechner.

Die Geschichte des Internets beginnt also in der Zeit der ersten Mondlandung und in jener Zeit, als die Hippies das Zeitalter des Wassermanns heraufziehen sahen.

Die neue Chance am Markt

Das Internet eröffnet der Tourismusbranche die Chance, neue Märkte und Zielgruppen zu erschließen. Durch Vernetzung können Tourismusregionen ihren Gästen einen noch besseren Service bieten und effizienter und kostengünstiger arbeiten. Nicht nur das Produkt Hotel kann damit „virtuell" dargestellt werden; die Kunden können sich auch umfassend über das Angebot vor Ort und der Region informieren und direkt – von zu Hause aus – buchen.

Die Internetnutzung im elektronischen Geschäftsverkehr gibt dem World Wide Web eine neue Dimension. Das Medium Internet wird Teil des Unternehmens. Neben dem klassischen Geschäftsverkehr über Telefon und Telefax wird den Kunden und Geschäftspartnern ein neuer Kommunikationskanal zur Abwicklung des Geschäftsverkehrs angeboten.

E-Mail: Der für Hotellerie und Gastronomie wichtigste Internetdienst

Die E-Mail (elektronische Post) ist wohl der am meisten genutzte Internetdienst. E-Mail erlaubt die persönliche Übermittlung von Nachrichten und Dateien von einem Sender an einen Empfänger. Wer an diesem Dienst teilnehmen will, braucht folglich eine eigene E-Mail-Adresse. Solche Adressen sind an dem berühmten @ (sprich: englisch „at", also „bei") in der Mitte erkennbar.

Vor allem im Business-Bereich verdrängt die E-Mail nach und nach die herkömmliche Briefpost (von E-Mail-Anhängern liebevoll oder verächtlich als „Schneckenpost" oder „Snail-Mail" bezeichnet). Auch das Fax ist eine durch die E-Mail gefährdete Gattung. Die Vorteile der E-Mail-Nutzung liegen auf der Hand:

- E-Mails brauchen meist nur wenige Sekunden vom Sender zum Empfänger, egal ob einige wenige oder mehrere tausend Kilometer zwischen ihnen liegen.
- E-Mails sind preiswert. Im Vergleich zu Briefen fallen für einfache E-Mails nur Centbeträge an. (Für User mit Modem/ohne Standleitung.)
- Gegenüber einem Telefonat bieten sie den Vorteil, dass Vereinbarungen automatisch schriftlich festgehalten werden.
- Moderne Programme können E-Mails in einer durchsuchbaren Datenbank speichern, so dass Sie vor längerer Zeit gesendete oder empfangene Mails leicht wiederfinden.
- Der Mime-Standard, der sich bei E-Mails allmählich durchsetzt, erlaubt das bequeme Anhängen beliebiger Computerdateien an eine Mail, so dass E-Mail auch für den individuellen Austausch von Dateien immer mehr an Bedeutung gewinnt.
- Eine E-Mail zwingt Sender und Empfänger nicht, gleichzeitig online zu sein. Sie holen sich Ihre E-Mails ab, wenn Sie gerade Zeit haben.
- Neben der Möglichkeit, mit bestimmten anderen Internetteilnehmern Nachrichten und Daten auszutauschen, können Sie mit einer eigenen E-Mail-Adresse auch an Mailinglisten teilnehmen, die Sie interessieren. Sie können aber auch selbst Mailinglisten anbieten, über die Sie – je nach Interessengruppe – interessierte Kunden über aktuelle Angebote informieren.

Die Tücken der E-Mail

Das heutige E-Mail-System hat aber auch noch mit einigen Problemen zu kämpfen. Eine normale E-Mail ist auf dem Weg vom Sender zum Empfänger etwa so geheim wie eine Ansichtskarte. Für vertrauliche Mitteilungen oder sensible Daten ist sie ungeeignet. Mittlerweile gibt es Verschlüsselungsverfahren wie PGP (Pretty Good Privacy), die das individuelle Kodieren und Dekodieren von E-Mails und angehängten Dateien erlauben. Voraussetzung dafür ist jedoch, dass sowohl Sender als auch Empfänger über eine entsprechende Zusatzsoftware verfügen und zuvor ihre Kodierschlüssel austauschen.

Kundenbindung im Internet

Die Homepage

Für einen modernen, zukunftsorientierten Betrieb ist es heute unerlässlich, mit einem „elektronischen Prospekt“, also einer Homepage, im Netz vertreten zu sein. Was nicht im Netz ist, wird kaum noch wahrgenommen. Wichtigster Faktor beim Erstellen einer Homepage ist der Erlebniswert. Bedenken Sie: Es geht darum, zwischen Hunderten von Webseiten aufzufallen, sich durch besondere Merkmale zu profilieren und von anderen abzuheben. In der Cyber-Welt klickt man neugierig herum, es gibt eine Vielzahl von Funktionen, auf die nicht hingewiesen wird: Ein Licht geht an, ein Firmenlogo leuchtet auf, der User bewegt sich durch Ihren holographisch dargestellten Betrieb, setzt sich an eine virtuelle Bar oder nimmt an einem kleinen Gewinnspiel teil. Sie haben die einzigartige Chance, mit Hilfe des Internets Ihren Betrieb und Ihr Image an Standorte zu transportieren, die Sie auf herkömmlichem Weg nie erreichen könnten. Halten Sie Ihre Homepage stets aktuell; verändern Sie die Seiten in regelmäßigen Abständen, und fügen Sie neue Funktionen hinzu. Dies ist eines der Key Features, denn alte News lassen Ihren Betrieb verdächtig aussehen. Die User müssen stets etwas Neues erwarten können, dann werden sie Ihre Seite auch regelmäßig besuchen. Schüren Sie so Erlebnis- und Entdeckerlust, und halten Sie Ihre Homepage im Gespräch. So gewinnen Sie neue Interessenten und mobilisieren Dauerfans.

Eine Homepage soll nicht so aussehen wie ein herkömmlicher Prospekt. Netzseiten funktionieren nach anderen visuellen Kriterien. Lassen Sie sich daher beim Erstellen Ihrer Homepage von einem Webdesigner beraten. Schulen Sie einen Mitarbeiter oder eine Mitarbeiterin in der Betreuung der Netzseiten. Netzseiten müssen kontinuierlich betreut werden, sie müssen unbedingt aktuell gehalten werden. Es sollte im Betrieb klar sein, wer das Update der Seiten übernimmt.

Internettip: http://www.netzwelt.com/selfhtml

Wer hier ein bisschen liest, dem kommen Internetseiten nicht mehr wie Geheimprogramme vor.

Digitale Plattform und Emotionen

Mit welchen Mitteln kann die digitale Plattform des Internets Emotionen hervorrufen?

Das World Wide Web ist aus unserem Leben – sowohl beruflich als auch privat – nicht mehr wegzudenken. Aber obwohl wir es in unser Leben integriert haben, wird es überwiegend als „kaltes Medium" empfunden. Während wir uns in der Romanwelt verlieren, in Filmen weinen und bei Musik ekstatisch werden können, lassen wir uns von Netzprodukten bisher kaum emotionell berühren. Das mag an der Arbeitsplatzsituation liegen, in der wir uns häufig noch befinden, wenn wir im Netz sind, aber auch an der Gestaltung der Webpräsenzen selbst. Die entscheidende Frage lautet: Did a website ever make you cry? (Brachte Sie eine Webseite jemals zum Weinen?) Zurzeit könnten wir die Frage zynisch mit Ja beantworten, weil die Seiten so entsetzlich langweilig gemacht sind. Die Möglichkeit, die User emotional anzusprechen, wird durch die Integration von Sound und bewegten Bildern erleichtert. Die Webdesigner beginnen gerade von den Film- und Theaterleuten zu lernen, wie Dramaturgie erzeugt wird.

Die entscheidenden Faktoren für Erfolg im Netz sind
- Schnelligkeit beim Aufbau der Seiten.
- Schnelligkeit beim Durchklicken der Seiten.
- Übersichtlichkeit im Sinne guter Benutzerführung.
- Zuverlässigkeit bei einer Net-Reservierung oder Net-Anfrage.
- Die Seite sollte möglichst „edel" und professionell aussehen (wenn die Seite schön ist, ist der Betrieb auch dementsprechend).

Die entscheidenden Erfolgsfaktoren beim Internetauftritt, um überhaupt gefunden zu werden, sind

- professionell gestaltete Einträge in relevanten Suchmaschinen

Alle großen Suchmaschinen im Web bieten die Möglichkeit an, neue Seiten anzumelden. Dann bekommen Ihre Seiten nach einer Weile (es kann bei manchen Suchmaschinen wegen notorischer Überlastung leider sehr lange dauern) Besuch von einem Softwareprogramm, einem so genannten Robot. Dieser benimmt sich wie ein eifriger Webuser und folgt allen Links, die er auf der angemeldeten Adresse findet. Alles, was er abgrast, merkt er sich und speichert die Texte der Seiten in der großen Datenbank der Suchmaschine. Von da an sind Ihre Seiten in der Suchmaschine auffindbar. Der Robot kommt dann von Zeit zu Zeit wieder und erfasst neue und geänderte Daten auf Ihren Seiten.

Daneben gibt es auch Webverzeichnisse, die redaktionell basiert sind. Melden Sie Ihre Seiten bei einem solchen Verzeichnis an, dann werden die Seiten nach einer Weile von einem Redakteur besucht, der darüber entscheidet, ob die Seiten in das Verzeichnis aufgenommen werden.

Bei folgenden Suchmaschinen und Webverzeichnissen sollten Sie deutschsprachige Angebote auf jeden Fall anmelden:

(http://...) www.austronaut.at, www.google.de, www.fireball.de, www.altavista.de, www.yahoo.de, www.infoseek.de

Wenn Sie in einer Suchmaschine angemeldet sind, bedeutet das allerdings noch nicht, dass nun sofort die Besuchermassen auf Ihre Seiten strömen; denn erst einmal müssen die Anwender des Suchdienstes ja nach Begriffen suchen, bei denen Ihre Seiten zu den Suchtreffern gehören, und dann müssen sie unter den angebotenen Suchtreffern Ihre Seiten als besonders aussichtsreich einschätzen. Dazu können ordentliche Meta-Angaben verhelfen.

- die logische Festlegung der Suchbegriffe in Suchmaschinen – Meta-Angaben

In Meta-Angaben können Sie verschiedene nützliche Anweisungen für Webserver, Webbrowser und automatische Suchprogramme im Internet („Robots“) notieren. Meta-Angaben können Angaben zum Autor und zum Inhalt der Datei enthalten. Sie werden im HTML-Quellcode definiert.

Mit Meta-Angaben wird leider auch viel Missbrauch getrieben. Da viele Meta-Angaben keine unmittelbar nachvollziehbare Wirkung am Bildschirm haben und andererseits mit Suchdiensten zu tun haben, regen sie offenbar magisch die Phantasie mancher Geister an, die meinen, mit einem Mammutaufgebot irgendwo aufgeschnappter Meta-Angaben würden sie über Nacht zum Superstar, da ihre Homepage dann immer ganz oben bei den Suchtreffern eines Suchdienstes erscheint. Dazu nur so viel: Homepages werden nicht durch Meta-Angaben erfolgreich, sondern durch ihren Inhalt. Zu einer sauber gemachten Homepage gehört aber auch der sinnvolle Einsatz von Meta-Angaben.

- über einen relevanten Content Provider bzw. eine Tourismusplattform abrufbar zu sein
- Verlinkung zu lokalen Tourismusorganisationen und -partnern
- Verlinkung zu Tourismusplattformen, wie z. B. TIScover (spezialisiert auf Veranstaltungsinfos bis hin zur Online-Buchung – 30 Millionen Visits im Jahr 2000)
- Schnittstellen zu Airline-Reservierungssystemen
- Zusammenschluss mehrerer Betriebe
- Partnerschaftsprogramme (siehe Kapitel 11, „Win-Win-Methode“)

Neue Märkte – Neue Gäste

Über 50 Prozent der Haushalte besitzen bereits einen eigenen PC, immer mehr potenzielle Kunden sind in der E-Welt zu Hause und nutzen elektronische Dienste wie E-Mail, E-Banking, E-Conferencing und E-Shopping bis hin zum eigenen E-Commerce-Projekt. Wer noch ohne E-Mail-Adresse ist, gehört zu den „bedrohten Arten".

Das Internet ermöglicht auf einzigartige Weise das Erschließen neuer Märkte und neuer Gäste mit vergleichsweise geringem Aufwand. Auch im Hotel- und Gastronomiebereich geht es daher nicht mehr ohne Internet. In den nächsten 3 Jahren werden bereits ca. 12 Prozent der Buchungen über das Internet abgewickelt werden. An der großen „Internetfamilie" teilzuhaben ist mehr als ein gewinnbringender Vorsprung vor Konkurrenten ohne Netzauftritt. Der Technologiesprung durch das Internet ist mit der Einführung des Faxgeräts vor wenigen Jahren nicht zu vergleichen. Das Internet bringt Sie und Ihren Betrieb in jeden noch so „kleinen Winkel" der Erde. Es ist also höchste Zeit, sich mit dieser Technologie intensiv zu befassen. Must Have Faktor: Offline-Betriebe haben 0,00001 Prozent Chance, mit Online-Betrieben zu konkurrieren.

Internet – die Cash Cow

Im Hotel-Business wird die Globalisierung aufgrund der innovativen Entwicklungen in der Telekommunikationstechnologie Realität. Heute transportiert ein Glasfaserkabel von der Stärke eines Menschenhaares ca. 1 Million Telefongespräche, vor nur 10 Jahren bewältigten dicke Kabel nur ein Zehntel davon.

Seit Beginn des Internetbooms 1996 verdoppeln sich die Umsätze in der Tourismusbranche von Jahr zu Jahr. Im Jahr 2003 surften ca. 500 Mio. Menschen im Internet. Im Jahr 2005 wird der Welttourismus Schätzungen zufolge mit rund 7 Trillionen Dollar Umsatz das weltgrößte Business sein.

Computerleistungen verdoppeln sich alle 18 Monate, die Übertragungskapazität alle 12 Monate. Pro Jahr werden 30 Millionen Chips für PCs produziert. 250 Millionen aber werden für andere

Geräte hergestellt. Dies bedeutet für die Zukunft, dass es in absehbarer Zeit zu einer Vernetzung diverser Geräte wie Kühlschrank, Mikrowellenherd, Autoheizung, Garagentor, Kaffeemaschine etc. kommen wird. Sie können dann am Backoffice-PC Licht, Heizung, Warenlager, Infosäule, einfach alles, bedienen, steuern und kontrollieren.
(Quelle: ÖHV)

Die Tage der Faxbuchungen sind gezählt!

Das Kaufverhalten der Menschen ändert sich dramatisch – auch im Tourismus. Das Handling von Home-Shopping, E-Commerce, WAP-Technologie oder M-Commerce wird immer einfacher und bedienerfreundlicher. Auch in anderen Branchen muss der Kunde nicht mehr unbedingt ins Geschäft gehen, sondern mit ein paar Mausklicks baut er seine individuelle Uhr zusammen, beschriftet sein Snowboard mit seinem individuellen Logo etc. Auch das Handy wird in der nächsten Mobilfunkgeneration zum persönlichen, maßgeschneiderten Portal in der Netzwelt.

M-Commerce – Mobile Commerce – oder die Gästebuchung der Zukunft?

M-Commerce wird, im Gegensatz zum PC-gebundenen E-Commerce, via Handy abgewickelt. Wir wollen mit unserem Handy nicht nur telefonieren. Wir verbringen auch sehr viel Zeit unterwegs. Gebraucht werden also Geräte, die weniger Sprache als vornehmlich Bits verstehen. Es ist zu erwarten, dass schon 2006 mehr Daten als Gespräche über mobile Netze übertragen werden. Alle künftigen Bemühungen drehen sich um diesen Datenverkehr.

Möchte man mehr als nur SMS-Nachrichten von und zu einem Handy senden, so nutzt man WAP (Wireless Application Protocol), das Übertragungsprotokoll für drahtlose Anwendungen. Der Schritt von SMS zu WAP ist wie der Schritt von E-Mail zur Online-Verbindung ins Internet. Mit den neuen WAP-Handys wird nicht mehr einfach nur telefoniert. Mit dem Handy können z. B. freie Plätze in Restaurants ermittelt, Konzertkarten und Liftpässe gebucht und die Abfahrtszeiten öffentlicher Verkehrsmittel abgefragt werden. Diese Angebote auf dem mobilen Gerät dienen als Unterstützung in Situationen, in denen der Kunde nicht zu Hause oder im Büro am Computer sitzt.

Die Handys von heute entwickeln sich langsam von „Hearphones" zu „Viewphones". Hatte man früher Handys beim Gebrauch ausschließlich am Ohr, so hält man heutzutage Handys bereits in der Hand, um ein SMS zu schreiben. Das Handy wird immer mehr zum Gegenstand, in den man Daten eingibt und durch den man Daten erhält. Die Displays werden immer größer und haben eine immer bessere Auflösung, um die gewünschten Daten besser darstellen zu können. In Zukunft gibt es keine Handys mehr, sondern nur noch Bildschirme mit Handyfunktion. Der Wandel vom Handy zum Mobile Computing steht vor der Tür. Mit den neuen Übertragungstechnologien wird ein immer besserer und schnellerer Zugriff auf M-Commerce-Dienste ermöglicht. Das „Universelle Mobilkommunikationssystem" UMTS ist der weltweit einheitliche Mobilfunkstandard der 3. Generation. Damit wird die Dienstleistung im Mobile-Business schneller und komfortabler, und die Angebote können wesentlich verbessert werden. Dem mobilen Geschäftsmann, dem Autofahrer, dem Reisenden, aber auch im Haushalt und im Büro werden sich unbegrenzte Zugangsmöglichkeiten zu Datennetzen und Informationen eröffnen. Das bedeutet nicht, dass heutige Verfahren oder Endgeräte nicht mehr ihren Dienst täten. Wir werden jedoch bald eine Vielzahl neuer Geräte aller Größenklassen und Anwendungen, von Handys über Organizer, von Autoeinbauten bis zu Laptop-Zusätzen, für neue Dienste erleben.

Die entscheidenden Wettbewerbsvorteile von M-Commerce:

- Das Handy ist immer dabei.
- Freie Zimmer, Sitzplätze etc. werden via WAP lokalisiert.
- Hotels, Restaurantplätze, Theaterkarten, Besprechungsräume, Skikarten etc. werden via WAP gebucht.
- Das Check-in in Hotels, Flughäfen etc. erfolgt ebenfalls elektronisch.
- Der Kunde erhält zusätzliche Infos zu den Dienstleistungen.
- Dienstleistungen können direkt bestellt und via Handy bezahlt werden.
- Der Kunde erhält auf Wunsch eine Buchungsbestätigung per SMS (z. B. http://www.sms.at).

- Sie versenden Einladungen zu speziellen Veranstaltungen oder besondere Angebote, wie z. B. das Schnäppchen des Monats, ein Themenaperitif, der Küchenchef erhält Sonderangebote oder spezielle Aktionen vom Einzelhandel – alles via WAP.
- Sie begrüßen den Gast bei Urlaubsbeginn, verabschieden ihn bei Urlaubsende, wünschen ihm eine gute Reise – alles via WAP.
- Mitarbeiter können in Zukunft eine mobile Anbindung an Unternehmensnetzwerke erhalten.

Anmerkung zur momentanen Situation

Die Euphorie und Vorstellungskraft übersteigt derzeit noch die Realität dessen, was am Markt angeboten wird. Einerseits sind die Schlüsseltechnologien noch nicht vollständig ausgereift, und auch die gesetzlichen Vorgaben zum Datenschutz müssen erst noch entsprechend modifiziert werden. Andererseits sind interessante Angebote noch nicht in ausreichender Anzahl und Qualität vorhanden.

Bis Ende 2000 wurden europaweit ca. 12 Millionen WAP-fähige Mobiltelefone verkauft, aber bisher nutzen lediglich rund 2 Prozent der Kunden die neue Technik; in Japan sind es allerdings bereits 60 Prozent! Ursache für den Erfolg in Japan ist nicht nur die Technikbegeisterung in der Bevölkerung, sondern auch eine gezielte Produkt- und Vermarktungsstrategie. In Europa geht die bisher techniklastige Werbung der Mobilfunkbetreiber mit Kürzeln wie WAP, GPRS, UMTS etc. an den Bedürfnissen vorbei, der Kunde interessiert sich nämlich in erster Linie für die angebotenen Dienste, nicht für die technische Umsetzung.

E-Commerce im Tourismus – oder das Internet als Buchungsmaschine

Urlaubs- und Geschäftsreisen stellen neben Büchern und CDs die beliebteste E-Commerce-Applikation dar. E-Travelling ist damit einer der ganz großen Hoffnungsmärkte des E-Commerce für die Zukunft. Um im globalen E-Business professionell, schnell und kreativ mitspielen zu können, ist es sinnvoll, sich einer Tourismusplattform anzuschließen.

Eine Tourismusplattform ist kein elektronisches Urlaubsprojekt, sondern ein Informations- und Buchungssystem mit weltweiter Vernetzung. Für den Kunden hat dies den Vorteil, dass er unter einer einzigen Internetadresse eine Vielzahl an touristischen Angeboten findet, geordnet z. B. nach Ländern, Regionen und Hotels. Gegen Gebühr kann sich jeder Hotelier dieser Tourismusplattform anschließen und seine Pauschalen und Kontingente – mit entsprechender Beschreibung und ansprechender optischer Darstellung – selbst ins Netz stellen, bei Bedarf ändern oder löschen. Der Gast sieht sich das entsprechende Hotel im Netz an, prüft die Angebote und bucht entweder direkt über das Netz oder beim Hotel selbst.

Die Vorteile einer solchen Tourismusplattform für den Hotelier liegen auf der Hand: So ist die Betreuung der Internetseiten sehr einfach und kann ohne aufwendigen Einschulungskurs selbst durchgeführt werden. Tourismusplattformen bieten außerdem einen Übersetzungsdienst in andere Sprachen an. Schließlich können Sie Zugriffsstatistiken für Ihr Hotel direkt abfragen und haben so die Möglichkeit, die Wirksamkeit Ihrer Werbestrategie und Ihr Angebot kritisch zu durchleuchten und – wenn nötig – zu verändern.

Momentan informieren sich zwar immer mehr Gäste via Internet über mögliche Urlaubsdestinationen und nutzen das Netz intensiv für die Vorbereitung einer Reise, buchen aber dann häufiger direkt im Hotel oder Reisebüro. Ziel ist es jedoch, die Zahl der direkten Internetbuchungen zu steigern.

Internettip: http://www.tiscover.com

Die entscheidenden Wettbewerbsvorteile von E-Commerce:
- Die Dienstleistung wird weltweit über diesen Kanal auf den Markt gebracht.
- Das Angebot erreicht Gäste, die auf herkömmlichem Weg nie auf Ihr Hotel aufmerksam geworden wären.
- Der Kunde kann das Angebot mit Hilfe des Internets viel genauer prüfen als mit herkömmlichen Prospekten.
- Der Kunde hat 24 Stunden Einsicht in das Angebot des Hotels und seine Umgebung.
- Preisvergleiche sind innerhalb weniger Minuten möglich.

- Für den Gastronomiebetrieb ist verhältnismäßig kostengünstige Werbung möglich.
- Sie sind ständig aktuell am Markt.
- Herkömmliche Reisebüros werden überflüssig, da der Kunde direkt – per Mausklick – buchen kann. (Bei den Fernreisen kann sich dies allerdings wegen der notwendigen individuellen Beratung noch etwas verzögern.)

Fazit

Auch im Internet heißt die Devise: Erlebnis, Erlebnis, Erlebnis – nur „reingehen" und bestellen gibt heute keinen „Kick" mehr. Da muss wesentlich mehr kommen. Verabschieden Sie sich von der klassischen Kataloginformation. Die Homepage muss klar, einfach und zugleich erlebnisorientiert sein. Sie verkaufen keine Waren im Netz, sondern Erlebnisse. Vielleicht beobachtet der Kunde vom Wohnzimmer oder Büro aus die Freizeitanlage, das Frühstücksbüfett, das Galadinner oder die Zubereitung des Desserts mit Hilfe der im Betrieb installierten Webcam (Online-Videokamera). Der Kunde muss außerdem die Möglichkeit haben, sich über die lokale Geschichte zu informieren und sich mit anderen Besuchern über den Urlaubsort auszutauschen. Machen Sie die Atmosphäre im Hotelzimmer spürbar – anders als auf einer Momentaufnahme eines Prospektfotos. Das zukunftsorientierte Kommunikationsinstrument Internet ist ein unverzichtbares Medium, mit rasant steigender Nutzungsintensität. Investieren Sie daher rechtzeitig in Ihren Internetauftritt!

Strategische www-Trends der Zukunft

Das Internet ist nicht nur Hilfsmittel zur Information, sondern wird in Zukunft auch die Strategie Ihres Unternehmens entscheidend mitbestimmen.

Beispiele

1. B2B – Business to Business Geschäft

Einkaufsplattformen
Sie schließen sich mit anderen Hotels in Ihrer Region zu einem Einkaufspool zusammen, um via Internet größere Mengen günstiger beziehen zu können.

2. B2C – Business to Consumer Geschäft

Vertriebsplattformen
Um zwischen den Tausenden von Sites im Internet nicht übersehen zu werden, treten Sie gemeinsam mit anderen Anbietern unter einer einzigen Internetadresse auf.

Das E-Business wird in einigen Jahren ganz normales Business sein. Die Vernetzung aller Partner eines Unternehmens, vom Kunden bis zum Lieferanten, prägt den Geschäftsalltag. Informationen über Produkte und Lieferstatus bezieht der Kunde aus dem Internet. Nur wer „E-Fit" ist, wird auch in Zukunft in der E-Business-Welt wettbewerbsfähig sein.

Anregungen

- Jedes Zimmer verfügt über einen (gratis) Internetanschluss.
- In der Hotelhalle ist eine Workstation zum Surfen installiert.
- Schnurloser Internetzugang – auch Wireless Lan (drahtloses Local Area Network) genannt. Sie brauchen dazu eine Steckkarte für den Laptop, welche als Empfänger dient. So gut wie alle Laptops haben PCIMCA (Personal Computer Memory Card International Associacion), daher empfiehlt sich eine ebensolche Karte. Die Sender sollten so verteilt sein, dass man möglichst überall im Betrieb Empfang hat. Ihre Gäste können von jedem Platz im Hotel aus (außer z. B. im Restaurant – wenn Sie es wünschen) auf ihr Notebook zugreifen. Der Kunde erhält beim Check-in eine drahtlose Funkkarte, die das Notebook mit dem hauseigenen Computernetz verbindet.
- Sie geben das aktuelle Speisenangebot in das Intranet (firmeninternes Internet) der benachbarten Firmen ein und nehmen so

die Bestellungen über das Netz z. B. für das Mittagessen entgegen. Über ein Feedbackformular erhalten Sie auch sofortige Anregungen, Kommentare und Beschwerden. Somit überprüfen Sie täglich die Zufriedenheit Ihrer Kunden!

Stellen Sie sich die Frage, ob Ihr Internetauftritt individuell ist, Ihre Angebote buchbar sind, ob Sie Last-Minute-Angebote anbieten und eine direkte Verbindung per E-Mail vorhanden ist.

Über dieses Thema wurde beim Hotelier-Kongress 2001 in Tirol sehr ausführlich diskutiert.

Prüfen Sie anhand folgender Punkte, ob Ihr Internetauftritt attraktiv, funktionell, informativ und einladend ist.

Checkliste: Webpage

Optischer Eindruck

- Wie übersichtlich ist die Seite aufgebaut, wie leicht findet man sich zurecht?
- Wie gut ist die Lesbarkeit der Schrift?
- Sind die verwendeten Farben zusammenpassend und anregend?

Information

- Wie gut wird der Kunde über das Hotel oder den Gastronomiebetrieb informiert?
- Sind Fotos aufrufbar?
- Bietet Ihre Site allgemeine Informationen über das Reiseziel an (beispielsweise Landkarten, Wetter, Sehenswürdigkeiten, Veranstaltungen)?
- Aktualität

Funktionalität

- Wie schnell baut sich Ihre Site auf?
- Wie genau kann oder darf das Suchgebiet angegeben werden?
- Können bei der Suche zusätzliche Kriterien definiert werden?
- Werden Ausstattungsmerkmale in der Ergebnisliste übersichtlich angezeigt?

- Ist eine Online-Buchung möglich?
- Wie viele Schritte sind dazu notwendig?
- Ist die Buchung eines normalen Zimmers möglich?
- Ist die Buchung eines Packages/einer Pauschalreise möglich?
- Werden Last-Minute-Plätze oder -Reisen angeboten?
- Vermittelt Ihre Site auch Nebenleistungen wie Mietautos, Eintrittskarten etc.?
- Bietet Ihre Site eine ausreichende, interessante Link-Sammlung?

Handling
- Sind Ihre Angebote leicht auffindbar abgespeichert?
- Haben Sie alle Informationen (z. B. Leistungsübersichten, Seminarinfos, Kindergarteninfos, Weihnachtspauschalen, Eventangebote, Wellnessinfos) E-Mail tauglich geschrieben, so dass auf Knopfdruck in wenigen Sekunden das Angebot beim Kunden ist?
- Prüfen Sie regelmäßig Ihre E-Mail-Anfragen, und antworten Sie sofort?

Sie sind weltweit 24 Stunden am Tag und 365 Tage im Jahr als virtuelles Reisebüro unabhängig von Öffnungszeiten und Feiertagen auf einem Millionenmarkt vertreten. Legen Sie sehr großen Wert auf die oben genannten Punkte, und Sie werden Ihren Mitbewerbern einen großen Schritt voraus sein. Ihre Webseite ist die internationale Visitenkarte Ihres Unternehmens!

Kapitel 10

Verkauf

Verkauf

„Wer nicht lächeln kann, sollte keine Geschäfte machen.“
Chinesisches Sprichwort

Verkaufen heißt Kommunizieren

„In den Fabriken stellen wir Kosmetikartikel her,
über die Ladentheke verkaufen wir Hoffnung auf Schönheit.“
Charles Revson

Ihre Gäste kaufen nicht nur die Produkte und Dienstleistungen, die Sie ihnen anbieten. Sie kaufen zuallererst die Vorstellung davon, wie sie ihren Urlaub in Ihrem Haus verbringen werden, wie wohl sie sich dort fühlen werden. Doch Wohlbefinden und Erholung allein reichen in unserer modernen, schnelllebigen Zeit schon lange nicht mehr aus. Bei vielen Zielgruppen herrscht das Bedürfnis nach besonderen Erlebnissen vor, und der Trend der letzten Jahre zu Erlebniswelten und Themenparks hält unvermindert an. Auch traditionelle Betriebe müssen sich (zusätzlich) ein bestimmtes Image aufbauen, um an dieser Erfolgswelle teilhaben zu können. Traditionelle Konzepte allein reichen heute nicht mehr aus. Ein Betrieb muss sich von anderen abheben können, spezielle Akzente setzen und ein unverwechselbares Image entwickeln. Ist dieses Image einmal erdacht und umgesetzt, muss es auch gepflegt werden. Vor allem aber muss es den potenziellen Gast erreichen, es muss also kommuniziert werden.

In einer Welt der Massenmedien, der Überschwemmung durch Angebote und Informationen kommt der Vermittlung des ganz speziellen Image Ihres Hauses besondere Bedeutung zu.

Der Weg zu kreativen Lösungen

Verkaufen heißt also kommunizieren – und kommunizieren heißt erklären.

Erklären und überzeugen Sie mit Sachlichkeit, Ehrlichkeit und Glaubwürdigkeit. Kommunizieren heißt ganz speziell in unserer Branche auch unterhalten. Werben Sie deshalb mit Originalität und Witz. Eine langweilige Kommunikation ist eine grobe Beleidigung für den Kunden.

Mit dieser Mischung aus rationaler und emotionaler Informationsvermittlung treffen Sie beim Kunden ins Schwarze und können ihn positiv beeinflussen.

Dabei muss die Vermittlung Ihres Angebots sowohl nach außen hin stattfinden, um neue Kunden anzusprechen, als auch nach innen hin, um die Kunden an Ihr Unternehmen zu binden und sie zu Stammkunden zu machen. Das Produkt, das Sie anbieten, muss ständig beworben werden. Ein intensiver Kontakt zu jedem einzelnen Gast ist dabei unerlässlich!

Beispiel: Kreativer Verkauf

„Kein Kunde kauft jemals ein Erzeugnis.
Er kauft immer das, was das Erzeugnis für ihn leistet."
Peter F. Drucker

Wenn ein Mitarbeiter seinen Gästen einen Apfelstrudel mit einheimischen Äpfeln zur Herbstzeit und mit Hilfe eines besonderen Namens anbietet, kann er die Kunden überzeugen, diesen zu bestellen. Die Neugierde und das Interesse der Gäste spiegelt sich im Gespräch zwischen Gast und Mitarbeiter wider, und der Mitarbeiter wird von den Kunden als kompetent empfunden. Natürlich muss von Anfang an die Qualität, in diesem Fall des Apfelstrudels, stimmen und das Versprochene eingehalten werden.

Wer ist nun Verkäufer in Ihrem Gastronomiebetrieb?

Jeder Ihrer Mitarbeiter ist ein Verkäufer!
Egal ob es sich um den Kellner im Restaurant, die Empfangsmitarbeiterin oder den Reinigungsmitarbeiter handelt – jeder von

ihnen verkauft ein Einzelprodukt in seinem Bereich, und alle zusammen bieten die Gesamtleistung Ihres Betriebes an. Definieren Sie klar, wer im jeweiligen „Verkaufsbereich“ die jeweiligen „Verkaufsaufgaben“ übernimmt. Stellen Sie sicher, dass die jeweiligen Verkäufer das Produkt genau kennen. Informieren Sie Ihre Mitarbeiter kontinuierlich über neue Produkte, Ideen, Unternehmensziele und Strategien, und schulen Sie sie im Verkauf. Ihre Mitarbeiter müssen vom Produkt, das sie verkaufen sollen, auch selbst überzeugt sein und sich damit identifizieren können. Bieten Sie außerdem nichts an, was Sie nicht einhalten können.

Imagefaktor „Mensch“

Vergessen Sie keinesfalls den zwischenmenschlichen Bereich! Er spielt – gerade auch als Imagefaktor – im Gastronomiebereich eine absolut überragende Rolle. Sie verkaufen nicht nur „greifbare“ Produkte, sondern wesentlich auch Atmosphäre, Freundlichkeit und Wohlbefinden.

„Wir verkaufen keine Hamburger, wir verkaufen Hoffnung. 80 Prozent unserer Gäste kommen, um jemanden kennen zu lernen, um einen Partner zu finden. Unser Part dabei ist, den Rahmen zum Wohlfühlen zu schaffen, und wir bieten die Kontaktplattform dafür. Natürlich haben wir auch Getränke im Angebot, aber in erster Linie verkaufen wir Spaß, Entertainment, Hoffnung und Traum.“ So der Pressesprecher der Firma Gastronomie & Tanz, Disko Konzepte.

Vermitteln Sie als Unternehmer Ihren Mitarbeitern eine positive Einstellung. Oft werden nämlich gerade im zwischenmenschlichen Bereich unbewusst Handlungen gesetzt, die einem modernen Dienstleistungsimage nicht zuträglich sind. Sprechen Sie darüber offen mit Ihren Mitarbeitern. Eine positive Unternehmenskultur zeigt ihre Wirkung im gesamten Erscheinungsbild eines Unternehmens.

Im Folgenden soll nun gezeigt werden, wie mit kreativen Mitteln und Instrumenten gute Verkaufserfolge erzielt werden können.

Verkaufsinstrumente/Verkaufsmittel

Ziel eines jeden Unternehmers ist es, ständig neue Kunden zu finden und diese dann – im günstigsten Fall – als Stammkunden an seinen Betrieb zu binden. Dabei kommt der guten alten Mundpropaganda noch immer ein wichtiger Stellenwert zu. Keine Art der Werbung ist so effektiv wie der authentische Bericht eines zufriedenen Kunden! Geben Sie daher Ihren Gästen Anlass, über Besonderheiten Ihres Betriebes mit anderen potenziellen Gästen zu reden. Überraschen Sie Ihre Gäste mit kleinen Geschenken, z. B. zu Ostern mit einem kleinen Osternest, oder einem kleinen Blumentopf mit Frühlingsblumen zu Frühlingsbeginn. Lassen Sie sie bei der Anreise an einem Glücksrad drehen und als Preis eine Flasche Wein oder als Hauptgewinn ein Überraschungsmenü gewinnen. Überreichen Sie einen kleinen Geburtstagsgruß, wenn Ihre Gäste Geburtstag haben. Alles, was Sie von vergleichbaren Häusern abhebt, bleibt als Erinnerung und wird von Ihren Gästen weitererzählt!

Unterschätzen Sie auch nicht den Wiedererkennungswert. Wer das Logo Ihres Hauses öfters sieht, wird Sie als „bekannt" in seinem Gedächtnis speichern.

Achten Sie auch auf eine bequeme Buchungsmöglichkeit. Die Menschen haben heute sehr wenig Zeit, oft werden Buchungsentscheidungen rasch getroffen. Daher muss auch die Durchführung rasch vonstatten gehen. Nutzen Sie unbedingt die Möglichkeiten der modernen Mediengesellschaft, und bieten Sie elektronische Reservierungsmöglichkeiten via Internet an.

Binden Sie auch die Struktur in Ihrer Umgebung in Ihre Kundenfindung mit ein. Lassen Sie z. B. auf die Rückseite von Eintrittskarten (Theater, Sportveranstaltungen, Vernissagen) Wertgutscheine drucken, um potenzielle Kunden auf sich aufmerksam zu machen.

Versuchen Sie, Mittler (Taxifahrer, Verkehrsverein usw.) ins Haus zu holen. Sind diese von Ihren Leistungen überzeugt, werden sie Ihren Betrieb weiterempfehlen.

Schaffen Sie die Grundvoraussetzungen für ein verkaufsförderndes Team:

- Sind alle Mitarbeiter über alles informiert?
- Arbeiten sie in einem harmonischen Klima?
- Sind alle mit sich selbst zufrieden?
- Verfügt jeder über das notwendige Fachwissen?
- Ist jeder vom Angebot des Unternehmens überzeugt?
- Hat jeder ein natürliches, gepflegtes Auftreten?
- Ist jeder passend gekleidet?
- Hat jeder eine angenehme, umgängliche Sprache?
- Sucht jeder den Augenkontakt bei der Begrüßung sowie bei der Verabschiedung?
- Vermeidet jeder „ich", „wir", „man" und setzt an dessen Stelle das „Sie"?
- Kennt jeder die Gästenamen und spricht die Gäste auch persönlich an?
- Ist jeder freundlich, hilfsbereit und zuvorkommend?
- Macht jeder seine Arbeit aus Leidenschaft?

Das persönliche Verkaufsgespräch

„Ein Verkaufsabschluss ist nicht gleich die Gewinnung eines Kunden."
Fred Lawrason

Das Verkaufsgespräch ist der wichtigste Angelpunkt in Ihrem Unternehmen mit dem Ziel, durch gezieltes, direktes und persönliches Ansprechen die Gäste von Ihren Leistungen zu überzeugen.

Finden, gestalten und kommunizieren Sie die Vorteile Ihres Hauses.

Üben Sie mit Ihren Mitarbeitern verschiedene Verkaufsgespräche. Schulung am Arbeitsplatz („training on the job", „learning by doing", also lernen am Arbeitsplatz) ist oft der schnellste und effektivste Weg zur Umsetzung Ihrer Vorstellungen – es muss nicht immer der teure Fachkurs bei externen Trainern sein.

Für die Methode, während der Arbeitsabläufe den Umgang mit den Gästen zu üben, bedarf es eines oder mehrerer Mitarbeiter, die eine Vorbildfunktion für ein bestimmtes Aufgabengebiet übernehmen. In der Regel sind das jene, die den Betrieb schon länger kennen. An ihrem Beispiel können sich vor allem neue Mitarbeiter orientieren und sich die Gepflogenheiten in Ihrem Betrieb aneignen. Stellen Sie diese „Bereichsmitarbeiter“ als solche vor, und machen Sie den „Neuankömmlingen“ deren Funktion klar.

Der Gast erinnert sich nach seinem Aufenthalt vor allem an die einfühlsame, einzigartige Art der Mitarbeiter, an die emotionale Seite. Wecken Sie Sympathie und Vertrauen, und stellen Sie eine gute Beziehung her.

Elemente eines Gesprächs

Ihre Mitarbeiter sollten bestimmte Gesprächselemente beherrschen:

Mit dem Namen ansprechen

Nennen Sie bei jedem „Kontakt“ mit dem Gast seinen Namen. Er wird sich persönlich angesprochen fühlen und dies als besondere Aufmerksamkeit empfinden. Achten Sie bei Gesprächen auf Augenkontakt! Es ist unhöflich, mit jemandem zu sprechen und ihm nicht in die Augen zu sehen!

Komplimente

Zwar sind in der heutigen Zeit Komplimente rar geworden, dennoch werden sich Ihre Gäste über kleine Aufmerksamkeiten freuen: Versichern Sie doch dem Gast, dass er heute sehr erholt aussieht oder dass die Bluse besonders schön ist!

Sympathie und Vertrauen

Begegnen Sie Ihren Gästen offen, ehrlich und natürlich. Übertriebene „Höflichkeit“ wirkt unter Umständen schmeichlerisch und unehrlich. Schaffen Sie durch natürlichen Umgang eine „gesunde“ Vertrauensbasis zu Ihren Gästen – so entsteht auch die Sympathie für die Mitarbeiter und den Betrieb.

Vorteile
Ein Gast sucht immer nach Vorteilen im Gespräch oder nach Garantien für sich – bieten Sie ihm diese an. Erstatten Sie dem Kunden z. B. die Autobahngebühr, wenn er länger als 10 Tage bucht, oder bezahlen Sie ihm die Parkplatzgebühr bei einem Aufenthalt von 3 Tagen.

Verkauf durch Leistung im Gespräch
Bei der Entscheidung für Ihr Produkt sollte nicht der Preis ausschlaggebend sein, sondern die gebotene Leistung. Schulen Sie Ihre Mitarbeiter auf diverse Verkaufsargumente hin.

Checkliste: Das persönliche Verkaufsgespräch

Bereiten Sie sich vor
- Wem wollen Sie was verkaufen?
- Was wollen Sie dabei erreichen? (z. B. 10 Euro mehr pro Übernachtung)
- Wann ist der günstigste Zeitpunkt? (z. B. 10 Uhr vormittags, nicht jedoch am Freitagnachmittag – ähnlich wie bei Presseterminen)

Achten Sie auf die Begrüßung und die Gesprächseröffnung
- Die ersten 20 Sekunden sind entscheidend!
- Gewinnen Sie Aufmerksamkeit – Sie bekommen keine zweite Chance, den ersten Eindruck wieder gutzumachen.
- Gewinnen Sie Sympathie, z. B.: „Guten Tag, Herr Mustermann, ich bin die Isabella und für Sie in dieser Woche für die Getränke zuständig, schön, dass Sie hier sind."
- Gewinnen Sie Interesse: z. B. durch Fachwissen.

Stellen Sie Fragen – wer fragt, der führt
- Informieren Sie sich nach den Wünschen und Bedürfnissen Ihrer Gäste.
- Hören Sie aktiv zu.
- Stellen Sie offene Fragen: wie, was, warum ...

Gehen Sie über zum Angebot
- Schildern Sie mit Originalität und Witz die Vorteile Ihres Angebotes.

- Heben Sie den Nutzen hervor: kinderfreundlich, Komfort, Ruhe, Abwechslung, Sportmöglichkeiten.
- Entkräften Sie eventuelle Einwände durch die Schilderung der Vorteile.

Kommen Sie langsam zum Verkaufsabschluss

Dies ist das eigentliche Ziel Ihres Gesprächs!

- Erkennen Sie durch Einfühlsamkeit die Verkaufssignale.
- Machen Sie dem Interessenten zwei alternative Offerten oder ein konkretes Angebot.
- Gehen Sie über auf Termine, Zahlungskonditionen etc.

Von großer Bedeutung ist die Nachbearbeitung

- Rufen Sie Ihre Kunden an, und fragen Sie sie nach dem Grad ihrer Zufriedenheit.
- Bleiben Sie in Kontakt.

Haben Sie Ihr persönliches Ziel erreicht?

- Was können Sie nächstes Mal besser machen?

Gesprächstypen

In einem Gastronomie- bzw. Hotelbetrieb steht stets der Mensch im Mittelpunkt, der Gast mit seinen Wünschen und Bedürfnissen. Menschen kann man unterschiedlichen Gesprächstypen zuordnen. Nicht jeder Gast möchte auf die gleiche Weise angesprochen werden, nicht jeder Gast artikuliert seine Wünsche, aber auch seine Beschwerden auf die gleiche Art und Weise. Dies verlangt von Ihnen und Ihren Mitarbeitern psychologisches Einfühlungsvermögen, damit der so wichtige zwischenmenschliche Bereich auch funktionieren kann und der Gast sich ernst genommen und aufgehoben fühlt. Als „Dialoghilfe“ sollen die folgenden „Gesprächstypen“ dienen:

Der Gesprächige

Er spricht gerne und ausführlich, Kommunikation ist für ihn wesentlicher „Urlaubsbestandteil“. Erfüllen Sie dieses Bedürfnis, auch wenn Ihre Zeit es vielleicht gerade nicht zulässt. Nehmen Sie sich die Zeit! Lassen Sie ihn reden, hören Sie aktiv zu. Versuchen Sie erst dann die Gesprächsführung zu übernehmen, wenn er sich akzeptiert und angehört fühlt. Mit geschlossenen Fragen, die nur mit Ja oder Nein zu beantworten sind, können Sie dann das Gespräch leiten. Vermeiden Sie W-Fragen, wie z. B. wer, was, wie oder warum, sie laden zu ausführlichen und ausschweifenden Antworten ein.

Der Ruhige
Von sich aus wird dieser Gesprächstyp Ihnen kaum etwas von sich erzählen. Versuchen Sie, ihn mit W-Fragen aus der Reserve zu locken, um mehr über seine Bedürfnisse zu erfahren. Diese Informationen sind wichtig für Ihre Kundenkartei.

Der Besserwisser
Geben Sie ihm Recht (auch wenn es nicht 100-prozentig stimmt!). Ihr Gesprächspartner fühlt sich dadurch bestätigt und anerkannt.

Der Sparsame
Ihn müssen Sie ganz klar mit Leistungen überzeugen. Erklären Sie ihm, warum Ihre Produkte ihren Preis wert sind.

Der Aufmüpfige
Dieser Gast betrachtet seine Umgebung besonders kritisch und benötigt viel Freundlichkeit und Zuwendung. Überzeugen Sie ihn durch Ihre besondere Aufmerksamkeit, und er wird es Ihnen mit Zufriedenheit danken.

Der Ungeduldige
In diesem Fall ist Sachlichkeit angesagt, kommen Sie schnell auf den Punkt; schweifen Sie nicht unnötig ab. Bereiten Sie gerade in solchen Fällen ein Verkaufsgespräch gut vor.

Das telefonische Verkaufsgespräch

Das Handling mit dem Telefon ist eine der wichtigsten Serviceleistungen in Ihrem Betrieb. Beachten Sie daher die folgenden Telefonregeln.

12 Telefonregeln:

1. Der Telefonservice ist durch schnelles und kompetentes Handeln gekennzeichnet (das Telefon klingelt maximal 3-mal, bevor abgehoben wird).
2. Sprechen Sie die Begrüßung „Hotel Larus, Sie sprechen mit Madeleine, guten Tag“ klar und nicht zu schnell aus.
3. Bemühen Sie sich um eine deutliche Aussprache und einen nicht zu leisen Gesprächston.
4. Achten Sie auf eine gewählte Ausdrucksweise, vor allem bei unbekannten Anrufern.
5. Setzen Sie ein „Lächeln“ in Ihre Stimme.
6. Bemühen Sie sich auch in den Telefongesprächen, Atmosphäre zu schaffen.
7. Freundlichkeit lässt auch im Stress keine Hektik spüren.
8. Notieren Sie sich den Namen des Anrufers. Informieren Sie ihn, mit wem er weiterverbunden wird.
9. Vermeiden Sie, wenn möglich, Ihren Gesprächspartner durch Hintergrundlärm zu belästigen und zu stören.
10. Jeder Telefonanrufer hat das Recht auf Ihre ungeteilte Aufmerksamkeit.
11. Bieten Sie stets Hilfestellungen an.
12. Halten Sie immer ein Reservationsformular, den Notizblock und einen Bleistift neben dem Telefon bereit.

6 Tipps für den Umgang mit Reklamationen und Beschwerden am Telefon

1. Stellen Sie sich innerlich auf das Gespräch ein.
   - Überprüfen Sie Ihre Körperhaltung.
   - Nehmen Sie Papier und Stift zur Hand.

2. Hören Sie aufmerksam zu.
   - Lassen Sie den Anrufer seine Reklamation vortragen, ohne ihn zu unterbrechen.
   - Geben Sie ihm hörbare Rückmeldungen, damit er weiß, dass Sie für ihn da sind.

3. Stellen Sie eine Beziehung her.
   - Nennen Sie den Anrufer beim Namen.
   - Umreißen Sie klar Ihr Ziel, nämlich ihm aus seiner Schwierigkeit zu helfen.
   - Weisen Sie darauf hin, dass Sie sich Notizen gemacht haben.
   - Stellen Sie Fragen zur weiterer Aufklärung des Sachverhalts.
4. Führen Sie die Lösung herbei.
   - Fragen Sie, was der Anrufer wünscht.
   - Äußern Sie sich positiv.
   - Zeigen Sie ihm, dass es sich um eine für ihn gute Lösung handelt.

5. Bestätigung und Abschluss.
   - Gehen Sie getroffene Vereinbarungen noch einmal durch.
   - Verwenden Sie Begriffe, die erkennen lassen, dass es sich um beiderseitig getroffene Vereinbarungen handelt.
   - Machen Sie die nächsten Schritte deutlich.

6. Halten Sie Zusagen ein.
   - Setzen Sie Ihre Zusagen innerhalb von 24 Stunden um.

Nähere Ausführungen zu diesem Thema erhielten Sie bereits im Kapitel 7, „Dienstleistung“.

Arbeitsplatzorganisation am Telefon
Am Arbeitsplatz des Telefonmitarbeiters befinden sich

Register:
- Mitarbeiterverzeichnis
- internes Rufnummernverzeichnis
- Abwesenheitsliste von Mitarbeitern (Ferien, Krankheit, freie Tage etc.)

Nachschlagewerke:
- Notfallnummern
- Telefonbücher
- Vorwahlenverzeichnis für das Ausland

Formulare:
- Messagezettel
- Reservierungsformular

Checkliste: Ankommendes Telefongespräch

1. Ist die Wartezeit bis zur ersten Verbindung akzeptabel?
2. Ist meine Stimmlage und Aussprache angenehm und gut verständlich?
3. Sind Sprechtempo und Deutlichkeit in Ordnung?
4. Erfolgt die Begrüßung korrekt (Name des Gastes)?
5. Höre ich aktiv zu und lasse ich den Gast ausreden?
6. Wirkt mein Verhalten ruhig und geduldig?
7. Nenne ich den Anrufer auch während des Gesprächs beim Namen?
8. Habe ich mich nach dem Anliegen des Gastes erkundigt?
9. Stelle ich meine Fragen kurz und präzise?
10. Sind meine Formulierungen gästeorientiert?
11. Wiederhole ich Daten und Schwerpunkte?
12. Biete ich Hilfe an?
13. Wie schnell gebe ich das Gespräch an eine andere Person weiter?
14. Ist der neue Gesprächspartner über das Anliegen des Gastes informiert?
15. Ist die Bearbeitung der Angelegenheit effizient?
16. Bedanke ich mich für den Anruf und erwähne den Anrufer nochmals namentlich?

Legen Sie Gesprächsabläufe, die Sie standardisiert haben möchten, schriftlich fest, damit sich Ihre Mitarbeiter daran orientieren können (z. B. immer gleicher Willkommensgruß am Telefon).

Angebot und Schriftverkehr

Lassen Sie sich doch einmal von 10 verschiedenen Betrieben, welche dieselbe Struktur wie Ihr Betrieb aufweisen, einen Prospekt zuschicken (natürlich inkognito). Sie werden sehr schnell feststellen, dass sich die Angebote ähneln und sogar austauschbar sind. Die Folge davon ist, dass die Betriebe keine wirklichen USP's besitzen und sich nur noch über den Preis verkaufen. Hinzu kommt der Informationsüberfluss, dem jeder ausgesetzt ist. Die Vielfalt ähnlicher Angebote wirkt gleich, die Betriebe unterscheiden sich für den Interessenten nicht mehr, der Konsument nimmt nur noch selektiv seine Vorteile wahr.

Zudem ist der heutige Gast ein Individualist, der sich – trotz vieler Versuche in diese Richtung – nicht als Massentourist abfertigen lässt.

Daher müssen Sie versuchen, sich von anderen Betrieben abzuheben. Schnelligkeit, Korrektheit und Präzision sind daher beim Erstellen schriftlicher Angebote äußerst wichtig. Vereinheitlichen Sie gewisse Teile Ihres Schriftverkehrs.

Hinzu kommt der Zeitfaktor. In unserer schnelllebigen Zeit zählt jede Minute. Die Geschwindigkeit bei der Beantwortung von Anfragen, Bestätigungsbriefen, bei der Abreise, am Telefon, im Prinzip bei jedem Arbeitsablauf, ist entscheidend. Stellen Sie für Ihren Betrieb Grundregeln auf, die eingehalten werden müssen.

Beispiele

- Faxanfragen werden innerhalb von 2 Stunden beantwortet.
- Anfragen per Post werden innerhalb von 24 Stunden auf dem Postweg versendet.
- E-Mails werden zwischen 9.00 Uhr und 21.30 Uhr innerhalb von 60 Minuten beantwortet.

Mailings bzw. Werbebriefe per Post oder Internet

„Was immer Du schreibst: Schreibe kurz,
und sie werden es lesen. Schreibe klar,
und sie werden es verstehen. Schreibe bildhaft,
und sie werden es im Gedächtnis behalten."
Joseph Pulitzer

Erstellen Sie zunächst ein genaues Konzept. Wofür genau wollen Sie werben? Welche Informationen wollen Sie an den Kunden bringen? Geht es Ihnen um ein allgemeines Angebot? Oder soll eine bestimmte Gruppe durch ein spezielles Angebot angesprochen werden? Wenn Sie dies genau festgelegt haben, durchforsten Sie Ihre Kundenkartei, und ordnen Sie die Adressen den einzelnen Offerten zu. Es hat wenig Sinn, wenn Sie z. B. ein Angebot für ein Kongresswochenende Familien anbieten! Dagegen sind Informationen allgemeiner Art, wie Preislisten und sonstige regelmäßige Gästeinformationen, für alle Kunden interessant. Sondern Sie Karteileichen aus. Wichtig ist außerdem, beständig Mailings zu schicken, denn ein Mailing ist kein Mailing.

Einsatzmöglichkeiten von Mailings:

- Weiterleitung von Neuheiten
- Informationsveranstaltungen
- Unterlagen – Preislisten
- regelmäßige Gästeinfos

Achten Sie auf folgende Punkte:

Adressen	Überlegen Sie sich genau, wen Sie anschreiben möchten. (Priorität A-Kunden, Zielgruppen, Stammkunden etc.)
Botschaften	Sprechen Sie Stammkunden immer persönlich an, und übermitteln Sie – entsprechend der Zielgruppe – eine klare Werbebotschaft.
Adressanzahl	Oft wird eine zu große Anzahl von Briefen verschickt. Besser sind jedoch kleine Mengen, die Sie auch entsprechend „nachfassen“ können.
Zielgruppen	Die Einteilung der Gäste und Kunden in verschiedene Gruppen, beispielsweise

	Seminargäste, Wochenendgäste und Geschäftsreisende oder Einzelreisende, Familien, Senioren.
Herstellung	Variieren Sie die Gestaltung Ihrer Werbebriefe und Ihrer Werbe-E-Mails.
Briefmarke	Kleben Sie sie immer von Hand auf, verwenden Sie keinen Poststempel, Briefmarken wirken immer persönlicher.
Adresse im Brief	Achten Sie auf Vollständigkeit! Sprechen Sie Ihren Partner mit Vor- und Nachname an. Je persönlicher Sie den Brief gestalten, desto besser!
Datum	Schreiben Sie das genaue Datum (Tag, Monat und Jahr).
Anrede	Gestalten Sie diese persönlich, nie allgemein. Durch „Sehr geehrte Damen und Herren“ fühlt sich niemand angesprochen!
Betreff/Überschrift	Gestalten Sie sie groß, einprägsam, eventuell auch von Hand oder kursiv oder in einer anderen Schriftart oder Farbe.
Text	Vermeiden Sie es, mehr als eine Seite zu schreiben, und formulieren Sie flüssige, kurze Sätze.
Unterschrift	Unterschreiben Sie leserlich und immer mit Tinte, ein Kugelschreiber wirkt unpersönlich!
PS	Nützen Sie die Möglichkeit, durch ein PS auf Besonderheiten aufmerksam zu machen. Ein PS wird immer gelesen!

Papier	Verwenden Sie zur Abwechslung auch einmal buntes Papier bzw. Themenpapier, Naturpapier oder Büttenpapier, statt dem üblichen Geschäftspapier.
Das „Besondere“	Legen Sie Ihrem Mailing z. B. einen Zeitungsartikel über Ihren Betrieb oder eine Empfehlung eines Gastes zur Bestätigung Ihrer Leistung bei.

Mailing per Internet

Dies könnte in der Form eines Newsletters gestaltet sein. Informieren Sie Ihre Gäste regelmäßig, beispielsweise einmal im Monat, über Aktuelles im Hotel, Restaurant, Bar oder von den Freizeitaktivitäten, von den Mitarbeitern, dem Geschehen im Ort, Stadt oder Kanton, von Neuerungen im Haus und natürlich auch über die aktuellen Angebote. Der Vorteil dieser Werbemaßnahme besteht darin, dass das Handling sehr einfach ist und die Kosten sehr gering sind. Auch hier ist neben einer genauen Zielgruppenbestimmung Ihre Kreativität entscheidend. Bieten Sie Ihren Gästen auch die Möglichkeit, diese regelmäßigen Informationen abzubestellen. Dies könnte zum Beispiel so aussehen:

„Falls Sie diesen Newsletter nicht mehr erhalten wollen, senden Sie bitte eine E-Mail an info@gastroenergy.com, Betreff: Abmeldung Newsletter.“

Beispiel: Themenbezogenes kreatives 3-Phasen-Mailing

Thema: Betriebsumbau

1. Mailing: „Info über Umbau“
Nehmen Sie ein graues Naturpapier ohne Geschäftsaufdruck, informieren Sie im Text, dass Sie umbauen. Dazu legen Sie etwas Mörtel in den Briefumschlag um zu demonstrieren, dass bei Ihnen gebaut wird.

2. Mailing: „Während der Bauphase"
Nun benützen Sie ein farbiges Papier, beschreiben Ihren zukünftigen „neuen" Betrieb. Legen Sie dazu ruhig ein Stückchen Stoff vom Vorhang oder von der neuen Polstergarnitur mit in den Brief.

3. Mailing: „Fertigstellung und Einladung zur Wiedereröffnungsfeier"
Schreiben Sie diesen Brief auf normalem Geschäftspapier um zu demonstrieren, dass der Geschäftsverlauf wieder normal vonstatten geht. Fügen Sie ein Foto von den neuen Räumen und den Mitarbeitern bei.

Beispiel:
Praktische Marktbearbeitung durch ein erfolgreiches Mailing

Schaffen Sie sich eine Basis. Dies ist am Anfang sehr zeitaufwendig, bringt Ihnen jedoch sehr viel Klarheit.

Um eine optimale Marktbearbeitung zu erhalten, teilen Sie Ihre Kundschaft nach Prioritäten ein, z. B. von A bis G:

G Potenzielle Gäste
F Gäste, die uns kennen
E Gäste, die uns kontaktierten
D Bestimmtes Angebot, jene, die eine Offerte verlangt haben
C Erstgäste
B Mehrmalsgäste
A Stammgäste

Die Gäste der Kategorien A bis D kennen uns bereits – sie sind Multiplikatoren.

80 Prozent Ihrer Kunden bringen lediglich 20 Prozent Deckungsbeitrag oder Buchungen. 20 Prozent Ihrer Kunden bringen jedoch 80 Prozent Buchungen.

Im gleichen Verhältnis steht der Aufwand an Zeit, Arbeit und Geld, um diese Kunden überhaupt zu erreichen. Setzen Sie daher Prioritäten!

Rechtfertigen Sie Ihr Mailing, und fragen Sie sich:

- Haben Sie alle Karteileichen aussortiert?
- Welche Mittel setzen Sie ein, um größtmögliche Retouren zu erreichen?
- Wie nahe sind Sie beim wichtigen und richtigen Kunden?
- Fragen Sie die E-, F-, G-Kunden: Möchten Sie weiterhin mit Informationen aus unserem Haus versorgt werden? Hier ist eine ehrliche Antwort von großem Vorteil. Sie spart Ihnen zukünftig viel Zeit, Arbeit und Geld.
- Was erwarten Sie für ein Resultat auf das Mailing?

Gästegruppen bzw. Gästesegmente

Voraussetzung für ein erfolgreiches Mailing ist die Einteilung Ihrer Gäste in Gästegruppen. Nachfolgend einige Beispiele der Kategorisierung. Diese Liste lässt sich selbstverständlich ändern bzw. ergänzen.

- Geschäftsreisende
- Gesundheitsurlauber
- Tagungsgäste/Seminargäste
- Wochenendgäste
- junge Familien mit Kindern
- Singles
- Bus- und Vereinsreisende
- die Fitness- und Sportbegeisterten
- Senioren
- Vegetarier
- die reichen Schönheits- und Bodyfans
- die jungen Hedonisten
- die „Rechner“
- die Öko-Freaks
- die Teeliebhaber
- die Motorradfahrer

Checkliste: Schriftverkehr
Was ist zu beachten?

Vollständige Adresse mit Ansprechpartner (Vor- und Nachname)	O
Datum, immer Ort und vollständiges Datum (z. B. Berlin, 31. März 2004)	O
Genaue Anrede, je nach Beziehung zum Gast (z. B. Lieber Herr Feuerstein)	O
Kurze, prägnante Sätze, schnell auf den Punkt kommen Angebot konkret beschreiben (Leistung, Termin, Preis)	O
Relativ große Schrift verwenden (12er- oder 14er-Schriftgröße)	O
Einfache Schrift auswählen, nichts Verschnörkeltes, das schwierig zu lesen ist	O
Unterschrift mit blauem Füler, nicht mit Kugelschreiber	O
Unterschrift deutlich schreiben, man sollte den Namen noch lesen können	O
Das Angebot soll Interesse und Wünsche wecken, Informationen liefern	O
Vorteile und Nutzen aufzählen	O
Hilfsverben vermeiden (können, möchten, sollen, wollen, dürfen etc.)	O
Fremdwörter, Abkürzungen, Fachwörter, abstrakte Begriffe vermeiden	O
Keine negativen Aussagen formulieren	O
Positive Wörter als Verstärker benützen (z. B. gratis, zufrieden, bequem, gerne, sicher, selbstverständlich, Qualität, Nutzen, Vorteil)	O
Persönliche Fürwörter verwenden (Sie, Ihnen, Ihrer), vermeiden von wir, ich, unser	O
Endungswörter vermeiden (...ung, ...heit, ...keit)	O
Passive Formen vermeiden	O
Weglassen von unnötigen Phrasen, die nichts aussagen	O
Bei Bestätigungen Leistungsübersicht und gewünschte detaillierte Informationen mitschicken	O

Verkauf im Haus und außer Haus

Präsentation und Dekoration im Haus – visuelles Merchandising

Eine verkaufsfördernde Gestaltung im Haus ist sehr wichtig. Nehmen Sie sich in dieser Hinsicht den Einzelhandel als Vorbild. Raffinierte Inszenierungen, Dekorationen und strategische Platzierung der Produkte verlocken dort zum Kauf. Errichten Sie in Ihrem Haus ein Display. Das ist eine Art „Insel", auf der Sie spezielle Produkte anbieten oder auf spezielle Angebote Ihres Hauses aufmerksam machen. Sie können auch auf jahreszeitliche Gegebenheiten reagieren und so Ihr Haus kreativ einmal auf andere Art und Weise dekorieren. Grenzen Sie das Display vom „Restraum" ab, indem Sie z. B. die gesamte Dekoration auf ein Stück Stoff stellen. Wählen Sie dazu einen zentralen Platz aus, so dass der Gast förmlich darüber stolpert. Achten Sie auf eine sorgfältige Beschriftung und Beschilderung, damit die Werbebotschaft des Displays für Ihre Gäste erkennbar ist.

Beispiel: Kreative Displays und Ausstellungen

Jahreszeiten und Festlichkeiten

Sommer:

Holen Sie den Strand in Ihr Haus. Mit etwas Sand, Muscheln, Liegestuhl und Sonnenschirm lädt Ihr Sommerdisplay zum Relaxen ein.

Herbst:

Um für Ihre Wildwochen im Restaurant zu werben, stellen Sie mit ein wenig Herbstlaub, Kastanien und ähnlichen Produkten aus der herbstlichen Natur einen kleinen Herbstwald dar. Bieten Sie auf kleinen Schautafeln eine Wildkunde aus der Umgebung an.

Winter:

Betreiben Sie in Ihrem als Winterlandschaft gestaltetem Display vor dem Abendessen eine Art Cocktailbar. Als Aperitif können Ihre Gäste im Stadthotel zur Abwechslung einmal winterliche Getränke wie Glühwein oder Grog genießen.

Ostern:

Stellen Sie neben einen Topf mit Frühlingsblumen und bunten

Ostereiern eine kleine Holzbank auf, und präsentieren Sie dort Ihre Prospekte oder Speisekarte.
Weihnachten:
„Pflanzen" Sie doch einmal statt eines großen Weihnachtsbaums mehrere kleine Bäumchen in ein Winterlandschaftsdisplay, und erläutern Sie typische regionale Weihnachtsmenüs. Oder stellen Sie eine alte Kutsche auf, die Sie mit in Geschenkpapier eingepackten Pappkartons füllen.

Themenangebote
Wein:
Bauen Sie einen kleinen Weinkeller auf, und bieten Sie eine kleine Weinkunde an. Kooperieren Sie mit Ihrem Weinhändler – auch er ist daran interessiert, mehr Wein zu verkaufen.
Spargel:
Stellen Sie kleine Holzkisten auf, bedecken Sie diese mit etwas Erde. Drapieren Sie einige Gartengeräte und den frischen Spargel darauf. Werben Sie so für Ihre Spargelgerichte.
Fisch:
Sie veranstalten eine Fischwoche. Spannen Sie ein Fischernetz, und informieren Sie Ihre Gäste mit Hilfe von kleinen Schautafeln, die Sie im Fischernetz aufhängen, über heimische Fischvorkommen.

Lassen Sie Ihrer Phantasie freien Lauf!

Der Verkaufspunkt, Point of sale (POS), ist optimal, wenn er alle fünf Sinne Ihres Gastes anspricht – "Marketing by Duft and Show".
Sehen:
Ambiente, Warenpräsentation, Ordnung, Sauberkeit, Mitarbeiter, Menü-, Speise-, Snack-, Eis-, Getränke- und Weinkarte, Tischdekoration, Briefe, Rechnungen.
Hören:
Allgemeine Geräuschkulisse, Tonfall der Mitarbeiter, Musik, Verkaufs- und Beratungsgespräche.
Riechen:
Geruch im Haus, Mitarbeiter (zu viel Parfüm, Schweiß), Speisen, Cocktails, Schränke, Zimmer, frische Brötchen, Servietten, Wäsche, Seminarraum.

Fühlen:
Teppich, Steinboden, Temperatur, Wäsche, Besteck, Teller, Gastfreundschaft, Sicherheit.
Schmecken:
Qualität von Speisen und Getränken.

Beispiel:
Modernes Visual Merchandising anhand der Gourmet Factory in Zürich

Ziel: „Wir schaffen hier den schönsten Lebensmittel- und Delikatessenladen Europas."

Es ist eine Hochzeit zwischen Lebensmittelhandel und Gastronomie.

In Sachen Präsentation arbeitet man strikt nach dem Prinzip des maximalen Warendrucks: Das Beiwerk, wie Regale oder Theken, wurde minimalistisch allein auf seinen Nutzen reduziert, einzig die Ware soll wirken – einmal in moderater (Fleisch), einmal in opulenter (260 verschiedene Käsesorten, Fische im Becken und auf Eis) Menge inszeniert. So werden z. B. angeschnittene Käse nicht im Lager versteckt, sondern in der Rückwand der Theke aufgereiht. Gleiches gilt für die Metzgerware – alles hängt offen einsehbar.

Die sichtbare und erlebbare Fusion aus Lebensmittelhandel und Gastronomie bietet z. B. das Konzept „Cook & More", welches in die Pastazone integriert ist. Die Kochstation mit Herd und Abluft schließt sich nahtlos an Kühltheken mit frischen Nudeln und Saucen an. Hier kann sich der Kunde Ware aussuchen, gleich zubereiten lassen und dabei von den Sitzplätzen aus zuschauen.

Das Prinzip ist so einfach wie gut: Die Warenfülle regt den Appetit an, und das Probieren steigert die Lust zum Kauf.

„Wir setzen mit unserem Dienstleistungskonzept voll auf Interaktion, auf individuelle Beratung und auf Menschlichkeit. Man kann die besten Produkte haben – wenn die Mitarbeiter nicht stimmen und mit Herz und Geist dahinter stehen, haben Sie verloren."
Ueli Santschi, Geschäftsführer

Das Verkaufskonzept ist sehr erfolgreich. 25 Mio. sFr. Jahresumsatz sprechen für sich.

Hinweisbeschilderung

Unterschätzen Sie nicht den Werbeauftritt in und vor Ihrem Betrieb. Gerade in unserer hektischen Zeit, wo jeder sehr kurzfristig und spontan entscheidet, ist diese Art von Werbung ein wichtiges Instrument.

Worauf Sie achten sollten:

- Stellen Sie genügend Wegweiser auf, die zu Ihrem Betrieb hinführen.
- Wegweiser müssen deutlich lesbar sein (nicht zu klein, erkennbar auch aus einer größeren Entfernung).
- Wenn möglich, dann beleuchten Sie Ihre Wegweiser an der Straße.
- Schreiben Sie handgeschriebene Tafeln leserlich und in Druckbuchstaben.
- Schaukästen, Tafeln und Wegweiser müssen stets sauber und ordentlich aussehen.
- Ausgebleichte Prospekte machen einen schlechten Eindruck.
- Speisekarten und Schaukästen müssen stets auf dem aktuellsten Stand sein.
- Locken Sie bei Angeboten an der „Straße“ mit attraktiven Preisen.
- Beschildern Sie auch im Betrieb alle Leistungsbereiche (z. B. Kegelbahn, Schwimmbad).

Die Messe

Messen sind die Schnittstellen zwischen Produkt und Mittler bzw. Endverbraucher. Messen bieten Ihnen die Chance, Ihren Marktpartnern Ihr Unternehmen auf breiter Basis zu präsentieren. Kein anderes Medium schafft dies so intensiv, konkret und emotional. Voraussetzung ist natürlich, die Attraktivität Ihres Betriebes optimal zu kommunizieren und durch den Besuch an Ihrem Stand erlebbar zu machen.

Messen sind weltweit ein zuverlässiger Indikator für Innovationen und Marktentwicklung und gelten als unverzichtbar für Information und Kommunikation. Wer das Instrument Messe richtig einsetzt, steht automatisch auf der Gewinnerseite. Fachmessen werden immer zielgruppenorientierter, meistens begleitet von Kongressen und Symposien sowie Exklusivveranstaltungen in Form von Rahmenprogrammen und Events, zu dem nur das Fachpublikum Zutritt hat. Der Trend bewegt sich weg von viel Text hin zu visuellen Informationen, die kreativ, farbig und lebendig präsentiert werden.

Zunehmende Bedeutung gewinnen Messeevents, die sowohl für einen öffentlichen Teilnehmerkreis als auch für Fachbesucher veranstaltet werden können. Eine hohe Aktivierung junger Zielgruppen erreichen zurzeit Internetevents und Events, die das Internet in die Inszenierung einbinden.

Nirgendwo anders ist es möglich, in so kurzer Zeit auf hohem Niveau so viele Kunden- und Marktkontakte zu finden. Dies gilt für Kontakte mit bestehenden Partnern sowie mit Neukunden und in neuen Märkten. Ein erfolgreicher Messebesuch setzt strategisches Denken voraus. Ein Gesamtkonzept ist unumgänglich. Für die Erfolgssicherung ist ein „Projektleiter" ebenso wichtig wie das Controlling.

Messen sind aussagekräftige Wirtschaftsbarometer und informative Leistungsschauen. Elektronische Medien werden auch in Zukunft die Messen nicht ersetzen, sondern lediglich ergänzen. Die emotional erlebbare Ebene überwiegt auch in nächster Zukunft.

Gründe, sich an einer Messe zu beteiligen:
- Werbung neuer Kunden
- Knüpfen neuer Kontakte
- Repräsentation
- Imagepflege
- Direktabschlüsse
- Pflege bestehender Kontakte

Checkliste: Erfolgreicher Messebesuch

- Haben Sie genau abgeklärt, welche Messen für Sie wo attraktiv sind?
- Haben Sie alle Informationen gesammelt, welche Sie bekommen konnten?
- Haben Sie Ihr Messeziel klar formuliert?
- Haben Sie die Kosten bis ins Detail berechnet?
- Welche Produkte wollen Sie besonders hervorheben? Was ist Ihr „Renner"?
- Welches ist Ihr Highlight am Messestand?
- Haben Sie alle Mitarbeiter geschult und bis ins Detail über alles informiert?
- Haben Sie alle Kunden, Lieferanten und die Presse von Ihrer Teilnahme informiert?
- Haben Sie Ihre Messeziele erreicht?
- Haben Sie nachgefasst? Haben Sie jeden Kontakt sorgfältig bearbeitet? Haben Sie alle Kunden ausreichend informiert?

Checkliste: Erfolgreiche Verkaufsförderung

- Halten Sie Ihre Marketingdatenbank ständig aktuell?
- Haben Sie eine systematische Adressbewirtschaftung?
- Haben Sie aktuelle Kundendossiers?
- Sind Ihre Kunden eingeteilt nach Prioritäten (A-, B-, C-Kunden)?
- Haben Sie wirkungsvolle Verkaufshilfen (z. B. animierende PowerPoint-Präsentation im Laptop)?
- Führen Sie periodische Verkaufsschulungen durch?
- Veranstalten Sie regelmäßig Telefonseminare?

Stammkundenmarketing

Die wichtigste Frage lautet: Mit welchen und vor allem mit wie vielen Kunden machen Sie wie viel Prozent Umsatz bzw. Deckungsbeitrag?

Beantworten Sie diese Frage, und Sie wissen, wo Ihre Prioritäten in der Marktbearbeitung liegen bzw. liegen sollten.

Stammkundenmarketing stellt eines der wichtigsten Verkaufselemente dar. Stammgäste sind Ihre wichtigsten Gäste. Sie tragen für Sie kostenlos die Werbebotschaft nach außen. Ein zufriedener Gast erzählt durchschnittlich 3- bis 5-mal anderen Personen, wie gut es ihm bei Ihnen gefallen hat.

Stellen Sie für ein Stammkundenmarketing ein „Gäste-werben-für Gäste"-Programm auf. Ein Beispiel dafür wäre die Aktion „Bring a friend" – Freunde mitbringen und gratis wohnen: Bei einer bestimmten Anzahl an Übernachtungen erhält der Stammkunde als Dank für seine Vermittlung eine Übernachtung mit Frühstück gratis. Aus betriebswirtschaftlicher Sicht sollten Sie dabei beachten, dass der Geschenkwert dem neuen Umsatzwert gegenübergestellt werden muss.

Starten Sie Aktionen, mit denen der Kunde an das Haus gebunden wird. Führen Sie z. B. einen Stammkundenpass ein, bei dem jede 10. Übernachtung gratis ist. Ein weiteres Beispiel wäre das Sammeln von Umsatz (bei einem Umsatz x bekommt der Gast einen Bonus von 10 %).

Schließen Sie Verträge mit Sonderkonditionen ab, beachten Sie jedoch dabei, dass diese an ein bestimmtes Volumen oder an einen Garantieumsatz gebunden werden.

Bringen Sie Geburtstage und andere Jubiläen in Erfahrung. Reagieren Sie darauf mit kleinen Aufmerksamkeiten.

Bedanken Sie sich bei einer großen Buchung mit einer speziellen „Danke-Schön"-Karte.
Großzügigkeit in kleinen Dingen zahlt sich aus! Gäste und Vermittler reagieren sehr positiv auf kleine Aufmerksamkeiten (z. B. ein kleines Kuchenbüfett zum 5-Uhr-Tee).

Suchen Sie das Gespräch mit Ihren Gästen. Oft ergibt sich die Möglichkeit für spezielle Angebote (z. B. ein Marketingleiter macht privat Urlaub bei Ihnen, und während des Gesprächs stellt sich heraus, dass die Firma für hervorragende Lieferanten und Mitarbeiter ein entspannendes Golfwochenende plant, das Sie anbieten könnten).

Bedenken Sie bei allen Ihren Aktionen, dass nur 14 Prozent der Gäste den Betrieb der Qualität wegen wechseln. $^{2}/_{3}$ der „verlorenen“ Gäste wechseln das Unternehmen, weil sie sich nicht ernst und wahrgenommen fühlen. Und nur 4 von 100 unzufriedenen Kunden beschweren sich. In den USA geht man beispielsweise davon aus, dass ein unzufriedener Kunde seine negativen Erfahrungen an mindestens 25 andere Personen weitergibt. Erfahrungswerte zeigen auch, dass es 9-mal teurer ist, einen neuen Kunden zu gewinnen, als einen Stammkunden (oder Erstbesucher) zu halten.

Die Betreuung eines bestehenden Kunden verursacht bedeutend weniger Kosten als die Akquisition eines neuen Kunden. Ein weiterer „wirtschaftlicher Bonus“ ist nebenbei zu erzielen. Durch positive „Mund-zu-Mund-Propaganda“ wird von Kunden, die mit dem Unternehmen zufrieden sind, kostenlos Werbung gemacht. Dadurch können im Laufe der Zeit eine Reihe weiterer Kunden ohne großen Akquisitionsaufwand gewonnen werden.

Die Gästekartei

Kennen Sie Ihre Gäste? Was für eine Frage, doch wie gut kennen Sie Ihre Gäste wirklich?

Fragen Sie sich von Zeit zu Zeit, wie nahe Sie Ihren wichtigen Kunden sind! Kommunizieren Sie in regelmäßigen Abständen mit Ihnen, bringen Sie deren spezielle Wünsche und Bedürfnisse in Erfahrung. Legen Sie eine Stammkundenkartei an, und halten Sie die Eigenarten und Sonderwünsche der jeweiligen Gäste schriftlich fest.

Die Stammkundenkartei ist ein wichtiges Instrument, um schnell und ohne Reibungsverluste auf spezielle Bedürfnisse reagieren zu können. Legen Sie sie bereits vor der Ankunft des Gastes an. Notieren Sie spezielle Daten wie Geburtstage und Sonderwünsche (zusätzliches Kopfkissen, Reservierung eines speziellen Zimmers, Reservierung eines Parkplatzes, eines bestimmten Restaurantplatzes, den Lieblingswein zum Abendessen, eventuelle Abneigung gegen spezielle Gerichte etc.). Erweitern Sie die Kartei laufend.

Fragen Sie den Gast bei der Ankunft nach weiteren Sonderwünschen. Instruieren Sie sämtliche Mitarbeiter, Ihnen Sonderwünsche umgehend mitzuteilen. Die Servicemitarbeiter wissen z. B. sehr genau, welchen Tisch der Gast bevorzugt, welchen Wein er besonders mag und welches Essen er überhaupt nicht leiden kann. Es ist besonders wichtig, dass diese Informationen in der Kartei festgehalten werden. Ist der zuständige Mitarbeiter nicht mehr im Haus tätig, geht diese Information trotzdem nicht verloren, und der Nachfolger kann mit dem aktuellen Wissen weiterarbeiten. Archivieren Sie daher alle Daten zentral in Ihrer Gästekartei.

Beispiel einer Gästekartei:

- Name
- Vorname
- Titel
- Adresse
- Geburtsdatum
- Kategorisierung 1 (Erstgast, Stammgast etc.)
- Kategorisierung 2 (Raucher/Nichtraucher)
- besondere Wünsche
- Bemerkungen zum Gast

Veränderung der Gästetreue im Lebenszyklus

Legen Sie viel Wert auf die Betreuung der Kinder, denn hier wachsen Ihre zukünftigen Gäste heran.

Jugendliche
- Ferien mit den Eltern
- Ferienzeltlager
- die ersten Ausflüge auf eigene Faust

Junge Erwachsene
- Ferien mit Kollegen, mit Partnern
- Urlaub mit der Familie
- Ferien mit Kindern
- Ferientage von den Kindern

Paare ohne Kinder
- leeres Nest, Jungsenioren
- Pensionierte, Senioren
- Alleinstehende

Tipps zur Kundenbetreuung

Anreise:

Prüfen Sie die Gästelisten genau, lernen Sie Kinder- und Hundenamen auswendig.

Bedenken Sie, dass die meisten Gäste müde von der Anreise sind, meistens rasch ihr Zimmer sehen möchten und sich nicht lange mit Formalitäten aufhalten wollen. Legen Sie dem Gast daher ein bereits ausgedrucktes Anmeldeformular vor, das er nur noch unterschreiben muss, oder installieren Sie entsprechende Computer-Desks in der Hotellobby, so dass er selbst Einchecken kann.

Überraschen Sie Ihre Gäste mit kleinen Aufmerksamkeiten wie einer handgeschriebenen Willkommenskarte, einem Willkommensgetränk (kühlender Eistee im Sommer, wärmender Glühwein oder Früchtepunsch im Winter, frisches Quellwasser), Welcome-Geschenken für die Kinder, Welcome-Snacks für die Hunde etc.

Stammkunden

- Hauszeitung zuschicken.
- Stammkunden zu Events einladen.
- Regelmäßige Informationen per E-Mail anhand eines Newsletters.
- Für langjährige Stammkunden z. B. einen Baum im Garten pflanzen.
- Besonderes Geschenk bei langer Treue (z. B. bei 10 Jahren, 15 Jahren); Gratulation vom Fremdenverkehrschef bzw. der Destinationsmanager. (Seit Mitte der 90er-Jahre gibt es in Österreich und der Schweiz Bestrebungen, effizientere und wettbewerbsfähigere Organisationsformen für Tourismusorganisationen zu etablieren. Das Destinationsmanagement hat die Aufgabe, aus lose vernetzten Tourismusregionen strategisch gemanagte Wettbewerbseinheiten für den internationalen Markt zu entwickeln. Destinationen agieren daher ähnlich wie Unternehmen.)

Busreisen

- z. B. bei schwedischer Busgruppe schwedische Zeitungen auflegen und schwedisches Nachrichtenprogramm im Radio einstellen
- Buswäsche-Service anbieten
- spezielle Geschenke für Busfahrer
- Scheibenputztuch, Eiskratzer bereithalten

Abreise

- kleine Schokoladen mit dem Spruch „Gute Fahrt" verteilen
- „Danke-Schön"-Postkarte (Motiv vom Betrieb oder/mit Team) nach der Veranstaltung bzw. Aufenthalt versenden
- Fotos während des Aufenthalts (z. B. gute Stimmung im Restaurant) nach der Abreise dem Gast zur Erinnerung senden

VIP-Treatment

(„Willkommensgeschenk bei Anreise im Zimmer")

Stellen Sie Ihren Gästen nicht jedes Mal einen klassischen Obstkorb ins Zimmer. Legen Sie eine Auswahl von „Kleinigkeiten" fest, nummerieren Sie diese, und halten Sie fest, welcher Gast bereits was bekommen hat. Den Gast erwartet jedes Mal eine andere kleine Überraschung, somit erhöhen Sie den Aha-Effekt.

„Kleinigkeiten", um Ihre Gäste zu verwöhnen, sind z. B.

- bestimmte Obstsorten (saisonbedingt)
- Pralinen
- Kekse
- frische Blumen
- kleines Geschicklichkeitsspiel
- Salzgebäck
- Flasche Saft oder Mineralwasser oder Punch
- Handcreme
- Duschgel
- Badesalz
- kleiner Naturschwamm
- lokale Spezialitäten

- Schlüsselanhänger – z. B. Golfball für Golfer, Snowboard für Snowboarder

Mittler und Partner

Je mehr „Stellen“ (Mittler) Ihren Betrieb weiterempfehlen, desto besser. Der persönliche Kontakt zu den einzelnen Mittlern ist äußerst wichtig. Stellen Sie unbedingt sicher, dass diese Gruppen kontinuierlich von verantwortlichen Mitarbeitern Ihres Betriebes betreut werden.

Mittler/Partner

Wer?	Betreuung:
Reiseveranstalter/ Reisevermittler	Stellen Sie fest, wer die 10 buchungsstärksten Firmen sind, und nehmen Sie diese in Ihr Stammkundenmarketing auf.
Sekretärinnen	Jede Firma hat eine Sekretärin, und letzt endlich entscheidet sie fast immer mit, wo wer wohnt. Behandeln Sie sie bei vielen erfolgten Buchungen wie Ihre guten Stammkunden. Senden Sie Ihr auch einmal einen Strauß Blumen – dies wirkt oft wahre Wunder!
Lieferanten	Halten Sie guten Kontakt, und überreichen Sie z. B. als Weihnachtsgeschenk einen Brunch-Gutschein (damit fördern Sie die Mund-zu-Mund-Werbung).
Taxifahrer	Bauen Sie den Kontakt zu den lokalen Taxifahrern auf (z. B. durch kostenlosen Kaffee am Morgen von 06.00 Uhr bis 08.00 Uhr). Das verursacht geringe Kosten, bringt aber einen hohen Nutzen.

Tankstellen/ Autobahnraststätten	Fahren Sie regelmäßig vorbei, bauen Sie den persönlichen Kontakt auf. Versuchen Sie, sich gegenseitig mittels Werbung zu unterstützen, Sie empfehlen die Tankstelle, im Gegenzug empfiehlt diese Ihren Betrieb (Win-Win-Methode).
Nachbarbetriebe	Auch in diesem Segment ist eine Zusammenarbeit wichtig. Jeder Betrieb hat stärkere und schwächere Leistungsbereiche. Nutzen Sie das, empfehlen Sie sich gegenseitig oder tauschen Sie sich bezüglich der freien Kapazitäten aus. Starten Sie einen Rundruf bei den Kollegen, wenn die Umgebung ausgebucht ist, Sie aber noch etwas frei haben.
Fremdenverkehrsamt/ Bahnhofs- und Flughafeninformation	Halten Sie persönlichen Kontakt zu den Angestellten. Binden Sie diese unbedingt in Ihr Stammkundenmarketing ein.
Mietwagenfirmen	Sehen Sie diese als Partner an. Versuchen Sie, mit diesen zu kooperieren. Legen Sie z. B. gegenseitig Prospekte aus.
Polizei vor Ort	Auch diese Personengruppe kann als „Sprachrohr“ dienen, laden Sie daher die „Staatsdiener“ ruhig einmal zum Kaffee ein – es macht immer einen guten Eindruck, wenn man diese Personen auch „auf seiner Seite hat“.
Trainer, Seminarleiter	Lassen Sie sich schriftlich bestätigen, dass sie zufrieden waren. Nutzen Sie dies als Referenz für Neukunden.

Kapitel 11

Win-Win-Methode

Win-Win-Methode

Eine gute Partnerschaft beruht darauf, dass beide Parteien aus einer gemeinsam getätigten Aktion Gewinn erzielen. Für beide ist gemeinsames Agieren nur dann auf längere Sicht sinnvoll, wenn positive Synergieeffekte erzielt werden.

Was verstehen wir unter „Win-Win-Methode“?

Was heißt das nun? In einer Zeit der Globalisierung und des Zusammenschlusses von Unternehmungen sollten Sie diese Entwicklung positiv nutzen. Suchen Sie Partnerschaften, Synergien, Kommunikationsebenen und aktive Beteiligungen an Projekten. Durch „Win-Win“, also durch ein „Geben und Nehmen“, können Sie davon profitieren. Die Zusammenarbeit ist nur dann sinnvoll, wenn beide Partner etwas davon haben.

Beispiele

Hier einige Beispiele, in welchen Bereichen dies möglich ist:

Einkauf

„Im Einkauf liegt der Gewinn!“ Versuchen Sie, Ihre Kräfte zu bündeln. Überdenken Sie Ihre Einkaufswege.

- Wie viele Lieferanten benötigen Sie?
- Wie oft werden Ihr Küchenchef oder Sie durch Bestellung und Anlieferung bei Ihrer sonstigen Arbeit gestört?
- Wie viele Lieferscheine und Rechnungen müssen Sie im Monat kontrollieren?

Versuchen Sie, möglichst alles – gesammelt – über einen Großhändler zu kaufen. Nach der Überprüfung von Qualität, Preis, Liefermöglichkeiten und Service steht einer Zusammenarbeit nichts mehr im Wege. Professionelle Großhändler, wie z. B. AGM, können dabei bereits maßgeschneiderte Konzepte anbieten.

Heute können Bestellungen bereits über ein zur Verfügung gestelltes Modem oder direkt übers Internet erledigt werden. Durch direkte Online-Systeme bekommen Sie täglich die aktuellen Preise aus der Lieferzentrale. Sie können sich alle Angebote und saisonalen Produkte heraussuchen und entsprechend disponieren. Während des Bestellens können Sie bereits den Warenwert prüfen und Ihre Kalkulationen danach richten. Die Lieferzeiten werden festgelegt. Die Ware kommt zu bestimmten Zeiten und gebündelt. Dazu erhalten Sie einen Lieferschein und eine Rechnung, gegliedert nach den gewünschten und angegebenen Sparten.

Was heißt das für den Betriebsablauf?

- Unnötige Vertretergespräche und Besuche fallen weg.
- Es gibt keine störenden Telefongespräche mit Lieferanten.
- Die Bestellung ist übersichtlich und detailliert.
- Administrative Arbeiten, wie faxen oder Bestellformulare ausfüllen, fallen weg.
- Es gibt ökologische Vorteile, z. B. Reduzierung des Verpackungsmaterials und Wegfallen von ständigen Anfahrten durch verschiedene Lieferanten.
- Sie reduzieren die häufigen Unterbrechungen Ihrer Arbeit durch die Anlieferungen.
- Durch das elektronische System erhalten Sie sofort eine Gesamt-aufstellung inklusive Preisangaben.
- Die Großhändler gewähren Bonussysteme.
- Am Monatsende bekommen Sie eine detaillierte Rechnung inklusive Spartenaufteilung (kein aufwendiges und kostspieliges Warenwirtschaftsprogramm ist notwendig).

Fazit: Durch die Win-Win-Methode im Einkauf sparen Sie sich eine Menge Zeit, die Sie sinnvoll für Strategieplanungen, zukünftige Marketingaktivitäten sowie für die intensive Betreuung der Gäste nutzen sollten.

Ausstellungen im Betrieb

Organisieren Sie mit lokalen Firmen eine Ausstellung in Ihrem Betrieb. Der Gastronomiebetrieb stellt der jeweiligen Firma die Werbefläche zur Verfügung und beteiligt sich eventuell an der Werbung. Die Firma übernimmt die Produktgestaltung. Jeder Gast, der dann im Hotel z. B. einen Kaffee trinkt, erhält ein Los. Nach einem bestimmten Zeitraum findet die Verlosung statt, die Firma sponsert den Preis, und Sie haben eine weitere „Attraktivität" in Ihrem Hause, die eine Steigerung des Umsatzes mit sich bringt. Oder z. B. in einem Ferienhotel die neuesten Carvingskier, in einem Kinderhotel die neueste Technik der Babyphones ausstellen oder in einem Business-Hotel die aktuellsten Bildschirme zeigen; in einem Landhotel die verschiedenen Kartoffelsorten vom Bauernhof präsentieren oder in einem Sporthotel die Modelle der kommenden Saison von Tennisschlägern anbieten.

Einführung von neuen Produkten

Gerade um neue Produkte im Markt zu platzieren, sind Firmen oft sehr spendabel. Zum Beispiel bei Mineralwasser. Versuchen Sie doch einmal, für Ihre Zimmer als Willkommensgruß gratis Mineralwasser zu bekommen. Oder lassen Sie sich den neuesten Likör sponsern und bieten ihn als Digestif Ihren Gästen an.

Auch Firmen, die in einem bestimmten Gebiet noch unbekannt sind und den Bekanntheitsgrad steigern möchten, sind sehr offen für Kooperationen. Eine Getränkefirma sponsert die neueste Ausstattung des Biers, und Sie als Betreiber platzieren dieses an einem strategisch günstigen Ort.

Kooperation Landwirtschaft und Tourismus (Bildung von Wertschöpfungsketten)

In einem berufsgruppen- und branchenübergreifenden Projekt haben sich Tourismus und Landwirtschaft, bäuerliche Familien und Gewerbe zusammengeschlossen und die Käsestraße Bregenzerwald ins Leben gerufen. Diese einzigartige Institution soll im „Wälder"-Lebensraum die Qualität der Produkte optimieren und Kräfte sinnvoll bündeln.

Die Käsestraße ist ein Teil der Bregenzerwälder Käselandschaft. Sie zeigt die besondere Infrastruktur der heimischen Käsemacher auf und verbindet die von Bauernhand gepflegte Kulturlandschaft mit köstlichen Käsedelikatessen sowie einer breiten Palette an Molkereiprodukten – vom cremigen Naturjoghurt bis hin zur feinen „Wälder"-Butter. Die Gründung der Käsestraße Bregenzerwald stellt jedoch nur den Anfang eines fortlaufenden Prozesses dar, der die Region weiter an die hoch gesteckten Ziele heranführen soll.

Als Käsestraße Bregenzerwald wird daher nicht eine einzelne Straße bezeichnet, es werden vielmehr – in Anlehnung an die bekannten Weinstraßen – die Bewegung und die regionalen Verbindungen symbolisiert, „vom Käse-(Macher) zu Käse-(Wirten), von der (Heu-)Gabel zur (Besteck-)Gabel".

Zusammenarbeit mit Schulen und Universitäten

Möchten Sie bei Ihrem sonntäglichen Brunch einmal analysieren lassen, ob das Angebot noch aktuell ist und dem Zeitgeist entspricht? Oder interessiert es Sie, wie Ihre Übernachtungsgäste angereist sind und warum diese bei Ihnen wohnen?

Solche Projekte scheitern oftmals daran, dass man dafür nicht die notwendigen Mitarbeiter zur Verfügung stellen kann. Wenden Sie sich doch einmal an die nächste Berufsfachschule oder Universität. Diese Bildungseinrichtungen sind sehr daran interessiert, in Betrieben entsprechende Praxiserfahrung zu gewinnen und Analysen durchführen zu dürfen.

Verkauf bei den Firmen

Nicht nur die Firmen können in Ihrem Betrieb „Gutes" tun, auch umgekehrt ist das möglich. Versuchen Sie doch, mit Ihrem lokalen Autohändler eine Zusammenarbeit zu erreichen. Die Autofirma legt beispielsweise in jeden verkauften Neuwagen als „danke schön" einen Essensgutschein von Ihrem Restaurant. Die Gutscheine verkaufen Sie der Firma zum Selbstkostenpreis. Dadurch bekommen Sie neue Kunden in Ihren Betrieb, und der neue Autobesitzer freut sich über die „Großzügigkeit" des Autohändlers.

Mitarbeiterbörse

Einzelbetriebe in einer Region schließen sich für bestimmte Dienstleistungsbedürfnisse zusammen, z. B. im Bereich Mitarbeiterorganisation. Ein neutrales, selbständiges Personalvermittlungsbüro koordiniert die gemeinsamen Anzeigenschaltungen, ist Anlaufstelle für die Bewerbungen und führt Vorgespräche mit den Bewerbern durch. Dadurch wird der administrative Aufwand reduziert und Zeit gespart.

Kooperation mit anderen Hotelbetrieben

Der Vorteil besteht darin, gemeinsam arbeiten zu können, ohne dafür Besitz- und Betriebsverhältnisse ändern zu müssen oder die eigene Entscheidungsfähigkeit zu verlieren. In der Gemeinschaft lassen sich Synergieeffekte und Kosteneinsparungen realisieren, ohne die wirtschaftliche Selbständigkeit aufzugeben. Ein weiterer Vorteil der Kooperation besteht darin, eine gemeinsame Marke aufbauen zu können.

Ein Beispiel dafür sind die Romantik-Hotels.

Kostenvorteile entstehen durch
- gemeinsamen Einkauf von Waren
- den Abschluss von Rahmenverträgen (z. B. Versicherungen)
- Gestaltung einer effektiveren Werbung
- systematische Öffentlichkeitsarbeit
- aktive Verkaufsförderung (Teilnahme an Messen und Workshops)
- Erschließung neuer Absatzwege, z. B. über Reisebüros und Tagungsveranstalter
- Anschluss an internationale Reservierungssysteme

Diese Vorteile sind für „Einzelkämpfer“ kaum zu erreichen. Dazu fehlen die personellen und finanziellen Möglichkeiten. Gemeinsam lassen sich aber viele Dinge verwirklichen, die die Kraft des Einzelnen übersteigen.

Kooperation mit der Wissenschaft

Eine Symbiose zwischen Tourismus und Wissenschaft bildet die Forschung im Urlaubstourismus. Der Trend der nächsten Jahre zeigt ganz deutlich in Richtung Gesundheitstourismus. Bisher wurde vermutet, dass der Urlaub in der frischen, sauberen Luft in der Höhe gesund sei. Jetzt wurde gemäß der AMAS 2000 – Austrian Moderate Altitude Study – erstmals weltweit wissenschaftlich erforscht und erwiesen, dass der gesundheitliche Stellenwert eines Wanderurlaubes in den Bergen (zwischen 1000 und maximal 2000 Metern), verglichen mit einem nahezu identisch verbrachten Urlaub in Tallage, um ein Vielfaches gesünder ist. Angefangen von der Abnahme an Körperfettmasse und der Reduktion von erhöhten Blutdruckwerten über die Verbesserung der Schlafqualität bis hin zu besserer Sauerstoff-Transportfähigkeit sowie der Abnahme von Substanzen, welche Thrombose fördernd wirken. Das wissenschaftlich-medizinische Großprojekt wurde unter der Leitung von Univ.-Prof. Dr. Egon Humpeler mit Unterstützung des Landesverbandes Vorarlberg Tourismus, sämtlichen Hoteliers und namhaften Sponsoren umgesetzt.

Anhand dieses Beispiels wird ersichtlich, wie sinnvoll Kooperationen sind, denn aus eigenen finanziellen Mitteln wäre so ein Projekt nicht realisierbar. Die Resultate dieser Untersuchung können hervorragend für zukünftige Marketingaktivitäten genützt werden.

Win-Win-Methode im Internet

Wenn Sie im Internet Produkte und Dienstleistung verkaufen wollen, dann brauchen Sie vor allem viele Besucher (Traffic) auf Ihrer Homepage.

Partnerschaftsprogramme sind neue effektive Marketinginstrumente, um im Internet mehr Reichweite, mehr Bekanntheit, mehr Besucher und mehr Umsätze zu erzielen.

Partnerschaftsprogramme sind Programme für den Aufbau von virtuellen Vertriebsnetzwerken, die auf einem sehr einfachen Prinzip basieren:

Bringe andere Webseiten dazu, deine Produkte und Dienstleistungen zu bewerben und zu verkaufen und zahle nur für jedes tatsächliche Resultat.

Partnerschaftsprogramme sind die ultimative Form eines elektronischen Joint Venture.

Bilden Sie virtuelle Vertriebskanäle, indem Sie von Ihren Partnern (Affiliates) Ihre Produkte und Dienstleistungen mit verkaufen lassen. Sie haben so Hunderte von „Satelliten-Webseiten“ oder virtuellen Verkaufsstellen im Internet.

Solche Partnerschaftsprogramme sind also eine Art „Reseller-Programm“, jedoch mit wesentlich einfacheren Regeln für beide Parteien.

Erfolgsorientierte Vergütung: Der Partner erhält eine Provision, wenn ein gewünschtes Resultat erreicht wurde. Je nach Programmart fällt diese Provision pro Klick (Besucher), pro Lead (Interessent) oder pro Verkauf an.

Partnerschaftsprogramme funktionieren nach dem bewährten Prinzip der Mund-zu-Mund-Propaganda – im Internet auch „Maus-zu-Maus“.

Im Unterschied zu traditioneller Bannerwerbung wird bei Partnerschaftsprogrammen die Leistung des Werbepartners nur vergütet, wenn die Werbemaßnahme auch wirklich erfolgreich war.

Partnerschaftsmarketing spielt eine zunehmend wichtige Rolle im Marketingmix von E-Business-Unternehmen und ist zu einem der Hauptziele einer erfolgreichen E-Commerce-Strategie geworden. Unternehmen, die es schaffen, ein erfolgreiches Partnerschaftsprogramm zu betreiben, bauen auf diese Weise nicht nur hervorragende Vertriebskanäle im Internet auf, sondern können Wettbewerbsvorteile generieren und ihrem Online-Business zu enormem Wachstum verhelfen.

Partnerschaftsmarketing funktioniert jedoch nur wirklich erfolgreich, wenn sich eine Win-Win-Situation für Anbieter und Partner ergibt.

Ein erfolgreiches Partnerschaftsprogramm ist das effizienteste Marketinginstrument, das das Internet zu bieten hat. Je besser Sie Ihre Partner unterstützen, desto eher werden diese Ihre Angebote aktiv einbinden, und desto erfolgreicher wird auch Ihr Geschäft sein. Ihre Partner stärken Ihren Ruf, machen Werbung für Sie und empfehlen Ihre Angebote einer großen potenziellen Kundenschar. Ihre Partner vergrößern Ihre Bekanntheit und Ihre Reichweite und bringen Ihnen qualifizierte Besucher und Neukunden zu denkbar geringen Kosten!

Suchen Sie Partner-Webseiten, die ähnliche Zielgruppen adressieren und ergänzende Themen und Inhalte anbieten. Neben High-Traffic-Webseiten (= mit hohem Besucheraufkommen) können vor allem Nischen-Webseiten mit sehr speziellen Angeboten und Zielgruppen interessante Partner sein.

Die Teilnahme an einem Partnerschaftsprogramm ist zwar kostenlos, bedeutet aber für den Partner, Ihnen wertvolle Werbefläche auf seiner Webseite zur Verfügung zu stellen und Arbeit in die Präsentation und die Vermarktung Ihrer Angebote zu stecken. Geben Sie Ihren Partnern einen guten Grund für dieses Investment, und es wird sich vielfach auszahlen. (Achtung: Ein Nachteil könnte sein, dass zu viele Partner auf einer Webseite als störend und verwirrend empfunden werden!)

Das Prinzip ist denkbar einfach:

Sie melden sich bei einem Partner an (was meist auf einfache Weise per Online-Formular geschieht), und dieser stellt Ihnen dann den Quellcode für den Link zu einem Werbebanner. Diesen Quellcode fügen Sie nun einfach in den HTML-Code Ihrer Internetseite ein. Jeder Besucher, der auf das Werbebanner klickt, wird auf die Seite Ihres Partners umgelenkt.

Wo können Sie nun neue Partner finden?

Ihre Webseite als Werbeplattform

Nutzen Sie Ihre eigene Webseite zur Platzierung Ihres Partnerprogramms: Ihre Webseite ist der erste Platz, um Ihr Partnerschaftsprogramm zu bewerben. Bringen Sie einen deutlichen Hinweis auf Ihrer Homepage an.

Suchen Sie alle speziellen Themen- oder Zielgruppen-Webseiten, die Ihr Kernangebot sinnvoll ergänzen können.

Für ein Sporthotel wären z. B. Anbieter von Sportartikeln, für ein karibisches Restaurant Anbieter von spezialisierten Reisebüros, für ein Wellness-Hotel Anbieter der Kosmetikindustrie themenverwandte Content-Webseiten.

Suchen Sie nach Webseiten, die Themen bereitstellen, die in einem sinnvollen Kontext zu Ihren Produkten und Ihrer Zielgruppe stehen. Für einen Anbieter von Tracking-Ausrüstungen sind beispielsweise Content- oder Community-Webseiten über Adventure- und Individualreisen wie die Adrenalin-Woche im Hotel Edelweiß geeignete Partner.

Für einen Anbieter hochwertiger Herrenbekleidung dagegen sind Content-Seiten von einem hochwertigem Restaurant, einem Business-Hotel oder einer klassischen Pianobar gute Partner.

Auf diesen Webseiten können Sie bezahlte Werbung platzieren, oder aber Sie bieten den Betreibern dieser Webseiten die Teilnahme an Ihrem Partnerschaftsprogramm an. Diese Webseiten sind durchaus daran interessiert, Ihre Themen mit passenden Produktangeboten aufzuwerten.

Kunden als Vertriebspartner

Wer könnte Ihre Produkte und Dienstleistungen besser empfehlen als Personen (Individualgast, Restaurantbesucher etc.) oder Unternehmen (Ihre Seminarfirmen, Reisebüros etc.), die Ihre Angebote bereits in Anspruch genommen und für gut befunden haben?

Was liegt also näher, als Ihre bestehenden Kunden als Partner und Empfehler zu gewinnen?

Bieten Sie Ihren Kunden an, an Ihrem Partnerprogramm teilzunehmen. Überzeugte und begeisterte Kunden sind Ihre besten Vertriebspartner.

Überlegen Sie also, wo Sie Ihre eigene Win-Win-Methode anwenden können. Welche Partner, Institutionen oder Gäste kommen dafür in Frage? Eines ist garantiert, Sie werden sich dabei sehr wohl fühlen, denn Sie wissen ganz genau: Bei dieser Methode gibt es nur Gewinner!

Kapitel 12

Veranstaltungs-marketing

Veranstaltungsmarketing

Dieser Bereich des Marketings gewinnt immer mehr an Bedeutung im Hotel- und Gastronomie-Business. Hier geht es nicht in erster Linie darum, sein Haus zu füllen, sondern darum, das Image des Hauses, des Ortes/der Stadt, der Region über einen längeren Zeitraum zu prägen.

Veranstaltungsmarketing bedeutet die Planung, Organisation und Durchführung von kulturellen, sportlichen, touristischen, politischen, wissenschaftlichen oder wirtschaftlichen Veranstaltungen.

Hierbei handelt es sich um einen speziellen Bereich des Dienstleistungsmarketings. Es ist zu unterscheiden zwischen Veranstaltungen mit arbeitsorientiertem Inhalt, wie z. B. Fachmessen, Tagungen und Kongresse, Pressekonferenzen, Aktionärsversammlungen, Tag der offenen Tür, und Veranstaltungen mit Freizeitorientierung, wie z. B. Sport und Kulturveranstaltungen, Festivals, Volksfeste, Publikumsmessen und anderen Massenveranstaltungen.

Typisch für das Veranstaltungsmarketing ist die Erlebnisorientierung. In diesem Kontext wird von Events gesprochen. Diese ergebnisorientierten Veranstaltungen werden für das Marketing von Unternehmen verstärkt als Kommunikationsinstrument genutzt. Das Zauberwort heißt Eventmarketing.

Eventmarketing

Events – der eigentliche Kern des Eventmarketings!

Unternehmen führen in Eigenregie Veranstaltungen durch und nutzen diese für die Unternehmenskommunikation.

Mit diesem Verfahren sind enorme Vorteile verbunden. So kann das Unternehmen die Veranstaltung vollkommen den eigenen Interessen und Vorstellungen entsprechend gestalten. Es kann mit seiner Zielgruppe in einen direkten Dialog treten, wobei sich diese bewusst weit weg aus dem Alltag begibt. Wichtig dabei ist, dass die Sprache der Zielgruppe glaubwürdig gesprochen wird. Die Kommunikation gewinnt dadurch, dass sie in eine Erlebniswelt eingebettet werden kann, an Qualität, und es kann eine nachhaltigere Wirkung erzielt werden. Grundsätzlich gilt: Erlebnisqualität vor Erlebnisquantität. Es müssen möglichst alle Sinne angesprochen werden. Ein teures Feuerwerk allein ist dabei zu wenig. Die Kunden bzw. die Besucher müssen aktiv in das Geschehen involviert sein.

Um den beabsichtigten Erfolg zu erzielen und den Transfer eines Negativimage zu vermeiden, ist es unabdingbar, dass die Veranstaltungen im Rahmen eines professionellen Managements geplant und durchgeführt werden. Die Konzeption des Events muss optimal auf die jeweilige Zielgruppe abgestimmt sein, und auch bei der Durchführung darf nichts dem Zufall überlassen werden. Fehlt dem Unternehmen das hierzu notwendige Know-how, empfiehlt es sich, die Dienste eines professionellen Veranstalters/einer Eventagentur in Anspruch zu nehmen. Diese Veranstaltungsprofis müssen über intime Kenntnisse der Branche, in der die Veranstaltung stattfindet, verfügen.

Ist das Eventmarketing in den Marketingmix aufgenommen – es ersetzt keine klassische Werbung, Sponsoring oder Public Relation –, so zeichnet es sich als äußerst innovatives Kommunikationsinstrument aus:

- Nicht Verkaufsförderung oder kurzfristige Verkaufserfolge sind Ziele des Eventmarketings, sondern die emotionale Bindung des Teilnehmers an die mit dem Unternehmen bzw. der Marke verbundene Erlebniswelt. Somit ist der Event für den Konsumenten glaubwürdig.

- Die symbolische Welt einer Marke wird für den Eventteilnehmer zur emotional erlebten Markenwelt. Durch tatsächliches Erleben und eigene Erfahrung kann eine deutlich intensivere Beeinflussung der Einstellung und des Verhaltens der Kunden erreicht werden als durch massenmediale Kommunikation.

- Die Teilnehmer werden aktiv über die Verhaltensebene in die dargebotene Erlebniswelt einbezogen.

- Events unterscheiden sich bewusst von der Alltagswirklichkeit der Zielgruppe und bieten auf diese Weise Abwechslungspotenzial für den Teilnehmer, was zur „Aktivierung“ der eigenen Person führt. Die Intensität der Aktivierung liegt in der Größe der Differenz zum Alltagserleben.

- Events werden zielgruppenfokussiert ausgerichtet. Dadurch wird mit dem Event ein hoher Grad an Individualität und infolgedessen auch eine hohe Kontaktintensität erreicht. Streuverluste werden massiv eingeschränkt.

- Events sind Bestandteil des Konzepts integrierter Unternehmenskommunikation. Sie sind inhaltlich an die Kommunikationsstrategie des Unternehmens gebunden. Die konzeptionelle Vorbereitung sowie die Planung und Organisation der Durchführung von Events sind allerdings ein selbständiges Aufgabenfeld der Kommunikationspolitik, das einer professionellen Bearbeitung bedarf.

Neben diesen externen Kommunikationsaspekten gibt es auch Auswirkungen auf interne Faktoren, wie die persönliche Beziehung der Mitarbeiter zueinander und deren Motivation und Identifikation mit den Unternehmenszielen.

Erfolgskontrolle

Nach jedem Event ist es wichtig, eine Erfolgskontrolle durchzuführen. Haben Sie die angestrebten Ziele wie Anzahl der Kontakte, Zahl der Buchungen, strategische Wirksamkeit für Bekanntheit, Image und emotionale Bindung erreicht?

Wie hoch ist die Rücklaufquote der Einladungen in Relation zu den Besuchern?

Wie viele Eventbesucher wurden zu Kunden? (Herr Rodin aus Frankreich war als Incentive-Gast bei Ihnen, es gefiel ihm so gut, dass er mit seiner Familie eine Woche privaten Urlaub in Ihrem Hotel verbringt.)

Beispiel: Eventmarketing

Der Energydrink Red Bull ist ein gutes Beispiel für eine Marke mit hohem Eventanteil im Marketingmix. Dieser Eventmarketing-Fokus hat viel dazu beigetragen, Red Bull weltweit als DEN Energydrink zu positionieren.
Red Bull ist eine Marke mit konstantem Wachstum, die durch klassische Werbung, Sampling-Aktionen, ausgewählte Sportevents und phantasievolles Eventmarketing eine klar definierte Zielgruppe anspricht – dynamische, leistungsorientierte Menschen, die Energie brauchen, um köperliche und geistige Top-Leistungen zu erbringen. Das Vertrauen dieser äußerst loyalen Konsumenten wird – neben der nachgewiesenen Funktionalität des Produktes – auch psychologisch durch die Preisstrategie gestützt. Red Bull ist als klare Premiummarke positioniert, was das Vertrauen des Herstellers in die Wirkung des Produktes und die Begehrlichkeit des Nutzens zum Ausdruck bringt und so Konsumenten die Sicherheit des Nutzens vermittelt. Die Zahlen sprechen für sich: Mit knapp über 1000 Mitarbeitern weltweit erzielt Red Bull in 56 Ländern einen Umsatz von ca. 1 Milliarde Euro. Der Ausgabenanteil für Marketingaufwendungen ist hoch und bringt die erwünschte Wirkung – 93 Prozent Markenbekanntheit in der jungen Zielgruppe der 16- bis 29-Jährigen sowie klare Marktführerschaft mit teilweise bis zu 90 Prozent Marktanteil in den aktiven Ländern sind klare Beweise für den Erfolg.

Die Firma Xnet Eventmarketing AG im Fürstentum Liechtenstein bietet mit ihrem Netzwerk anspruchsvollen Kunden umfassende Lösungspakete aus einer Hand für Eventmarketing, Outdoor, Business-Travel, Zelt- und Showtechnik.

Das Motto lautet: „Wir setzen Ihre Ideen in Szene – seien sie noch so überraschend.“ Gemeinsam mit dem Kunden entwirft Xnet von der Idee bis zur Umsetzung einen Ablaufplan, der den langen und steinigen Weg zur gelungenen Umsetzung kürzer macht.

Die Eventagentur recherchiert für den Kunden, erstellt Budgets, kümmert sich um termingerechte Einladung der Gäste, um die Produktion aller Drucksachen, die stressfreie Anreise. Und natürlich wird von der komfortablen Unterkunft bis hin zum unvergesslichen und eindrucksvollen Catering alles perfekt organisiert. Selbst wenn die Gäste wieder zu Hause sind, werden sie – im Namen des Kunden – mit Erinnerungen an die Veranstaltung überrascht.

Beispiele:
Erfolgreich umgesetzte Events der Firma Xnet Eventmarketing AG

1. Im März brachte AEG 1200 Händler nach Brand zum Gipfeltreffen. Zwei Wochenenden der Superlative wurden zum Erfolg für alle Beteiligten. Um das authentische Dorferlebnis zu gestalten, arbeiten bis zu 70 verschiedene Leistungsträger zusammen.

2. Das „World International Sales Meeting“ der Head Sport AG fand im Juni mit 300 Teilnehmern aus 66 Nationen in Brand statt. Das Unternehmen spricht von einem durchschlagenden Erfolg der Veranstaltung, die als Plattform für die Präsentation von Produktneuheiten im Tennis- und Accessoire-Bereich, für Performance-Footwear und Penn diente.

3. Im Juli kamen die Unternehmensberater von Siemens SU nach Brand, um ihr jährliches „Berater Retreat“ mit ehemaligen und jetzigen Beratern samt Familien (370 Personen) abzuhalten. Neben Tagungen und Wandertag gab es auch erstmals für die Kinder ein umfassendes Programm, welches Klein wie Groß begeisterte.

Beispiele: Weitere Themen für einen Event

- Down-Hill-Drive mit Mountainbikes am Großglockner
- Sky-Party in Frankfurt in der Maintower Bar im 53. Stockwerk
- Bayerische Floßfahrt entlang der Isar
- Teilnahme an der Kieler Woche mit Besichtigung der größten Schiffe
- Shiseido-Typ- und -Stilberatung mit aktivem Teil „selbst Hand anlegen“
- Ehrenkarten zum Konzert von Sting mit anschließendem VIP-Treff
- Einladung zur Vernissage der Van-Gogh-Ausstellung
- Einladung zum Helikopter-Skiing in den Bergen zum Tiefschnee-Boarden
- Livestyle-Event: Beachvolleyball-Meisterschaften
- Skifox-Abfahrt zur Glühweinbar

Eng verwandt mit dem Veranstaltungsmarketing, jedoch noch sehr wenig genutzt, ist die Zusammenarbeit mit Sponsoren.

Kapitel 13

Sponsoring

Sponsoring

Sponsoring ist auch für die Hotellerie und Gastronomie ein Marketinginstrument der Zukunft!

Beim Sponsoring muss, wie bei allen Marketingaktivitäten, am Anfang eine konsequente Planung stehen. Die Zielvorstellungen und Zielgruppen müssen genau definiert werden.

Der Schwerpunkt liegt auf folgenden drei Arten von Sponsoring:
- Sportsponsoring
- Kultur- und Kunstsponsoring
- soziales Sponsoring

Möglichkeiten gibt es viele, wie z. B. die finanzielle Unterstützung von
- Sportvereinen
- künstlerischen Vereinen
- lokalen Museen
- wohltätigen Organisationen
- Bildungseinrichtungen
- regionalen, nationalen oder internationalen Hilfsprojekten
- schulischen Einrichtungen

Ihre zentrale Frage muss lauten: Wo erreiche ich meine Zielgruppe?

Versuchen Sie nicht, zu viele Projekte zu fördern. Treten Sie lieber als Hauptsponsor auf, statt als Nebensponsor nur auf Platz Nummer 8 zu sein. Konzentrieren Sie sich hier konkret auf Ihre Zielgruppe. Eine „Techno-Party“ spricht eher jüngeres Publikum an als etwa ein Tanzabend mit Bannerwerbung.

Medienkooperation

Regional bieten Radio und Printmedien die besten Möglichkeiten, national sind das Internet, TV und die Printmedien die idealen Multiplikatoren.

Erfolgskontrolle im Sponsoring

Erstellen Sie einen Pressespiegel. Hier sammeln Sie die gesamten Veröffentlichungen und Berichterstattungen über die von Ihnen geförderten Projekte. Wurden Stammkunden auf Ihre Aktivitäten aufmerksam? Konnten Sie damit Neukunden gewinnen? Fragen Sie Ihre Kunden. Hat sich das Engagement unterm Strich auch finanziell für Sie gelohnt?
Erstellen Sie auf jeden Fall ein schriftliches Sponsoringkonzept.

Leistungen für Sponsoren:
- Nennung auf der Sponsorentafel
- Veröffentlichung mit Firmenlogo und auf der Homepage der jeweiligen Veranstaltung
- Veröffentlichung im Künstlerflyer oder Katalog (Auflage 4000)
- Veröffentlichung im Programmheft (Auflage 10 000)
- Veröffentlichung auf Veranstaltungsplakaten (Auflage 800)

Leistungen für Hauptsponsoren:
- Firmenlogo im Künstlerkatalog, Programmheft und Veranstaltungsplakat
- Nennung auf Ankündigungskarte (Auflage 6000)
- Nennung auf Veranstaltungspostkarte (Auflage 14 000)

Leistungen für Preisstifter:
- Preisverleihung durch Stifterunternehmen in Anwesenheit von Vertretern des öffentlichen Lebens
- Spezielle Nennung im Künstlerkatalog und Programmheft

Checkliste: Sponsoring

- Welche unternehmerischen Ziele will ich mit meinen Sponsoringaktivitäten erreichen?
- Welche Zielgruppe will ich konkret ansprechen?
- In welchem Segment erreiche ich diese Zielgruppe?
- Welche Art von Sponsoring passt zu meinem Unternehmensimage?
- Was möchte ich für eine Vergütung einbringen? Geld- oder Dienstleistungsmittel?
- Wie ist mein Zeitrahmen für das Sponsoring? Einmalig? Dauerhaft?
- Was bietet mir mein Sponsoringpartner? Hauptsponsormöglichkeiten, Werbemöglichkeiten, PR-Auftritte?

Kapitel 14

Franchising

Franchising

„Im Jahr 2010 wird Franchising die erfolgreichste Vertriebsform sein."
John Naisbitt, Zukunftsforscher

Was ist Franchising?

Unter Franchising versteht man die Möglichkeit, eine erfolgreiche Geschäftsidee mehreren Partnern zur Verfügung zu stellen und so den Geschäftstyp zu multiplizieren.

Der Franchisegeber hat dieses Geschäftskonzept entwickelt und erprobt.

Die Franchisenehmer setzen dieses Konzept als selbständige Unternehmer in ihrem Umfeld (Gebiet) um und nutzen die Erfahrungen des Franchisegebers und die Vorteile des Systems. Dafür bezahlt der Franchisenehmer an den Franchisegeber eine Einstiegsgebühr bzw. Grundgebühr – abhängig vom Bekanntheitsgrad der Marke und dem Entwicklungsstand des Franchisesystems.

Der Franchisegeber verpflichtet sich darüber hinaus, den Franchisenehmern regelmäßige Unterstützung zukommen zu lassen und das Franchisesystem und die notwendigen Dienstleistungen weiterzuentwickeln. Dafür verrechnet der Franchisegeber laufende Franchisegebühren – meistens abhängig vom Umsatz.

Franchising ist also eine Partnerschaft für gemeinsamen und langfristigen wirtschaftlichen Erfolg.

Die wichtigsten Erfolgsvoraussetzungen im Franchising

Wettbewerbsvorteile

- Produkt/Dienstleistung mit glasklarer Positionierung.
- Nicht nur das Produkt/die Dienstleistung selbst ist entscheidend für den Erfolg, sondern das komplette Leistungspaket

rund um das Produkt/die Dienstleistung muss außergewöhnlich sein.
- Ein erfolgversprechendes, zentrales Marketingkonzept (regional und überregional) unterstützt die Partner beim Aufbau einer starken Marke und eines guten Image.

Know-how-Vorsprung
- Die Kenntnis des Marktes ist vorhanden.
- Der Franchisegeber hat Markterfahrung und kann sie dokumentieren – Piloterfahrung.
- Die Multiplizierbarkeit des Konzeptes ist in Pilotbetrieben bewiesen.

Philosophie
- Eine unvergleichliche Philosophie muss in jedem erfolgreichen Franchisesystem erkennbar und spürbar sein. Diese Philosophie hat ein zukunftssicherndes Leitbild und entsprechende Motivationsfaktoren. Alle Partner im System „leben" diese Philosophie.

Organisation
- Die Franchisezentrale bietet vorbildliches Management. Sie gibt effiziente Abläufe und klare Strukturen vor. Der Franchisegeber bietet oft Dienstleistungskapazitäten an, wie z. B. die Organisation der Buchhaltung, die Abwicklung des Einkaufs, die Durchführung von Bewerbungsgesprächen, und zeichnet sich durch hohe Kompetenz und durch Erfahrungswerte bei der Erprobung von Prototypen aus. Eine reibungslose Kommunikation unterstützt diese Prozesse.

Systemschutz
- Eine geschützte Marke ist unbedingte Voraussetzung für seriöses Franchising. Ein fairer Franchisevertrag und ein ausführliches Franchisehandbuch, in dem das gesamte Know-how dokumentiert ist, definieren die „Spielregeln der Partnerschaft".

Der Franchisegeber verfolgt eine Umwegstrategie. Das bedeutet: Er konzentriert seine Kraft nicht darauf, sein Produkt zu verkaufen, sondern entwickelt einen eigenen erfolgreichen Geschäftstyp. Seine wesentliche Aufgabe besteht in der Perfektionierung seines

Konzeptes und des marktweiten Netzes. Die Rolle des Lieferanten wird durch die des Systemmanagers ersetzt. Auf diese Weise ist das Grundprinzip der Produktivitätssteigerung – Arbeitsteilung und Spezialisierung – optimal erfüllt.

Was sind die Vorteile für den Franchisegeber?

- Die Markterschließung, die bereits der Franchisegeber vollzieht.
- Die Absatzsicherung durch entsprechende Marktanalysen und Markenprodukte.
- Die Verdichtung des Standort-/Organisationsnetzes auch an kleineren Orten.
- Die Finanzierungsmodelle sind standardisiert.
- Im Human Resource Bereich existieren entsprechende Konzeptionen.
- Der Franchisegeber verfügt über Informationen in Bezug auf Entwicklung, Know-how und Franchiseleistungen.
- Der Erfahrungsaustausch bei bestehenden Unternehmen und Standorten ist gewährleistet.
- Die Angliederung von bestehenden Betrieben.
- Die Einkaufsvorteile und die entsprechende Kostendegression.
- Der Synergieeffekt im Hinblick auf Werbung und Image.

Was sind die Vorteile für den Franchisenehmer?

- Der schnelle Einstieg durch schlüsselfertigen Betrieb.
- Der schnelle Marktzugang und die Selbständigkeit mit geringerem Risiko.
- Ein schnellerer Verdienst und Vermögenszuwachs in einer meist rentablen Unternehmensgruppe.
- Ein erprobtes und bewährtes Sortiment (Waren oder Dienstleistungen).
- Das umfassende aktuelle Know-how durch Schulung und Training.
- Entsprechende Diversifikation.
- Die Beschaffung und Überlassung eines guten Standorts.
- Die Konzentration auf die eigenen Stärken (Kernkompetenzen).
- Die Erleichterung der Betriebsführung durch Buchhaltung, Betriebsvergleiche, Erfolgskontrolle und Aufgabendelegation.

- Der Vorteil des Image eines Großunternehmens, der geschützte Name und der gemeinsame Marketingauftritt.
- Die größeren Umsatz-, Einkaufs- und Kostenvorteile.
- Eine erhöhte Kreditfähigkeit.
- Die gezielte Beratung und beständige Kommunikation.
- Die Sicherheit und Menschlichkeit durch Kooperation.
- Der verminderte Konkurrenzdruck durch Marktvorsprung und Synergieeffekte.
- Selbständig und trotzdem nicht allein (Gemeinsamkeit statt Einsamkeit).

Das Franchisepaket

Das Leistungsprogramm des Franchisegebers ist das Franchisepaket. Es besteht aus
- einem Beschaffungs-, Absatz- und Organisationskonzept
- dem Nutzungsrecht an Schutzrechten
- der Ausbildung des Franchisenehmers
- der Verpflichtung des Franchisegebers, den Franchisenehmer aktiv zu unterstützen
- der Verpflichtung, das Konzept ständig weiterzuentwickeln

Der Franchisenehmer ist im eigenen Namen und für eigene Rechnung tätig; er hat das Recht und die Pflicht, das Franchisepaket gegen Entgelt zu nutzen. Als Leistungsbeitrag liefert er Arbeit, Kapital und Information.

Die Erfolgsstrategie des Franchisings liegt in der Partnerschaft. Von Ihrem Franchisegeber erhalten Sie wichtige immaterielle Werte. Das sind zum Beispiel Vorteile in Marketing, Know-how, Wettbewerb, Produktivität, Kompetenz und Organisation. Kurz gesagt: Alle nötigen Voraussetzungen für eine zukunftssichernde und gewinnbringende Existenz.

Checkliste: Sind Sie als Franchisegeber geeignet?

Der erfolgreiche Einstieg in das Franchising hängt von verschiedenen Faktoren ab. Eine ehrliche Selbsteinschätzung Ihres jetzigen Betriebes und die Vorstellung, selbst Franchisenehmer zu sein, sind dabei hilfreich. Versuchen Sie deshalb, die folgenden Fragen möglichst objektiv zu beantworten:

- Ist Ihr Marktpotenzial langfristig gesichert?
- Sind Ihre Unternehmensziele eindeutig festgelegt?
- Ist Ihre Geschäftsidee wettbewerbsfähig?
- Können Sie klare Anforderungen an Ihre Franchisenehmer stellen?
- Haben Sie genug unternehmerische Erfahrung?
- Ist Ihre Finanzierung gesichert?
- Haben Sie Ihr Geschäftskonzept in einem Pilotprojekt getestet?
- Können Sie die Verantwortung gegenüber Ihren Franchisenehmern übernehmen?

Können Sie alle Fragen mit Ja beantworten, dann steht Ihrem Erfolg nichts mehr im Weg.

Franchising ist heute eines der wichtigsten und erfolgreichsten Geschäftssysteme im Wachstumsmarkt Fastfood. Ein Markt mit positiven Zukunftsaussichten, denn steigende Nachfrage im Außer-Haus-Verzehr, moderne Lebensstile und steigende Mobilität geben besonders der Fastfood-Branche kontinuierlich neue Impulse. Für bekannte Franchiseunternehmen, welche ein hohes Niveau an Qualität für Produkte, Service und Restaurant anbieten, wird sich der positive Trend im Bereich Fastfood/Quick-Service weiterhin verstärken.

Der Erfolg von Franchisesystemen beruht auf klaren Unternehmensgrundsätzen, Flexibilität, der Aufgeschlossenheit gegenüber neuen Geschäftschancen und dem Fokus auf Franchising.

Ziel ist es, Eigentümer seines Restaurants zu bleiben und somit die Kontrolle über sein Vermögen zu wahren.

Beispiele: Franchisemodelle

1. Mr. Clou in Hamburg

Mit der Positionierung „saftig – knackig – kernig" tritt das vegetarische Konzept den Beweis an, dass das Thema Vitamine & Wellness Fastfood-fähig ist.

Die Botschaft ist: Gesund und leicht, aber auch einfach und schnell.

Im Zentrum des Angebotsprofils stehen frisch gepresste Säfte, Salate, Gemüsegerichte, belegte „Kraft"-Brote sowie Früchte.

Das Konzept ist ein Ganztages- und Ganzjahresprogramm für ernährungsbewusste Verbraucher im hektischen Alltag.

Der Erfolg des Konzeptes hat sehr viel zu tun mit Produktliebe und organisatorischem Können. Die Stärken dieses Franchisesystems sind

- eine ehrliche und sympathische Sortimentsbotschaft
- eine exzellente Warenpräsentation und damit die Faszination farbenfroher Frische
- das geschickte Ineinandergreifen von Zentralküche und Vorortproduktion

Dieser Betriebstyp wird assoziiert mit Gesundheit. Zu seiner Glaubwürdigkeit tragen unter anderem bekennende Mitunternehmer/innen bei, die diese Philosophie leben und emotional transportieren. Weiters wichtig für die Zukunft sind die Lust am Experimentieren und unternehmerische Beharrlichkeit. Dieses Angebot liegt momentan hoch im Trend.

2. Oscar's

Dieses Konzept ist mit seinen vier Komponenten Bar, Fine Dining, Bistro und lockeres Restaurant breitenverträglich und ganztagsfähig. Es bietet mit seinem locker, gemütlich-rustikalen Ambiente eine Oase inmitten der allgemeinen Hektik. Hier hat man keine Hemmungen, hereinzukommen.

Dieser charaktervolle Mix wurde im Hotel Frankfurter Hof geboren und gilt nun als Leitbild des verkehrsgastronomischen Steigenberger-Konzepts.

Es wurden Standards formuliert, welche die Grundlage zur Systematisierung und Multiplikation bilden.

Das besondere Merkmal bei diesem Beispiel ist das Unternehmen Steigenberger Hotels. Steigenberger Hotels ist ein kompetenter Partner in der Hotellerie, gegründet von Albert Steigenberger anno 1930 in Baden-Baden. Stand heute: über 20 000 Betten in über 70 Hotels in 6 verschiedenen Ländern und knapp 5000 Mitarbeiter. Steigenberger entwickelte bereits in den 70er-Jahren neuartige Ferienhotels und Urlaubskonzepte mit Sport und Animation, Kultur- und Gesundheitsprogrammen.
(Quelle: Internet)

Tipp: Interessante Webseite zum Thema Franchising. Hier finden Sie von Rechtsfragen bis hin zur Geschäftsidee fast alles über dieses Thema: www.franchise-portal.de

Kapitel 15
Erfolg

Erfolg

„Glaube an Grenzen, und sie gehören dir!"

Dieser eindrucksvolle Satz steht in dem Buch „Die Möwe Jonathan". Wenn Sie daran glauben, befinden Sie sich sofort innerhalb dieser Grenzen. Unsere Gefängnisse sind nicht aus Stahl, sie bestehen aus Gedanken.

Definition Erfolg

Erfolg haben Sie dann, wenn Sie Probleme anderer mit Hilfe der eigenen Fähigkeiten lösen können. Diese Erkenntnis muss zu einer Art Mentalität werden, welche das gesamte Unternehmen durchdringt.

„Zusammenkommen ist ein Anfang.
Zusammenarbeiten ist ein Fortschritt.
Zusammenbleiben ist Erfolg."
Henry Ford

Ein wichtiger Schlüssel zu Ihrem zukünftigen Erfolg sind Menschen.

Erfolg hat primär mit der mentalen Einstellung zu tun. Das heißt, Sie sollen sich selber folgen, dann wird sich der Erfolg auch einstellen. Erfolg haben heißt, sein Leben nach den eigenen Vorstellungen führen zu können. Mit Enthusiasmus und einer positiven Einstellung „programmieren" Sie sich richtig. Die Arbeit sollte nie nur Broterwerb sein, sondern muss auch Spaß machen.

Dabei ist es wichtig, dass Sie auch nach negativen Arbeitsergebnissen weiter an festgelegten, strategischen Zielen arbeiten, und zwar nach dem Motto „Fall 7-mal hin und steh 8-mal wieder auf".

Zufriedenheitszyklus

Der Zufriedenheitszyklus zeigt in einfacher Form, wie Sie Ihren Betrieb erfolgreich führen können:

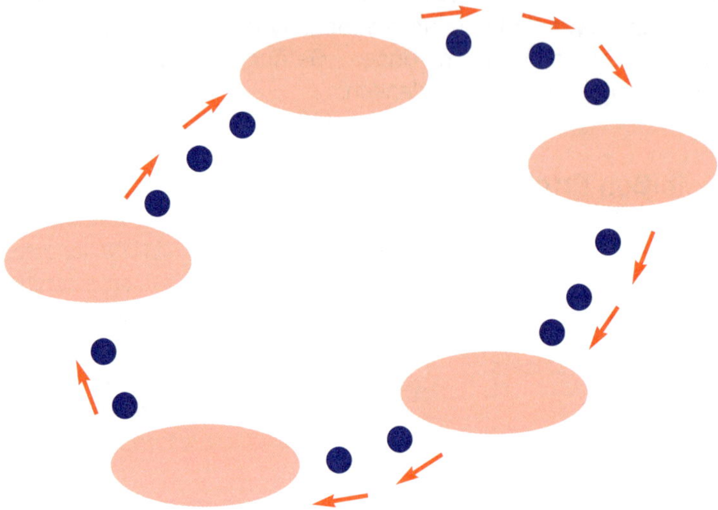

„In dir muss brennen, was du in anderen entzünden willst."
Augustinus

Als Erstes muss der Unternehmer „positiv" eingestellt sein. Durch eine positive „Basis" strahlt der Unternehmer Optimismus auf seine Mitarbeiter aus.

Fühlen sich die Mitarbeiter wohl, dann stimmt auch die Atmosphäre im Haus. So schaffen Sie die optimale Voraussetzung für zufriedene Gäste. Zufriedene Gäste geben ihre positiven Erfahrungen an potenzielle Konsumenten weiter und erhöhen durch ihre

Mundpropaganda die Gästefrequenz und den Gewinn. Der Gewinn kann in den Betrieb investiert werden, und wir sind wieder am Anfang des Zyklus angelangt, beim zufriedenen Unternehmer.

Erfolgsfaktoren

„Das Geheimnis des Erfolges ist die Beständigkeit des Zieles."
Benjamin Disraeli

Vertrauensorganisation

Bauen Sie mit Hilfe von Checklisten und totaler Transparenz eine Art Vertrauensorganisation mit Selbstkontrolle auf. Die Kontrolle soll in erster Linie Hilfe zur Selbstkontrolle sein, da eine Ergebnisorientierung der einzelnen Mitarbeiter auch ihre Eigenverantwortung voraussetzt. Delegieren Sie so viel wie möglich – aber Achtung, beim Delegieren müssen auch Kompetenzen übertragen werden, damit Ihre Mitarbeiter auch selbständig Entscheidungen treffen können.

Vertrauen Sie Ihren Mitarbeitern, und übertragen Sie ihnen Verantwortung. Das fällt manchmal schwer, doch durch „Loslassen" bekommen Sie die Freiräume, die Sie brauchen, um Strategien, Konzepte und langfristige Planungen durchführen zu können.

Einmaligkeit

Durch die Einmaligkeit Ihres Betriebes grenzen Sie sich von Mitbewerbern ab.

Visionäre Orientierung

Das Leitbild, die visionäre Orientierung, definiert eine dauerhafte und verbindliche Beziehung. Ersetzen Sie Konkurrenzbeziehungen durch Kooperationen, Machtbeziehungen durch Vertrauen. Betreiben Sie Profit-Sharing mit Kunden, Mitarbeitern und Lieferanten. Bilden Sie Netzwerke und Verbundsysteme mit Ihrem Umfeld; finden Sie sich z. B. mit Unternehmen externer Interessengruppen in einem Gremium für gemeinsame Entscheidungen und Problemlösungen zusammen. Investieren Sie permanent in Schulung, Weiterbildung und Entwicklung Ihrer Angestellten. Wer glaubt, Ausbildung für seine Mitarbeiter sei teuer, der möge sich einmal überlegen, was Unwissenheit kostet.

Glückliche Mitarbeiter

Ein wesentlicher Erfolgsfaktor sind die Mitarbeiter, denn Sie sind die Visitenkarte des Hauses. Exzellente Kundenorientierung erreichen Sie dann, wenn jeder Betriebsangehörige nach Dienstschluss Bilanz zieht und sich fragt, ob die Gäste, die er heute betreut hat, wieder kommen.

Zufriedene Mitarbeiter tragen wesentlich zum Erfolg eines Unternehmens bei. Unterstützen Sie diese durch Kommunikation mit Jahresgesprächen, Karriereplanungen, Meetings, informellen Treffen usw. Informieren und motivieren Sie Ihre Leute durch individuelles Lob, schenken Sie jedem Achtung und Respekt, belohnen Sie besondere Leistungen auch einmal mit Geldprämien.

Zufriedene Lieferanten, Vermittler und Partner

Neben dem Bemühen um Ihre Kunden und Gäste ist eine entsprechende Betreuung Ihrer Lieferanten, Vermittler und Partner unerlässlich. Täglich liefert Ihnen der Gemüsehändler das Gemüse, der Taxifahrer befördert Ihre Gäste, der Zeitungshändler versorgt Sie mit Zeitungen und Zeitschriften, und der Elektriker kümmert sich um die Wartung der Lüftungsanlage. All diese Personen können dazu beitragen, den Bekanntheitsgrad und das Image Ihres Betriebes zu verbessern. Sollte der Taxifahrer bei seiner nächsten Fahrt nach einem Restaurant gefragt werden, sollte er Ihren Betrieb empfehlen. Arbeiten Sie darauf hin, dass er das auch tut! Laden Sie doch einmal Ihre Lieferanten und Vermittler zu einem Willkommenscocktail ein – und zeigen Sie, was Sie anzubieten haben. Schreiben Sie nicht nur Ihren Kunden eine Weihnachtskarte, denken Sie auch an Ihre Lieferanten. Nehmen Sie Notiz von Ihren Partnern, fragen Sie doch das nächste Mal nach dem Wohlbefinden. Ihre Partner werden diese Aufmerksamkeiten schätzen und als Basis für eine gute Kooperation ansehen.

Zufriedene Kunden

Nur zufriedene Kunden werden Ihrem Unternehmen treu bleiben, und nur zufriedene Erstbesucher kommen wieder. Nur eine kompromisslose Kundenorientierung bringt strategische Wettbewerbsvorteile. Zufriedene Kunden sind wichtig. Ziel muss es jedoch sein, aus den zufriedenen Gästen begeisterte Gäste zu machen. Das ist die Grundlage für Kundenloyalität und damit Garant für den langfristigen Erfolg Ihres Unternehmens.

Umsatz- und Kostenkontrolle

Die permanente Beobachtung des Geschäftsverlaufs (tägliche Kontrolle des Umsatzes, monatliche Auswertung einer detaillierten Erfolgskontrolle) ist wichtig. Nehmen Sie sich täglich 10 Minuten Zeit, und analysieren Sie die vorliegenden Daten.

Marketing-Erfolgskontroll-Liste:

VORSCHAU UMSATZ Arrangement brutto /ERREICHTER UMSATZ netto

	Nov 00	Dez 00	Jan 01	Feb 01	Mrz 01	Apr 01	Mai 01	Jun 01	Jul 01	Aug 01	Sep 01	Okt 01	SUMME
BUDGET	200	1700	3000	3500	2500	0	0	900	1500	1800	1300	900	17300
01.11.2000													0
15.11.2000													0
01.12.2000	0												0
15.12.2000	0												0
01.01.2001	0	1415											1415
15.01.2001	0	1415											1415
01.02.2001	0	1415	3961										5376
15.02.2001	0	1415	3961										5376
01.03.2001	0	1415	3961	3915									9291
15.03.2001	0	1415	3961	3915									9291
01.04.2001	0	1415	3961	3915	2456	0	133	384	480	198	863	255	14060
15.04.2001	0	1415	3961	3915	2456	0	133	384	480	198	863	255	14060
01.05.2001	0	1415	3961	3915	2456	120	67	421	621	225	943	255	14399
15.05.2001	0	1415	3961	3915	2456	120		425	702	330	948	272	14544
01.06.2001	0	1415	3961	3915	2456	120	58	515	713	499	1041	286	14979
15.06.2001	0	1415	3961	3915	2456	120	58	607	640	624	1067	298	15161
01.07.2001	0	1415	3961	3915	2456	120	58	635	733	773	1099	344	15509
15.07.2001	0	1415	3961	3915	2456	120	58	635	817	899	1173	344	15793
01.08.2001	0	1415	3961	3915	2456	120	58	635	1079	1039	1242	344	16264
15.08.2001	0	1415	3961	3915	2456	120	58	635	1079	1100	1244	350	16333
01.09.2001	0	1415	3961	3915	2456	120	58	635	1079	1316	1350	372	16677
15.09.2001	0	1415	3961	3915	2456	120	58	635	1079	1316	1225	470	16650
01.10.2001	0	1415	3961	3915	2456	120	58	635	1079	1316	1554	596	17105
15.10.2001	0	1415	3961	3915	2456	120	58	635	1079	1316	1554	904	17413
31.10.2001	0	1415	3961	3915	2456	120	58	635	1079	1316	1554	904	17413

Auf dieser übersichtlichen Erfolgskontrollliste geben Sie Ihr Jahres-Umsatzziel sowie Ihr Jahres-Nächtigungsziel detailliert ein. Alle 2 Wochen ergänzen Sie die Liste mit dem aktuellen Zahlenmaterial, das sehr einfach dem PC bzw. Ihrem Front-Office-Programm zu entnehmen ist. Bei der roten 0 tragen Sie dann das tatsächliche Monatsergebnis ein. Sie benötigen für diese Arbeit nicht länger als 10 Minuten.

Diese Übersicht können Sie der beigefügten CD entnehmen, die bereits auf Excelbasis alle Formeln integriert hat.

Hier können Sie Ihre bisherige Arbeit mit folgenden Fragen kontrollieren:

- Wie weit sind Sie noch von Ihrem Ziel entfernt?
- Haben Sie schon Ihre budgetierten Zahlen erreicht?
- Welche Aktivitäten haben sich gelohnt?
- Wann haben sie sich gelohnt?
- Wie sieht Ihre Buchungslage heute im Vergleich zum Vorjahr aus?
- Wissen Sie, warum es Abweichungen gibt?
- Sind noch kurzfristige Marketingmaßnahmen notwendig?

All diese Informationen dienen Ihnen dazu, rechtzeitig zu erkennen, ob Ihr budgetiertes Ergebnis zu erreichen ist.

Erfolgskontrolle

Jede Investition, auch Aufwendungen für Verkaufs- und Marketingmaßnahmen, sollte durch eine Erfolgskontrolle geprüft werden. Dazu gibt es verschiedene Ansatzpunkte:

Telefon
Beim Versand eines Werbebriefes ist die einfachste Methode der Messbarkeit des Erfolges das Telefon. Legen Sie eine Strichliste bereit, und analysieren Sie, wie viele Reaktionen Sie auf Ihre Werbeaktion bekommen haben. Prüfen Sie, ob die Reaktion in einer guten Relation zu Ihrem Aufwand steht: Erhalten Sie z. B. bei einem Versand von 1000 Briefen Rückantworten in der Größenordnung

von 3 bis 7 Prozent, können Sie zufrieden sein. Liegt die Zahl darunter, sollten Sie Ihren Werbebrief überdenken.

Verkaufsgespräche und Stammkunden
Um einen Kunden oder einen Gast für Ihr Haus zu gewinnen, ist oft viel Energie und Einsatz nötig. Doch nicht nur das „Geben“ sollte kontrolliert werden, sondern auch das „Nehmen“. Ein Kunde, den Sie mit viel Aufwand betreuen, ist dann ein guter Kunde, wenn er auch den entsprechenden Umsatz bei Ihnen tätigt. Ist dies irgendwann nicht mehr der Fall, müssen Sie die Konsequenzen daraus ziehen und diesen Kunden entsprechend „abstufen“ und eventuell aus der Kartei nehmen.

Erfolgskontrolle durch die Mitarbeiter
Seien Sie bezüglich der „Kommentare“ Ihrer Mitarbeiter immer sensibel, denn gerade Ihre Mitarbeiter sind ständig mit den Gästen in Kontakt und können Ihnen aus erster Hand erzählen, was der Gast über das Angebot, die Leistung etc. denkt.

Zusammenfassung

Roman Antonoff beschreibt mit seiner These ELITE zusammenfassend, wie man ein Unternehmen erfolgreich führen sollte:

Eigensinn	absolut eigensinnig, anders als die anderen, speziell auf seine Art
Lust	im Job/privat
Innovation	sucht das Neue, ist kein Bewahrer, sondern ein Erneuerer
Transparenz	keine Geheimniskrämerei, legt die Dinge auf den Tisch – hat es anders nicht nötig
Ertrag	kommt von den ersten vier Punkten

Gastronomen und Hoteliers sollten zuhören können um herauszufinden, was die Gäste wirklich wollen. Dazu braucht es auch Neugier: Auf die Kunden, auf die Nutzen des eigenen Produkts, auf alles, was andere erfolgreich gemacht hat. Der „Gastromensch“ muss auch ehrgeizig sein und Ziele konsequent anstreben. Ganz wichtig ist auch die Bereitschaft dazuzulernen, das eigene Wissen ständig zu erweitern und sich weiterzubilden. Viele Menschen zögern. Menschen zögern vor Entscheidungen, Anschaffungen und Investitionen, bevor sie Wünsche äußern und sich in Bewegung setzen. Erfolgreiche Menschen wissen, dass irgendwann der Ball ins Rollen kommen muss und dass sie das Zögern überwinden müssen. Wie heißt es so schön: Nur die harte Wirklichkeit bestimmt den Weg zum Ziel. Unangenehme Wege nicht zu gehen heißt, auf das Ziel zu verzichten.

Bei all Ihrem Tun ist das Wichtigste: „Verzetteln Sie sich nicht." Sie können Ihre Ideen nur dann zu Ende bringen, wenn Sie sich auf das Wesentliche und auf wenige Dinge konzentrieren.

Wie ist es bei Ihnen wirklich? Was tun Sie alles, um erfolgreicher zu sein? Haben Sie viele Ideen, und möchten Sie vieles tun? Gehen Sie die folgende Checkliste Punkt für Punkt durch, und entscheiden Sie dann selbst.

Checkliste: Erfolg

- Lassen Sie Dinge weg.
- Tun Sie nicht alles auf einmal.
- Konzentrieren Sie sich auf das, was Sie am besten können.
- Tun Sie es dann jeden Tag – setzen Sie es um.
- Seien Sie beharrlich.
- Entwickeln Sie Ihre ganz persönliche Vision.
- Fragen Sie sich, warum Sie etwas erreichen wollen.
- Haben Sie Geduld.

Vergessen Sie bitte nie, dass die heutige Gegenwart nur das erntet, was die letzte Vergangenheit gesät hat. Beginnen Sie also noch heute mit der Saat Ihrer Wahl, und Ihr „Baby" wird so gedeihen, wie Sie es sich vorstellen.

Zum Schluss möchten wir Ihnen viel Spaß und Erfolg wünschen bei der konsequenten Umsetzung Ihrer Ziele. Dabei muss zu Beginn etwas Zeit investiert werden, doch bedenken Sie: „Investiere Zeit, um Zeit zu gewinnen!"

Kapitel 16

Der Marketingplan

Der Marketingplan

Gezielte Planungen sind für jeden Betrieb jeglicher Größe unerläßlich. Ein entscheidendes Instrument stellt dabei der Marketingplan dar. Er wird in Jahresbetrieben in der Regel im Herbst für das kommende Jahr, in Saisonbetrieben jeweils im Sommer für die nächste Sommersaison und im Winter für die nächste Wintersaison erstellt.

Der Marketingplan enthält eine ausführliche Beschreibung des momentanen Zustandes des Betriebes, er beschreibt die Angebotsleistungen, analysiert die Konkurrenzbetriebe und setzt sich mit der allgemeinen wirtschaftlichen Lage, mit der politischen Situation, dem Arbeitsmarkt, den Projekten in der Region (neuer Flughafen, weitere Seilbahn im Skigebiet etc.) auseinander.

Mit Hilfe des Marktingplans soll beurteilt werden, wie sich der Markt kurz-, mittel- und langfristig entwickeln wird. Was bedeutet die jeweilige Entwicklung für den eigenen Betrieb? Ebenso werden die Marketingziele formuliert und entsprechend nach Zeit, Qualität, Quantität, Kosten, Verantwortungsbereich und Kontrolle ausführlich beschrieben.

Erstellen eines Marketingplans

Nachfolgend erhalten Sie eine ausführliche Beschreibung, wie man einen Marketingplan erstellt. Die einzelnen Schritte sind zum großen Teil mit Beispielen erklärt, um dieses komplexe Thema transparenter darzustellen.
Den kompletten Marketingplan finden Sie auf der CD!

Die Meinung der Mitarbeiter

Beziehen Sie bei der Erstellung des Marketingplans auf jeden Fall Ihre Mitarbeiter mit ein. Wie gehen Sie dabei vor?

Kündigen Sie die Erstellung des Marketingplans an. Fordern Sie Ihre Mitarbeiter auf, in Form eines Fragebogens Ideen, Verbesserungen und Anregungen schriftlich einzubringen. Dieser Fragebogen könnte folgende Fragen enthalten:

- Wie beurteilen Sie den momentanen Zustand unseres Betriebes (Hardware)? Was würden Sie verändern?
- Wie empfinden Sie unser Team?
- Wenn Sie unser gesamtes Druckmaterial einmal betrachten, wie beurteilen Sie dieses?
- Wie beurteilen Sie die Werbung im Betrieb und außerhalb?
- Wie beurteilen Sie die Serviceleistung des Betriebes?
- Wie beurteilen Sie den Umgang mit Beschwerden im Betrieb?
- Gibt es allgemeine Punkte, die im Betrieb verbessert werden können, um den Gästen den Aufenthalt angenehmer zu gestalten?
- Was wünschen sich die Gäste, was wir noch nicht anbieten?
- Wie können wir die Gäste enger an unseren Betrieb binden?
- Was würden Sie persönlich im Betrieb verändern und warum?
- Welche Schwächen sehen Sie im Betrieb?
- Wie beurteilen Sie das Angebot und das Preis-Leistungs-Verhältnis? Würden Sie dieses verändern? Wenn ja, wie?
- Stehen Sie hinter der Vision des Betriebes? Wenn nicht, wie sollte die Vision lauten?

Weitere Fragen, bezüglich Ihres Betriebes, können noch ergänzt werden.

Die Antworten Ihrer Mitarbeiter sind wertvolle Kommentare, denn die Mitarbeiter sind ständig am „Puls des Geschehens". Werten Sie die Antworten entsprechend aus, und lassen Sie diese in den Plan einfließen.

Analyse der Grundlagen

Nehmen Sie den Marketingplan zum Anlass, die Grundlagen Ihres Betriebes (siehe Kapitel 5, „Grundlagen") zu überprüfen.

Definition der Vision

Legen Sie die Vision des Betriebes fest (siehe Kapitel 1, „Visionen").

Beispiele

Oase des Wohlfühlens!

Wir sind ein Qualitätsbetrieb der mittleren Preisklasse, der unseren Gästen gerade in der heutigen stressigen Zeit eine ruhige Oase in angenehmer Atmosphäre bietet.

Wir gehen neue Wege, greifen den Zeitgeist auf und setzen diesen in jedem Bereich um.

Standortbestimmung

Erstellen Sie zuerst eine Ist-Analyse des Hotels (siehe auch Kapitel 5, „Grundlagen"), das heißt, Sie definieren die Leistungsbereiche des Betriebes.

In welchem Zustand befinden sich die einzelnen Bereiche?

Beispiele

Beherbergungsbereich:

Doppelzimmer (Bettengröße 1,80 x 2,05 m)	*28 qm*	*60 Zimmer*
Allergiker-Studio mit Wasserbetten	*38 qm*	*2 Zimmer*
Doppelzimmer (2 Betten 1,20 x 2,05 m)	*32 qm*	*40 Zimmer*

Standard im Zimmer:
- *Gästezimmer klimatisiert, mit Regelung durch den Gast*
- *Fenster, dreh- und kippbar*
- *Sicherheitskette an jeder Tür*
- *Schreibtisch in jedem Zimmer*
- *Schreibtischstuhl*
- *Kofferbock*
- *reichhaltiges Minibarangebot*
- *Hosenbügler (elektrisch) in jedem Zimmer*

Badausstattung:
- *Haartrockner und Schönheitsspiegel im Bad*
- *Heizung und Lautsprecher im Bad*

Sicherheit:
- *Türspion und Türschließer*
- *elektronisches Schließsystem*
- *Sicherheitskette an jeder Tür*

Technik im Zimmer:
- *analoge Telefonanschlüsse*
- *in 20 Zimmern auf der 4. und 5. Etage ISDN-Anschluss*

USP:
- *elektronische Teekanne für Tee und Kaffee*

Allgemein im Hotel:
- *Schuhreinigungsapparate*
- *Nichtraucheretagen*
- *Bügelzimmer, Bügeleisen und Bügelbrett stehen zur Verfügung*

Restauration:
Ein Restaurant mit 80 Plätzen (plus Terrasse mit 45 Plätzen).
Das Restaurant bietet in angenehmer Atmosphäre 7 Tage die Woche neben À-la-carte-Service Aktionsbüfetts an.

Öffnungszeiten:

täglich	*von 06.30 Uhr bis 24.00 Uhr*
Frühstück	*von 06.30 Uhr bis 10.30 Uhr*
Warme Küche	*von 11.00 Uhr bis 23.00 Uhr*

Dienstleistung/Restauration:
Tägliches Angebot
- *Frühstücksbüfett*
- *Mittags-Lunch-Büfett (Montag bis Freitag)*

Aktionsbüfetts

• *Mittwoch: Italienisches Büfett*	*18 Euro*
• *Freitag: Schweizer Büfett*	*16 Euro*
• *Sonntag: Brunchbüfett*	*19 Euro*

Parkplätze:
Dem Betrieb steht ein Parkplatz für 80 Fahrzeuge zur Verfügung.

Bankett-/Tagungsbereich:

1. Raum	*150 qm*
2. Raum	*114 qm*
3. Raum	*84 qm*

Allgemeiner Zustand:
Das Hotel ist nun 3 Jahre alt, es sind erste Renovierungsarbeiten vorzunehmen.

Stärken-Schwächen-Analyse

Der nächste wichtige Schritt ist die Erstellung einer Stärken-Schwächen-Analyse des Betriebes. Wo sehen Sie herausragende Leistungen? Wie beurteilen Sie die Hardware? Welche Schwächen erkennen Sie?

Beispiele

Stärken:
- *das Team*
- *Freundlichkeit, Service und Zuverlässigkeit*
- *Gastronomie/Aktionen*
- *Seminar/Konferenz*
- *Verkehrsanbindung*

Besondere Fähigkeiten:
- *Team*
- *hoher Sympathiewert*

Mittelmäßig:
- *Lage*
- *Unterhaltung*
- *Sport/Aktivitäten*

Schwächen:
- *kein Zimmerservice*
- *Geräuschpegel im Restaurant*
- *keine Klimaanlage in den Tagungsräumen im 1. OG*

Marktpositionierung

Entsprechend zur Stärken-Schwächen-Analyse beurteilen Sie nun den Betrieb innerhalb des Marktes, in dem Sie sich bewegen. Besitzen Sie eine Monopolstellung, oder ist der Betrieb in einem Gastronomieviertel einer von vielen? Welche Auswirkungen hat der Markt auf die Analyse und den Betrieb?

Beispiele

Leistungsbereiche Charakterisierung	*Wachstumschancen der Zielgruppen*
Zimmerbereich:	*• stark im Geschäftsbereich* *• mäßig für Wochenendauslastung* *• hohe Auslastung im Tagungsbereich*
Tagungsbereich:	*• stark für lokale Firmen* *• gut mit Auto und Bahn zu erreichen*
Restauration:	*• gute Lage für lokale Firmen* *• Wochenendaktivitäten für lokales Publikum*

Chancen/Gefahren in Bezug auf die Mitbewerbung und den Markt

	Chancen	*Gefahren*
Zimmerbereich:	*– gute Qualität* *– vernünftiges Preis-* *– Leistungs-Verhältnis* *– „gerechte" Messepreise*	*– Überkapazität in der Umgebung*
Tagungsbereich:	*– dem Zeitgeist entsprechend*	*– Qualität/Service konstant halten*
Restaurationsbereich:	*– Marktlücke „füllen"*	*– die Gästeerwartungen nicht zu erfüllen*

Auswertung der Gästefragebogen

Werten Sie die Gästefragebogen für den Marketingplan aus. Wie sehen die Gäste den Betrieb? Gibt es Punkte, die aufgrund von Gästeanregungen im Betrieb verändert werden sollten? (Siehe Kapitel 5, „Grundlagen".)

Jahresmotto

Stellen Sie die kommende Saison oder das kommende Jahr unter ein Motto. Dadurch können Sie die Mitarbeiter für ein Problem oder ein spezielles Thema sensibilisieren. Themen könnten sein: Sauberkeit, Freundlichkeit, Verabschiedung, Begrüßung, Umgang mit Beschwerden etc. Dazu müssen entsprechende Maßnahmen definiert werden, wie dieses Jahresmotto umgesetzt werden kann.

Beispiele

Das Jahresmotto könnte lauten:

Wir achten ganz bewusst auf eine bessere Zusammenarbeit im gesamten Betrieb.

Wir geben besonders darauf Acht, dass sich neue Mitarbeiter im Betrieb schnell wohl fühlen und integrieren.

Wertvorstellungen und Unternehmensleitsätze

Definieren Sie die Wertvorstellungen und Unternehmensleitsätze, nach denen Ihr Unternehmen geführt wird. Notieren Sie grundlegende Aussagen, die Ihr tägliches Handeln prägen.

Beispiele

*Wertvorstellungen im Unternehmen/
Unternehmensziele/Grundsätze*

Der Betrieb stellt die Bedürfnisse des Gastes in den Mittelpunkt.

Unser Führungsstil bewirkt, dass sich die Mitarbeiter wohl fühlen, so dass sie von sich aus dem Gast gegenüber eine warme Herzlichkeit ausstrahlen.

Gäste und Gästebetreuung sind unsere erste Priorität und der Mittelpunkt unseres täglichen Handelns.

Wir sind der unkomplizierteste, freundlichste Betrieb in der Region, das heißt, wir reagieren schnell und prompt auf alle Kundenwünsche.

Ziele

Definieren Sie Ziele für Ihren Betrieb, und zeigen Sie auf, wie Sie diese erreichen möchten. Die Ziele können für den gesamten Betrieb sowie für einzelne Leistungsbereiche festgelegt werden. (Siehe Kapitel 3, „Ziele".)

Beispiele

Die Ziele:
- *Wir bieten das beste Frühstücksbüfett in der Stadt an.*
- *Wir beantworten jede schriftliche Anfrage innerhalb eines Tages.*
- *Wir erreichen eine Jahresbelegung von 68 Prozent.*
- *Wir bieten den schnellsten Mittagsservice im Restaurant an.*

Die langfristigen Ziele:
- *Permanente Instandhaltung (der Betrieb soll immer wie neu aussehen).*
- *Qualitäts- und Servicebeständigkeit.*
- *Der Gast steht im Mittelpunkt unseres Handelns.*

Wie erreichen wir unsere Ziele? Der Weg ist das Ziel!

- *Freundliche, geschulte Mitarbeiter – mindestens zwei Schulungen im Jahr pro Mitarbeiter.*
- *Persönliche Begrüßung jedes Frühstücksgastes.*
- *Checkliste für das Frühstücksbüfett erstellen und täglich verwenden (Zeitpunkt definieren).*
- *Außergewöhnliche Frühstücksaktionen anbieten (z. B. Mutter-Kind-Frühstück, Livemusik zum Sonntagsfrühstück, besondere Brotauswahl).*

Unique Selling Proposition

Legen Sie fest, was die unvergleichlichen Leistungen des Betriebes sind (USP = Unique Selling Proposition). Wodurch hebt sich der Betrieb von den Mitbewerbern ab?

Beispiele

Wir bieten das beste Frühstück in der Stadt.

Der Betrieb hat die beste Lage, um die Innenstadt zu Fuß zu erreichen.

Mitbewerberanalyse

Zeigen Sie auf, wer im Umfeld des Betriebes die Mitbewerber sind, also die Betriebe, die gleiche Leistungen wie Ihr Betrieb anbieten. Definieren Sie, warum Ihr Betrieb bestimmte Leistungen besser anbietet.

Wir sind besser als die Mitbewerber, weil ...
... wir schnell und persönlich alle Angelegenheiten und Wünsche erfüllen,
... wir voraus denken und Wünsche erkennen, noch bevor sie ausgesprochen werden,
... unser Standort stimmt,
... wir hohe Qualitätsansprüche stellen,
... wir faire Preise bieten.

Die Untersuchung konzentriert sich auf die Betriebe in der näheren Umgebung. Im besonderen Interesse der Analyse stehen folgende ausgewählte Mitbewerber im Bereich Gastronomiebetriebe:

Beispiele

- *Landhotel Kreuzeck*
- *Gasthof Linde*
- *Hotel Maximilian*

Analysieren Sie bei den Mitbewerbern folgende Gesichtspunkte:
- *Kategorie*
- *Lage*
- *Zimmerzahl*
- *Zimmerausstattung*
- *Restaurant*
- *Tagungs- und Bankettträume*
- *Freizeitangebot*
- *Wellness- und Fitnessbereich*
- *Vorteile des jeweiligen Betriebes*
- *Nachteile des jeweiligen Betriebes*
- *Parkmöglichkeit*
- *Preisgestaltung (Normalpreis, Firmenpreis etc.)*

Kontrollieren Sie ständig Ihre Mitbewerber. Ungeachtet sonstiger Zusammenarbeit müssen Sie sie als Konkurrenten betrachten. Dadurch entwickeln Sie die mentale Einstellung, die Sie anspornt, besser und erfolgreicher zu sein als die Konkurrenzbetriebe.

Das Konkurrenz-Kontroll-System enthält z. B. folgende Aktionen:
- *Auf die Mailingliste (anonym) der einzelnen Hotels setzen und Angebote unterbreiten lassen.*
- *Alle Abteilungsleiter müssen die Konkurrenzbetriebe gesehen haben.*
- *2-mal pro Jahr zum Essen in den Konkurrenzbetrieb gehen.*
- *Darüber hinaus wird jedem Mitarbeiter (freiwillige Aktion) ein Konkurrenz-Hotel (UPP-System) zur „Beobachtung" zugeteilt.*

Benchmarking

Benchmarking ist eines der wichtigsten Instrumente, um sich erfolgreich am Markt zu positionieren. Was heißt nun Benchmarking? Nehmen Sie sich für jeden Ihrer Leistungsbereiche aus derselben Branche oder auch aus einem anderen Wirtschaftszweig die besten Betriebe als Vorbild. Orientieren Sie sich an diesen Betrieben; versuchen Sie, dieselbe Qualität zu erreichen oder zu übertreffen.

Beispiel

Beschwerde-Management:	*Benchmark*	*Hotel Ritz Carlton*
Kreativität/Innovation:	*Benchmark*	*Landhotel Schindler Hof, Nürnberg*

Preisgestaltung

Machen Sie sich Gedanken über sämtliche Preise im Betrieb. Wie möchten Sie sich am Markt positionieren? Welches Preissegment möchten Sie bedienen? Überlegen Sie sich z. B., ob die Zimmer in verschiedene Kategorien eingeteilt werden können, beispielsweise in Standardzimmer, Eckzimmer, Business-Kategorie, Zimmer mit oder ohne Badewanne.

Genau zu definieren sind „politische" Preise, das heißt, als Konsument orientiert man sich beim Blick auf die Speise- und Getränkekarte an bestimmten Produkten wie Bier, Kaffee und Wasser. Deshalb sollten diese Preise unbedingt mit denen der Wettbewerber verglichen und entsprechend definiert werden.

Die richtige Preisfestsetzung ist entscheidend für die Umsätze und Gewinne des Unternehmens. Darüber hinaus ist für die Gäste die Höhe des Preises, im Verhältnis zur Leistung, primär ausschlaggebend für die Wahl des Betriebes.

Die Preisfestsetzung richtet sich nach den nachstehenden drei Einflussfaktoren.

- Die Kosten: Der Preis wird nach dem Aufwand kalkuliert.
- Der Markt: Die Gästenachfrage bestimmt den Preis.
- Die Konkurrenz: Der Betrieb richtet seinen Preis auch auf die Konkurrenten hin aus.

Die Preisgestaltung muss zur Vision, zur Unternehmenspolitik und der Positionierung sowie zu den wirtschaftlichen Zielen des jeweiligen Leistungsbereiches passen. Es ist wichtig, alle Komponenten richtig zu gewichten.

Das Umfeld

Wie ist das Umfeld des Betriebes?
Folgende Punkte sollten festgehalten werden:

- Größe der Stadt/Gemeinde
- Einwohner
- Umfeld
- Lage
- Feriengebiet
- Wirtschaftliches Umfeld
- Verkehrsnetz

Wie ist Ihr Unternehmen in diesem Umfeld positioniert? Kommunal, regional, national oder international? Bei einem lokalen Restaurant agiert man primär kommunal. Beherbergt man nationale und internationale Gäste, sollte man entsprechend global handeln.

Betreiben Sie ein Restaurant in einer kleinen Stadt mit 10 000 Einwohnern, ist es von Vorteil, sich in der Stadt entsprechend zu positionieren. Das heißt, man könnte gewisse Ämter wie ein Amt im Kulturbereich oder ähnliche Aufgaben übernehmen.

Ist Ihr Betrieb jedoch an eine internationale Hotelkette gebunden und liegt dieser z. B. am Flughafen, sind nationale bzw. internationale Kontakte wie beispielsweise zu Fluggesellschaften und Reisebüros von Vorteil.

Trends

Welche Trends sind zu erkennen? Wie ist die Situation mittel- und langfristig? Entstehen Überkapazitäten, oder gibt es noch Marktlücken, die genützt werden können?

Zielgruppenmarketing

Welche Marketingaktionen planen Sie, um die gesetzten Ziele zu erreichen? Gehen Sie strukturiert vor, definieren Sie die Zielgruppen, die Ihre Kunden und Gäste sind.

Gibt es weitere Zielgruppen, die für den Betrieb eventuell relevant wären? Sollte man eventuell den Fokus auf junge Familien oder auf ältere Mitmenschen legen?

Gästebindung

Wie schaffen Sie eine starke Gästebindung?

Dazu gibt es unzählige Beispiele, in erster Linie ist sicherlich die Beständigkeit in der Leistung ausschlaggebend.

Weitere Punkte könnten sein: Abwechslung im Angebot, schaffen von bestimmten AHA- bzw. WOW-Effekten.

Stammgäste sollten bevorzugt behandelt werden (z. B. Aufmerksamkeiten zu Geburtstagen.

Überlegen Sie sich, ob bestimmte Bonusprogramme angeboten werden sollten (z. B. 10+1, Restaurantpass, oder ob Sie sich an ein überregionales Programm (z. B. Miles & More von Lufthansa) anschließen könnten.

Verkaufsplanung

Um für bestimmte Bereiche Ihres Betriebes den Umsatz zu garantieren bzw. zu erhöhen, erstellt man eine entsprechende Verkaufsplanung.

Inhaltlich könnten folgende Punkte berücksichtigt werden:

Ziel	**Maßnahmen**
Fahren Sie alle Gebiete im Umkreis von 20 km des Betriebes mit dem Auto ab, und überprüfen Sie die neu angesiedelten Firmen mit der vorhandenen Adressliste (3-mal im Jahr)	Aktualität der Kundenadressen für Mailing
Erstellen Sie Incentive- und Gruppenarrangements für Busunternehmen im März	Geschäft von Busunternehmen zu erhalten
Kontinuierliche Pflege von elektronischen Verkaufsinstrumenten wie Internet, Homepage etc.	Buchungen über das Internet zu bekommen
Besuchen Sie Touristikmessen wie ITB, WTM etc.	Schließung von Kontakten, um Geschäft zu erhalten
Folgende Kunden- und Gästebindungsaktionen können durchgeführt werden:	
Aktionen	**Zeitpunkt**
1. Vernissage	April
2. Stammgäste mit einem Geschenk zum Frühlingsanfang	März
3. Durchführung einer Sommerparty	Juli
4. Weihnachtsaktion	Dezember
5. Weihnachtskarten und Geschenk versenden (Gutschein für Büfett)	Dezember

Werbeauftritt

- Definieren Sie, wie Sie für Ihren Betrieb werben möchten.
- Wie hoch ist das Werbebudget, das Ihnen zur Verfügung steht?
- Welche Medien kommen für Werbeaktionen in Betracht?

Wie gestalten Sie die Werbung im Betrieb?
- Wo liegen Prospekte aus?
- Werden die Gäste durch Fragebogen nach ihrer Zufriedenheit befragt?
- Gibt es die Möglichkeit, auf Plakaten für Aktionen zu werben?
- Haben Sie einen Werbedisplay an der Rezeption oder vor dem Restaurant integriert?
- Auf welche Streuartikel (z. B. Streichhölzer) ist die Adresse des Betriebes gedruckt?

Oftmals wird die Zielgruppe „Lieferanten“ vernachlässigt. Auch diese Gruppe kann als wertvoller Werbeträger fungieren.

Nicht nur unsere direkten Kunden sind wichtig für uns. Deshalb sollten Sie auch speziell für Ihre Lieferanten ein Betreuungsprogramm erstellen.

Beispiel

- 1-mal im Jahr werden die Lieferanten zu einem Event eingeladen.
- Einladung zur „Spanischen Nacht“.
- Die Lieferanten erhalten ein Weihnachtspräsent.

Ebenso sind wichtige Schlüsselpersonen zu betreuen:
- Bürgermeister
- direkte Nachbarn
- Pressekontakt zur Zeitung pflegen

Kontrolle

Wie können Sie die gesetzten Ziele kontrollieren?

Durch gezielte Analysen und Monatsberichte kontrollieren Sie permanent Ihr tägliches Handeln.

- Woher kamen die Buchungen?
- Wer sind unsere häufigsten Bucher?
- Wie viel Umsatz macht welcher Kunde?
- Wie oft wurde die Telefonnummer gewählt, die auf der Werbeanzeige stand?
- Wie oft wurde über das Internet gebucht?
- Was haben die Kontakte des letzten Messebesuches gebracht?

Resümee

- Wie arbeite ich mit dem Marketingplan?

Nach der Fertigstellung des Marketingplans ist es wichtig, dass Sie Ihr gesamtes Team darüber informieren.

Veranstalten Sie ein Meeting, besprechen Sie gemeinsam mit Ihren Mitarbeitern die erarbeiteten Punkte, und legen Sie diese als Ziele für die kommende Geschäftsperiode fest. Jeder Mitarbeiter bekommt nun diesen Marketingplan. Ihnen dient der Marketingplan während des Jahres als Arbeits- und Check-Buch, an dem Sie immer wieder überprüfen können, ob Sie Ihre jeweiligen Ziele erreicht haben. Das Arbeitsbuch dient auch als Orientierungshilfe und „Aufgabenmanager“ für Ihre Abteilungsleiter und das Team.

Checkliste

Wie erstelle ich einen Marketingplan?

- Holen Sie die Meinungen und Anregungen der Mitarbeiter ein.
- Nehmen Sie eine Standortbestimmung vor, also eine Ist-Analyse des Hotels.
- Erstellen Sie eine Stärken-Schwächen-Analyse des Betriebes.
- Welche Chancen und Gefahren ergeben sich aus der Stärken-Schwächen-Analyse?
- Welches Jahresmotto legen Sie für den kommenden Marketingplan fest? Welche Maßnahmen werden definiert?

- Welche Wertvorstellungen und Unternehmensleitsätze prägen Ihr Unternehmen?
- Definieren Sie Ziele für Ihren Betrieb. Zeigen Sie auf, wie Sie diese erreichen möchten.
- Legen Sie fest, was die unvergleichlichen Leistungen Ihres Betriebes sind (USP = Unique Selling Proposition).
- Zeigen Sie auf, wer im Umfeld des Betriebes die Mitbewerber sind.

Wo steht Ihr Betrieb?

Analysieren Sie Ihre Mitbewerber unter nachstehenden Gesichtspunkten:
- Kategorie
- Lage
- Zimmerzahl
- Zimmerausstattung
- Restaurant
- Tagungs- und Bankettträume
- Freizeitangebot
- Wellness- und Fitnessbereich
- Vorteile des jeweiligen Betriebes
- Nachteile des jeweiligen Betriebes
- Parkmöglichkeit
- Preisgestaltung

Welche Benchmarkpartner definieren Sie für welchen Bereich?
Erstellen Sie sämtliche Preise für Ihren Betrieb:
- Beherbergungsbereich
- Restaurantbereich
- Bankettbereich
- Nebenabteilungen (Minibar, Minishop ...)

Stellen Sie das Umfeld Ihres Betriebes dar. Folgende Punkte sind dabei zu beachten:
- Größe der Stadt/Gemeinde
- Einwohner
- Umfeld
- Lage

- Feriengebiet
- wirtschaftliches Umfeld
- Verkehrsnetz

- Wie ist Ihr Unternehmen in diesem Umfeld positioniert? Kommunal, regional, national oder international, je nach Gästestruktur. Welche Kontakte pflegen Sie deshalb?
- Welche Trends sind zu erkennen?
- Wie ist die Situation des Betriebes mittel- und langfristig?
- Entstehen Überkapazitäten, oder gibt es noch Marktlücken, die genutzt werden können?
- Welche Marketingaktionen planen Sie für welche Kundengruppen, um die gesetzten Ziele zu erreichen?
- Gibt es weitere Zielgruppen, die für den Betrieb eventuell relevant sind?
- Wie schaffen Sie eine starke Gästebindung?
- Erstellen Sie eine entsprechende Verkaufsplanung!
- Was wird im Bereich Öffentlichkeitsarbeit geplant?
- Wie gestalten Sie die Werbung im Betrieb?
- Was wird für die Lieferanten getan?
- Welches Kontrollsystem wird angewendet? Werden Monatsberichte von den einzelnen Abteilungen geschrieben?
- Welche Investitionen planen Sie?

Kapitel 17

Fachbegriffe des Internets

Fachbegriffe des Internets

Account
Die Rahmenbedingungen und der finanzielle Umfang, zu denen ein Provider seine Leistungen zur Verfügung stellt. Zugangsberechtigung: Der Account besteht in der Regel aus zwei Teilen: 1. der Kennung bzw. dem Usernamen und 2. dem Passwort.

ADSL
Asymmetric Digital Subscriber Line – ist nicht nur schnell (8-mal schneller als ISDN), sondern auch praktisch. Sie können rund um die Uhr online sein, downloaden und E-Mails empfangen, ohne an Verbindungsentgelte denken zu müssen oder Ihr Telefon zu blockieren.

Animation
Technik der Erzeugung von bewegten oder belebten Bildern in zwei- oder dreidimensionaler Darstellung. Siehe: www.riders-paradise.net

ASCII
ASCII (American standard code for information interchange) ist ein Textformat, das von jedem Computer gelesen werden kann. Leider bezieht sich der Standard nur auf das englische Alphabet ohne Sonderzeichen wie Umlaute (ä, ü ö). Wenn man also ein fehlerfreies Mail verschicken will, sollte man auf dieses Textformat verzichten.

Attachement
Bezeichnung für Dateien, die uncodiert, nach dem Mime-Standard oder in anderen Codierungen als Teil einer E-Mail verschickt werden.

Auflösung
Die Auflösung eines Bildes besagt, aus wie vielen einzelnen Bildpunkten es besteht. Typisch ist eine Angabe der Bildpunkte in der Breite und der Höhe.

Autoresponder
Automatische Antwort bei E-Mails. Der Absender einer Nachricht erhält vom Empfänger einen vom Autoresponder generierten Text als Antwort, z. B. den Hinweis auf Abwesenheit für eine gewisse Zeit.

Bandbreite
Die Bandbreite bedeutet die Anzahl der Daten, die gleichzeitig übermittelt werden kön-

nen. Eine ISDN-Leitung hat beispielsweise eine Bandbreite von 64 kbps. Damit lassen sich 64 000 Bits in der Sekunde übertragen.

Banner

Werbebalken auf einer Webseite.

Bit

Die kleinste Informationseinheit eines Computers. 1 Bit bezeichnet entweder den Zustand 0 oder 1. Ein Buchstabe setzt sich aus 8 Bits zusammen und wird als Byte bezeichnet. Bei der Datenübertragung werden Informationen bit- oder byteweise übertragen, wobei bei 1 Byte noch ein 9. Bit als Prüfbit hinzugefügt wird.

Browser

Software, mit der der Benutzer das Angebot im Internet durchblättern kann und die ihm die gefundenen Seiten am Bildschirm anzeigt. Solche Browser sind beispielsweise der Netscape Navigator oder der Microsoft Internet Explorer. Browser haben mehr oder weniger umfangreiche Sonderfunktionen, mit denen beispielsweise Bookmarks gesetzt oder Seiten ausgedruckt werden können.

Byte

1 Byte ist eine Sequenz binarer Symbole, die der Computer als eine (Informations-) Einheit verarbeitet. In der Regel besteht ein Byte aus 8 Bits. Von der Einheit 1 Byte = 8 Bit abgeleitete Einheiten sind:

1 KB = 1 KiloByte = 1024 byte = 1 048 576 Bits

1 MB = 1 MegaByte = 1024 KB

1 GB = 1 GigaByte = 1024 MB

1 TB = 1 TeraByte = 1024 GB

Cache

Zwischenspeicher, in dem häufig benötigte Daten gespeichert werden, um sie schnell wieder abrufen zu können. Browser haben einen Cache, um Dokumente oder Teile davon nicht erneut über das Internet laden zu müssen.

Chat

Eine direkte Kommunikation zwischen einzelnen Nutzern eines Online-Dienstes. Sie können einen speziellen, virtuellen Chatraum betreten und sehen, wie viele Nutzer anwesend sind. Es ist ebenfalls möglich zu erkennen, um wen es sich handelt. Anschließend können Sie sich mit den anderen Teilnehmern unterhalten, indem Sie den Text über die Tastatur eingeben. Sie können allgemeine Bemerkungen machen oder aber gezielt anwesende Teilnehmer ansprechen.

Cliparts
Kleine Grafiken, die in Dokumenten eingesetzt werden, um diese anschaulicher oder unterhaltsamer zu gestalten.

Cookie
„Keks." Textdatei, die von einem Online-Anbieter auf dem Rechner gespeichert wird. Diese Datei protokolliert die Aktivitäten des Benutzers auf der besuchten Webseite. Üblicherweise haben Cookies eine Art „Verfallsdatum", nach dem sie gelöscht werden. Die Informationen eines Cookies werden zur Sicherheit nur an den Webserver zurückgegeben, der den Cookie ursprünglich angelegt hat.

Cracker
Benutzer eines Netzwerks, der sich im Gegensatz zum Hacker unerlaubt und in böser Absicht Zugang zu fremden Systemen und Programmen verschafft.

Cyberspace
Steht für die simulierte Wirklichkeit (virtuelle Welt) im Computer.

DFÜ
Abkürzung für Datenfernübertragung. Versteht sich als Sammelbegriff für die Übertragung von Daten via Modem (analoge Datenübertragung) oder ISDN (digitale Datenübertragung).

Domain
Name einer geographischen oder organisatorischen Zusammenfassung von Computern. So steht beispielsweise „ch" für Domains in der Schweiz, „com" für kommerzielle Domains, nicht nur in der Schweiz, „edu" für Bildungseinrichtungen usw.

Domain-Name
Ein Name, der aus mehreren Teilen zusammengesetzt ist und einen Rechner im Netz eindeutig identifiziert (beispielsweise http:///www.riders-paradise.com).

Download
Bezeichnung für das Herunterladen von Dateien von einem fremden Computer auf den eigenen. Bei diesen Dateien kann es sich beispielsweise um Texte, Grafiken, Bewegtbilder, Sounds und Animationen handeln.

Electronic Commerce oder E-Commerce

Die geschäftliche Nutzung von Online-Medien, wie beispielsweise das Internet für den Verkauf von Waren und Dienstleistungen, aber auch für Glücksspiele, Wetten und dergleichen.

Elektronische Post, E-Mail

Methode, Nachrichten per Computer zu verschicken anstelle der traditionellen Briefpost über den Landweg (vgl. Snail-Mail). Eine der wichtigsten und populärsten Errungenschaften der computergestützten Kommunikation. Über E-Mail können nicht nur Texte, sondern auch Daten aller Art verschickt werden; vgl. Attachement.

Euro-ISDN

Europäischer ISDN-Standard, nach dem auch die neuen ISDN-Anschlüsse der Telekom ausgerichtet sind. Dieses Merkmal ist beim Kauf von ISDN-Karten wichtig, da die alten Anschlüsse 1TR6-Anschlüsse sind (vgl. ISDN).

FAQ

Abkürzung für Frequently Asked Questions (= häufig gestellte Fragen). Zu fast jedem Thema (beispielsweise zu Software) gibt es ein FAQ-Dokument. Es fasst die am häufigsten gestellten Fragen und die dazugehörigen Antworten zusammen und hilft dem Anwender meist über die ersten Schwierigkeiten hinweg.

Firewall

Eine Einrichtung, die zumeist aus Hard- und Software besteht und das Eindringen unbefugter Benutzer in ein Netzwerk verhindern soll. Eine solche Lösung kann so gestaltet sein, dass ein internes Netz aus mehreren Computern besteht. Zwischen diesen und dem „Ausgang" der Daten ist ein Rechner geschaltet, der nur die Aufgabe hat, alle ausgehenden und eingehenden Daten zu beobachten und vor allem nur die Daten in das interne Netz weiterzulassen, deren Berechtigung geprüft werden. Es gibt allerdings auch nur eine reine Softwarelösung, die beispielsweise auf einem Einplatzrechner installiert ist, der mit dem Internet oder einem anderen Online-Dienst verbunden ist.

Frame

Der Teil einer Webseite, in dem andere Webseiten abgebildet werden können.

FrontPage Explorer

Der Teil von FrontPage, mit dem die Struktur einer Webseite, also die Gesamtheit aller Webseiten, überprüft werden kann.

FrontPage Editor

Der Teil von FrontPage, in dem Webseiten erstellt, bearbeitet und getestet werden.

FTP

Abkürzung für File Transfer Protocol. Dieses Protokoll reguliert die Dateifernübertragung über räumliche Grenzen hinweg.

GIF

Abkürzung für Grafics Interchange Format. Ein vom Online-Dienst CompuServe entwickelter Standard für Bilder, die per DFÜ von Online-Diensten oder über das Internet übertragen und im Browser angezeigt werden. Das GIF-Format zeichnet sich durch eine geringe Datenmenge pro Bild aus.

Geek

Ein Besessener, ein Computerfreak, der alles über das Thema „Computer" und „Internet" weiß. Er ist aber kein Einsiedler, er hat regen Kontakt zu anderen Geeks. Geeks können Gruppen bilden, die eigene Regeln und Fachsprachen entwickeln.

Global Positioning System (GPS)

Ein satellitengestütztes Navigationssystem für Schiffe, Flugzeuge, Autos, aber auch für Wanderer, mit der sich die Position am Boden genau bestimmen lässt.

Hacker

Person, die sich unbefugten Zugriff zu fremden Computersystemen verschafft. Hacker verschaffen sich zumeist mit dem Hintergrund Zugang zu fremden Computersystemen, um auf Sicherheitslücken aufmerksam zu machen. Im Gegensatz zu Crackern zerstören Hacker überwiegend keine Daten. Strafbar sind allerdings beide Vorgehensweisen, da bereits der Versuch, sich ein Passwort anzueignen oder Daten auszuspähen, verboten ist.

Hit

Anzahl der Anfragen auf einen Server oder auf eine Seite eines Webangebots. Mit der Anzahl der Hits auf eine Seite kann dokumentiert werden, welche Seiten eines Angebots besonders oft aufgerufen werden und wie lange der Benutzer dort verweilt. Aus diesen Daten können Rückschlüsse über das Benutzerverhalten, aber auch über die Qualität des Angebots gezogen werden.

Homepage

Startseite eines Angebots im WWW. Vergleichbar mit dem Vorwort oder dem Inhaltsverzeichnis eines Buches.

Host

Zentralrechner in einem Netzwerk, der für die angeschlossenen Rechner seine Kapazität zur Verfügung stellt.

HTML
Abkürzung für Hyper Text Markup Language. Es handelt sich hierbei um eine Programmiersprache für die Gestaltung von Webseiten. Fast jedes moderne Programm bietet mittlerweile eine Konvertierung in das HTML-Format an. So können beispielsweise in WinWord 7.0 Textseiten und in CorelDraw 7.0 Grafiken in das HTML-Format konvertiert werden. Diese Seiten können dann ohne weitere Nachbearbeitung mit einem Internet-Browser angezeigt werden.

HTTP
Abkürzung für Hyper Text Transfer Protocol. Standardisiertes Verfahren zur Datenübertragung im WWW. Wenn Sie eine Internetadresse betrachten, werden Sie diese Abkürzung gleich am Anfang der Adresse finden (beispielsweise http://www.gastroenergy.com).

Internet
Ein weltweites Netz, das aus nationalen großen Backbone-Netzen und vielen regionalen Netzen besteht, die untereinander mit Routern verbunden sind. Diese können sich unterschiedlicher physikalischer Übertragungsmedien bedienen, entscheidend für die gesamte Funktionalität des Internets ist die Nutzung einheitlicher Protokolle ab der Netzwerkschicht „Internet Protokollfamilie" (TCP/IP).

Internetbanking
Der Anwender benötigt nur einen Browser und gelangt so auf den direkten Weg übers Netz zur Bank.

Internetcafé
Gastronomiebetriebe, die neben dem obligatorischen Getränke-/Speisenangebot auch die Möglichkeit zum Surfen bieten. Eine Liste von Internetcafés findet sich unter www.webcafeguide.com

Intranet
Ein geschlossenes Netz, in dem sich nur Benutzer mit einer speziellen Zugangsberechtigung bewegen können. Das Intranet kann gänzlich abgeschlossen sein oder aber sich der Technik und der Informationen des Internets bedienen. Da der Aufbau und die Technik von Internet und Intranet ähnlich sind, kann ein Intranet problemlos an das Internet angekoppelt werden. Zumeist wird allerdings eine Firewall zwischengeschaltet, um das Intranet gegen unbefugte Benutzer zu sichern.

ISDN
„Integrierte Sprach Daten Netz" – bietet zwei Kanäle mit je 64 kbit Übertragungsrate.

ISP

Abkürzung für Internet Service Provider. Dienstleister, die Teilnetze des Internets betreiben und die Bereitstellung von Webangeboten anbieten. Firmen können hier Festplattenplatz oder einen Raum für einen eigenen Server anmieten. Der ISP stellt sicher, dass das Angebot durchgehend im Internet verfügbar ist. Das Internet besteht dementsprechend aus den Netzen der einzelnen PoPs. Die PoPs sorgen für lokale Zugangsknoten zum Internet, also Knoten für die Einwahl zum Ortstarif.

JAVA

Programmiersprache von Sun (Java) und Netscape (Java Script), mit der es Entwicklern von Internetseiten möglich ist, Routinen mit Spezialeffekten auf eine Seite zu platzieren. Es werden dazu Programme oder Programmteile, die als Applets bezeichnet werden, auf den Rechner des Benutzers geladen und dort ausgeführt. Diese Applets sind allerdings nicht unumstritten.

JPEG

Joint Photographers Expert Group. Grafikformat mit der Möglichkeit der Komprimierung, das neben GIF häufig in HTML-Seiten verwendet wird. Die Besonderheit besteht in der Möglichkeit, bis zu 16 Millionen verschiedene Farben darzustellen. JPEG eignet sich gut für Bilder mit Farbübergängen, wie sie z. B. in gescannten Fotos vorkommen. Die Qualität der Bilder nimmt mit zunehmender Komprimierung stark ab – auch das wiederholte Abspeichern führt zu einem erheblichen Qualitätsverlust.

Kompatibilität

Unter Kompatibilität versteht man die Übereinstimmung von Hardware und Software in bestimmten Eigenschaften, so dass sie problemlos miteinander verbunden werden können.

Link

Die Verknüpfung bzw. Verbindung zu anderen Seiten oder zu anderen Dokumenten.

Login

Das Einwählen in einen Computer. Das Login umfasst auch das Eingeben des Kennworts usw.

Modem

Modulator-Demodulator. Gerät, mit dem digitale Daten für die (analoge) Telefonleitung übersetzt werden. Das sendende Modem wandelt den digitalen Bitstrom des Rechners in analoge Signale um, die übertragen werden. Das empfangende Modem wandelt die analoge Signale wieder in einen digitalen Bitstrom zurück. Beim ISDN-Anschluss ist kein Modem, sondern eine ISDN-fähige Einbaukarte bzw. ein ISDN-fähiges externes Gerät notwendig.

MS-DOS

Microsoft Disk Operating System. Betriebssystem von Microsoft. Bis zur Ablösung durch Windows das verbreitetste Betriebssystem für PCs. Unter MS-DOS mussten die Befehle in einer Befehlszeile eingegeben werden, die grafische Oberfläche kam erst mit Windows. Dort wird MS-DOS noch in der DOS-Box simuliert.

Netiquette

Verhaltensregeln für die Benutzer des Internets, besonders beim Chat wichtig.

Onlinebanking

Ermöglicht den Zugriff auf das eigene Konto mittels am PC installierter Software.

Pixel

Picture Element – darunter versteht man einen Bildpunkt, die kleinste Einheit eines digitalen Bildes.

PoP

Point of Presence – lokaler telefonischer Einwahlpunkt eines Providers.

Protokoll

Eine Anhäufung von Regeln und Vereinbarungen, die die Kommunikation zwischen zwei Rechnern erlaubt. Das Protokoll ermöglicht es beispielsweise, dass die verschiedensten Rechnertypen untereinander Daten austauschen können. Protokolle sind beispielsweise FTP, HTTP, TCP/IP.

Provider

„Lieferant" – Dienstanbieter, der den Zugang zum Internet ermöglicht. Große Provider, die gleichzeitig Online-Dienste bieten, sind AOL, Compuserve.

Router

Ein Rechner, der den Transport der Datenpakete innerhalb eines Netzwerks übernimmt. Der Rechner benötigt hierfür Informationen über das Netz (Routing-Informationen), die häufig über Routing-Protokolle ausgetauscht werden. Mittels eines solchen Routers können Subnetze mit unterschiedlichen Topologien (beispielsweise Ethernet, Token-Ring) miteinander verbunden werden.

Routing
Bezeichnung für den Weg der Datenpakete zwischen den einzelnen Netzen. Im Internet sind keine Direktverbindungen zwischen den angeschlossenen Rechnern vorgesehen, wie dies beispielsweise in einem Netzwerk der Fall ist. Stattdessen werden die Daten grundsätzlich in kleinere Pakete aufgeteilt und übertragen. Der Transport erfolgt über Zwischennetze mit der Vorgabe, dies möglichst schnell zu erreichen. Dieses System ermöglicht eine hohe Flexibilität bei der Datenübertragung und macht es gegenüber Störungen sehr widerstandsfähig, was die grundsätzliche Intention des Internets ausmacht.

Schnittstelle
Bezeichnung für eine Übergangsstelle zwischen Hardware, Software oder Bereichen in der Datenverarbeitung.

SMS
Short Message Service – Textnachrichten mit maximal 160 Zeichen, die von Handy zu Handy geschickt werden können.

Snail-Mail
„Schneckenpost", humorvolle Bezeichnung für die traditionelle Landpost, die verglichen mit der elektronischen Datenübertragung sehr langsam ist.

Suchmaschine
Software, die dem Benutzer das Auffinden von Internetseiten oder Homepages ermöglicht. Normalerweise wird über Stichworte gesucht. Suchmaschinen sind beispielsweise „Lycos", „Dino", „Yahoo", „Crawler", „Eule", „Alta Vista".

Surfen
Anderer Ausdruck für „Online im Netz sein".

Trojanisches Pferd
Virus, der wie eine harmlose Anwendung oder ein Spiel aussieht, nach der Installation aber wichtige Daten ausspäht, Tastatureingaben aufzeichnet und an den Autor des Trojanischen Pferdes übertragen kann. Einige Trojaner erlauben sogar die Übernahme der Kontrolle über den infizierten Rechner, so dass Daten kopiert oder auch gelöscht werden können. Siehe auch: www.trojaner-info.de

Upload
Das Kopieren von Daten vom eigenen Rechner auf einen anderen, mit dem eine Online-Verbindung besteht.

URL

Abkürzung für Uniform Resource Locator. Man versteht darunter die Adresse, unter der ein Dokument im WWW auffindbar ist. Es kann sich hierbei um eine WWW-Seite oder eine Gopher-Seite handeln. Die URL enthält den Ressourcentyp, den Standort und den exakten Speicherort eines Webdokuments.

WAP

Wireless Application Protocol – Protokoll zur Darstellung von WWW-Seiten auf kleinformatigen, bedingt grafikfähigen Bildschirmen, z. B. von Handys.

Webmaster

Diejenige Person, die für den Betrieb eines WWW-Servers zuständig ist. Mitunter bezeichnet sich auch die Person, die für eine Webseite zuständig ist, als Webmaster.

Webpage

Bezeichnet man eine einzelne Webseite.

Webseite

Alle Web-Pages, die zu einem kompletten Angebot gehören.

WWW

Abkürzung für World Wide Web. Alle Nutzer im Internet, die die gleiche Sprache für das Austauschen von Grafiken, Bildern und Sound sprechen. In diesem Fall HTTP – die Sprache des Internets.

ZIP

Programm zum Packen von Dateien. Je nach Dateiart können die Dateien bis zu einem Faktor von 1:10 verkleinert werden.

Kapitel 18

Fachbegriffe des Marketings

Fachbegriffe des Marketings

Adressenabgleich

Durch Abgleichen verschiedener Adressbestände werden die Adressen herausgefiltert, die 2-mal- oder mehrmals vorhanden sind. Doppelstreuungen sind damit ausgeschaltet.

Adressennormierung

Erste Voraussetzung für den optimalen Einsatz von Adressenbeständen ist der einheitliche (normierte) Aufbau der Einzeladresse. Nur mit normierten Adressen ist es möglich, die Dateien laufend zu aktualisieren, Überschneidungen auszuschalten, regionale Gebiete abzugrenzen und die Vielfalt der Produktionsformen auszunutzen.

Adressenpools

Zusammenfassungen von Zielgruppen aus artverwandten Branchen sowie von Privatadressenbeständen mit gleichen oder ähnlichen Strukturen und von Zielgruppen mit gleichem Bedarf.

AIDA

Formel für den Aufbau der Werbeargumentation, vorwiegend in Werbebriefen und Prospekten.

A Attention (Aufmerksamkeit erzielen)
I Interest (Interesse aufbauen)
D Desire (Besitzwunsch wecken)
A Action (Handlung auslösen)

Antworthilfen

Alle Arten von Bestell- und Anforderungsformularen, die das Reagieren erleichtern: Antwortkarten, Gutscheine, Bestellkarten/-scheine, Reservierungskarten, Faxaufträge/Anfragen, Zertifikate usw. Grundregel: Die Antwortkarte gehört unbedingt zum Mailing. Fehlt sie, sinkt die Rücklaufquote.

Basisleistung

Die Basisleistungen sind „Muss-Ansprüche“. Sie stellen jene Fähigkeiten und Ressourcen dar, die ein Unternehmen benötigt, um in einem Markt als relevanter Anbieter angesehen zu werden.

Beilage

Funktioniert ähnlich wie ein Beihefter, ist aber dem Werbeträger nur lose beigelegt. Auch hier sind Coupons oder Antwortkarten wichtig für den Erfolg.

Benchmarking

Benchmarking ist der Vergleich ähnlicher Prozesse mit dem Ziel der Prozessoptimierung. Unabhängig von Wettbewerbs- oder Branchengrenzen bezieht der Vergleich sich auf unternehmensinterne, brancheninterne oder branchenunabhängige Prozesse. Dabei werden Unterschiede, deren Ursachen und Möglichkeiten zur Verbesserung ermittelt.

BEP

Break-even-Point = Rentabilitätsschwelle. Aus dem Vergleich der Werbekosten mit dem vorgegebenen Werbekostenlimit kann errechnet werden, wo der Rücklaufpunkt liegt, bei dem die Kostendeckung erreicht wird. Formel: Werbekosten 0/000 Aussendungen geteilt durch Werbekostenlimit geteilt durch 10 ergibt den für die Kostendeckung erforderlichen Rücklaufprozentsatz. Siehe auch Werbekostenlimit. Stellt auch im Direktmarketing die zentrale Erfolgskennziffer (die Gewinnschwelle) für die Wirtschaftlichkeit einer Aktion dar.

Branchenadressen

Nach Wirtschaftszweigen (Branchen) geordnete Geschäfts-, Gewerbe- oder Unternehmensadressen.

Briefing

Komplette Information für das Erarbeiten von Direktwerbeaktionen vom Konzept bis zur Postauslieferung. Wird vom Auftraggeber für die Agentur formuliert.

Business-to-Business

Direktwerbung, die sich an Unternehmen wendet, auch „b-to-b“ genannt.

Business-to-Consumer

Informations- oder Werbeaktion, die von einem Unternehmen zum Endverbraucher (Konsumenten) geht.

CAS

Computer aided selling – Verkaufsunterstützung durch Computer. Voraussetzung: Aufbau einer Datenbank, die alle verkaufsrelevanten Daten speichert.

Corporate Behavior

Innerhalb der Corporate Identity spielt das Corporate Behavior eine große Rolle. Corporate Behavior meint die spezifischen Verhaltensregeln, die in Ihrem Betrieb gelten. Diese Verhaltensregeln können innerbetrieblich festgelegt werden, beispielsweise Bereiche des Corporate Wording. Der Begriff Corporate Wording fasst die verschiedenen Bereiche der Kommunikation in einem Betrieb zusammen und „regelt" die Kommunikationsverhaltensweisen in betrieblichen Abläufen, wie z. B. die Kompetenz des Schriftverkehrs und die verbale Kommunikation mit den Gästen.

Corporate Communications

Dies ist der Oberbegriff für alle Kommunikationsmaßnahmen Ihres Unternehmens nach innen und außen. Ziel muss es sein, je nach Situation Ihres Betriebes, ein Image in der öffentlichen Meinung aufzubauen, zu korrigieren oder zu pflegen. Dazu dienen alle Arten, Mittel und Wege der Kommunikation.

Corporate Design

Bei all diesen Elementen der Corporate Identity geht es auch um Unverwechselbarkeit und Wiedererkennbarkeit Ihres Betriebes. Dazu gehört auch das Corporate Design eines Unternehmens, mit dem Sie Ihrem Betrieb eine unverwechselbare visuelle Identität geben. Zum Corporate Design gehören sämtliche visuellen Erkennungsmerkmale wie Hausfarben, Hausuniformen, Schriftzug, Prospektgestaltung, Logo usw. Damit schaffen Sie einen hohen Wiedererkennungswert für den Kunden.

Corporate Identity

Unternehmensidentität. Der Betrieb bietet nicht nur Produkte und Dienstleistungen an. Das Unternehmen selbst ist ein Produkt, das sich verkaufen muss. Dazu ist es notwendig, sowohl nach innen als auch nach außen hin ein einheitliches Bild zu präsentieren und dieses auch zu kommunizieren.

Corporate Musik und United Adventing Propositions (UAP)

Auch der musikalischen Wiedererkennung sollten Sie Aufmerksamkeit schenken: Geben Sie Ihrem Unternehmen doch z. B. durch eine Corporate Music eine unverwechselbare „musikalische Note". Viele große Firmen setzen auf den Wiedererkennungswert und der Unverwechselbarkeit solcher akustischer Logos (Jungles), z. B. Bacardi Rum oder McDonald's. Aber auch durch symbolische Zeichen (United Adventing Propositions) ist das Wiedererkennen einer bestimmten Marke gegeben (beispielsweise berühmte Figuren wie das Michelin-Männchen, der Esso-Tiger oder das Kamel der Zigarettenmarke Camel).

c.p.c.

"cost per contact." Kosten pro Kontakt. Beschreibt die Summe, die ein Kontakt mit einem Werbebriefempfänger kostet. Berechnung: Gesamtkosten der Aktivität (Kosten für Werbemittel, Versand, Porto) dividiert durch die Auflage bzw. die Anzahl erreichter Personen.

c.p.

"cost per interested person." Kosten pro Interessent. Beschreibt die Summe, die ein gewonnener Interessent kostet. Berechnung: Gesamtkosten der Aktivität (Kosten für Werbemittel, Versand, Porto) dividiert durch die Anzahl gewonnener Interessenten.

c.p.o.

"cost per order." Die Gesamtkosten für die Gewinnung eines Auftrages bzw. eines neuen Kunden, Abonnenten, Mitglieds etc.: Sie umfassen die Kosten für Werbemittel, Versand, Porto, Muster, Proben, Nachfassen.

Coupon

Der in einer Anzeige oder einem Mailing eingedruckte Abschnitt zum Ausschneiden. Dient als Antwort oder Bestellung.

CRS

Computer-Reservierungs-System.

Database

Kunden- und Werbedateien mit gespeicherten Aktivkriterien (wie Bestelldaten, Bestellwert, Kauffrequenz), die eine selektive Ansprache des Empfängers möglich machen.

Database-Marketing

Umfasst alle Marketingmaßnahmen, die sich der Informationen einer Datenbank bedienen und gestützt auf eine Datenbank durchgeführt werden.

Datenbank

Adressenbestände mit umfangreichen Strukturkriterien. Durch Kombination dieser Kriterien entstehen Zielgruppen-Konzentrationen mit überdurchschnittlicher Transparenz.

Demographie

Beschreibung von Bevölkerungsstrukturen- und -bewegungen (Alter, Geschlecht, Stand, Einkommen, Wohnanlage, Konfession).

Direktmarketing

Sammelbegriff für alle Marketingaktivitäten, bei denen Medien und Kommunikationstechniken mit der Absicht eingesetzt werden, eine interaktive Beziehung und einen Dialog zur Zielperson herzustellen, um sie zu einer individuellen, messbaren Reaktion zu veranlassen. Direktmarketing wird auch als Dialogmarketing bezeichnet.

Direktwerbung

Ist das Hauptmedium des Direktmarketings. Sie wendet sich mit adressierten Werbebotschaften direkt an ausgewählte Empfänger. Ziel: Auslösung einer unmittelbaren Reaktion.

Drei-D-Werbemittel

Bezeichnung für Werbemittel, die sich von den allgemein üblichen Werbemitteln durch ihre dreidimensionale Form unterscheiden. Dazu gehören Muster, Warenproben, Werbegeschenke, aber auch Drucksachen, die sich beim Öffnen oder Ausklappen aus der zweidimensionalen in eine dreidimensionale Form verwandeln.

Dubletten

Adressen, die in Adressbeständen 2-mal oder öfter vorhanden sind. Positive Dubletten entstehen, wenn zum Beispiel Unternehmen zu verschiedenen Branchen bzw. Wirtschaftszweigen gehören oder wenn Privatpersonen Kunden verschiedener Unternehmen (Versandhäuser, Verlage) sind. Negative Dubletten entstehen durch Schreib- und Lesefehler bei der Adressenerfassung oder durch unterschiedliche Schreibweisen in den verschiedenen Adressenquellen. Grundsätzlich ist der Dublettenbegriff jedoch von der individuellen Zielsetzung abhängig.

Dubletteneliminierung

Weil Dubletten in Adressbeständen nicht von vornherein verhindert werden können, müssen sie bei jedem Einsatz aufs Neue ausgeschaltet werden.

Eingangsstatistik

Wird zur fortlaufenden Überwachung der Rücklaufquote geführt, indem bei ihr die tägliche Anzahl der eintreffenden Antworten aufgelistet wird.

Entscheidungsunterstützungssysteme

Diese computergesteuerten Systeme haben die Aufgabe, erfasste und weiterverarbeitete Daten für die Entscheidungsfindung zur Verfügung zu stellen.

Erfolgskontrolle

Ein entscheidender Vorteil der Direktwerbung ist die Möglichkeit der Erfolgskontrolle. Durch Codierung der Coupons oder Antwortkarten können Sie jede Reaktion der entsprechenden Zielgruppe zuordnen und wissen so am Ende einer Aktion ganz genau, welche Marktsegmente am besten auf Ihr Angebot reagiert haben.

Eventmarketing

Events – der eigentliche Kern des Eventmarketings, Unternehmen führen in Eigenregie Veranstaltungen durch und nutzen diese für die Unternehmenskommunikation. Mit diesem Verfahren sind enorme Vorteile verbunden. So kann das Unternehmen die Veranstaltung vollkommen den eigenen Interessen und Vorstellungen entsprechend gestalten. Es kann mit seiner Zielgruppe in einen direkten Dialog treten, wobei sich diese bewusst weit weg aus dem Alltag begibt. Wichtig dabei ist, dass die Sprache der Zielgruppe glaubwürdig gesprochen wird. Die Kommunikation gewinnt dadurch, dass sie in eine Erlebniswelt eingebettet werden kann, an Qualität, und es kann eine nachhaltigere Wirkung erzielt werden. Grundsätzlich gilt: Erlebnisqualität vor Erlebnisquantität. Es müssen möglichst alle Sinne angesprochen werden. Ein teures Feuerwerk allein ist dabei zu wenig. Die Kunden bzw. die Besucher müssen aktiv in das Geschehen involviert sein.

Factsheet

Detailliertes Übersichtsblatt über die Fakten und Informationen eines Betriebes (Zimmeranzahl, Restaurantgröße etc.).

Flyer

Kleinprospekte als Beilage in Mailings. Zusätzliches Werbemittel zum Ausnutzen freier Gewichtskapazitäten.

Follow-up

Nachfassaktionen – Direktmarketing ist meist zweistufig: Zuerst wird durch adressierte oder nicht adressierte Werbeanstöße ein Kontakt (Interessent) produziert. Um das Werbeziel, die Annahme des Kaufangebotes, zu erreichen, werden diese Kontakte durch Folgemaßnahmen (Follow-up) vertieft.

Franchising

Unter Franchising versteht man die Möglichkeit, eine erfolgreiche Geschäftsidee mehreren Partnern zur Verfügung zu stellen und so den Geschäftstyp zu multiplizieren.

Gadget
So wird der Blickfang genannt, der einem jeden Mailing beigefügt ist und zum Verstärken des Interesses an dem jeweiligen Angebot dienen soll.

GDS
Global Distribution System – das sind computergesteuerte Airline-Systeme, die zur Buchung von Flügen, Hotelzimmern, Autovermietung etc. dienen.

Gimmick
Bezeichnung für eine kleine Mailingbeigabe, die die Aufmerksamkeit des Empfängers auf eine besonders wichtige Aussage oder Passage Ihrer Direktwerbesendung lenkt.

Handraising
Direktmarketingmaßnahmen, die hauptsächlich die Gewinnung von neuen Adressen zum Ziel haben und sich auf eine direkte Reaktion stützen (z. B. Gewinnspiele).

Handzettel
Kurz, knapp und schlagwortartig verfasste „Blätter", die mit einem Blick zu erfassen sein sollten, da diese meist nicht aufbewahrt werden.

Headline
Soll den Leser durch den Inhalt einer Schlagzeile neugierig machen und ihn dazu anregen, sich näher mit dem Zugesandten zu beschäftigen.

Illustrationsbrief
Werbebriefe mit Abbildungen, die schnell und preiswert herzustellen sind und die das Interesse des Lesers auf das Angebot lenken.

Imagetransfer
Entsteht dann, wenn die Idolkompetenzen von Schauspielern oder Künstlern auf Produkte bzw. Dienstleistungen übertragen werden.

Incentives
Anreize zur Verstärkung der Reaktionsbereitschaft, z. B. Prämien, Gastgeschenke, Zugaben und andere Gratisleistungen.

Innovation
Neue Leistungen einführen, um damit den Kunden zu begeistern.

Interaktive Medien

Medien, die eine Möglichkeit zum Dialog enthalten (z. B. Antwortmöglichkeit über Telefon- oder Faxnummer, Coupon, Bestellkarte, E-Mail).

Kampagne

Aktionspaket oder Maßnahmenkatalog, beruht auf einem Gesamtplan, umfasst mehrere Stufen und ist meist mittel- bis langfristig angelegt.

Kauffrequenz

Wert/Zahl, wie oft ein Produkt vom Konsumenten innerhalb eines bestimmten Zeitraumes gekauft wird.

Kaufkraft, Kaufkraftklassen

Finanzielle Kraft (Geldsumme), die privaten Haushalten oder Unternehmen für Käufe zur Verfügung steht. Element zur Bestimmung von Adressgruppierungen. Das nicht immer genügend differenzierte Einkommenskriterium wird heute oft durch genauere, zuverlässigere Selektionsmerkmale ergänzt oder ersetzt.

Kiss

Keep it simple and stupid – halte es einfach und leicht verständlich.

Kommunikation

Kommunikation ist der Schlüsselbegriff für jegliche Art der Verständigung.

Konfektionierung

Unter diesem Begriff fasst man alle Tätigkeiten zusammen die notwendig sind, um eine Aussendung nach dem Druck versandfertig zu machen. Dazu gehören das Falzen der Werbemittel, das Einlegen in die Versandhülle, das Aufkleben der Adressen, die Frankierung sowie die Vorbereitung der Postauslieferung durch Sortieren, Zählen und Bündeln. Üblicherweise erledigen diese Arbeiten spezielle Direktmarketingunternehmen, die auch „Lettershops“ genannt werden.

Kundendateien

Die besten Adressen, die es gibt. Wichtigste Voraussetzung: Normierter Adressenaufbau sowie laufende Pflege und Aktualisierung der Dateien.

Kuvertierung

Zusammenführen der verschiedenen Mailingbestandteile (z. B. Brief, Prospekte und Antwortkarte) und Einstecken ins Kuvert.

Label
Englisch für Aufschrift/Bezeichnung. Im Direktmarketing: Adressaufkleber.

Layout
Entwurfsskizze eines Werbemittels, aus der die Anordnung von Text, Bild und Farbe erkenntlich sein soll. Auf das Layout folgt die Reinzeichnung, also die Anfertigung der endgültigen Druckvorlage.

Leporello
In Ziehharmonikaform gefalzter Prospekt.

Logo
Als Logo bezeichnet man den Schriftzug oder die Marke einer Firma.

Mailing
Direktwerbesendung, die per Post an bestimmte Empfänger geschickt wird. Häufigste Zusammensetzung: Werbebrief, Prospekt, Antworthilfe, Versandumschlag.

Mail order business
Ist der Sammelbegriff für alle Aktivitäten des Verkaufens und Lieferns per Post.

Marktanteil
Der Marktanteil stellt das Volumen für den Betrieb des gesamten Marktes dar.

Marketingdatenbank
Speicherung aller relevanten Marketingdaten mit EDV-Mitteln einschließlich der markt- und kundenbezogenen Zusatzinformationen, die ein gezieltes, aktuelles und direktes Agieren in bestimmten Marktsegmenten auf individueller Basis erlauben.

Marktabdeckung
Die unerlässliche Voraussetzung für eine optimale Markterfassung durch Direktwerbung sind vollständige Marktzielgruppen. Bei Adressgruppen von Direktwerbeunternehmen mit modernen Adressenorganisationen kann mit einer Marktabdeckung von durchschnittlich 95 Prozent gerechnet werden.

Marktsegmentierung
Marktsegmente bestehen aus größeren Kundengruppen innerhalb eines Marktes. Die Marktsegmentierung ist die Unterteilung eines Marktes in klar abgegrenzte Gästegruppen, die jeweils spezielle Produkte erfordern. Wie schon der Volksmund sagt:

„Sie können es nicht jedem Recht machen!“ In diesem großen Markt, in dem wir uns bewegen, können wir nicht allen Gästen gleich gut dienen. Dazu kommt, dass es Mitbewerber gibt, die bestimmte Segmente des Gesamtmarktes besser bedienen können als andere.

Marktzielgruppen

Segmente von Adressenbeständen, die nach Kriterien der Adressenstruktur, des Bedarfs oder der Gewohnheiten gegliedert sind. Sinnvoll selektierte Marktzielgruppen machen es möglich, angebotsgeeignete Zielgruppen ohne Streuverluste zu erschließen.

Media-Planung

Sinn und Zweck der Media-Planung ist es, die richtigen Personen mit der ausreichenden Anzahl Werbeanstöße zu kontaktieren, zum rechten Zeitpunkt und bei geringsten Kosten (Optimierungsvorgang).

Mikrogeographische Selektierung

Dabei werden Konsumverhalten und Kaufkraft der Käufer mit Hilfe verschiedener Zusatzinformationen in direkte Beziehung zum Wohnumfeld gesetzt. (Sprichwort: Gleich und gleich gesellt sich gern.)

Neukundenwerbung

Fluktuationsausgleich bzw. Aufstockung von Kunden-, Abonnenten- oder Mitgliederbeständen durch ein- oder mehrstufige Direktwerbeaktionen.

Opinion-leader

Das sind die so genannten Meinungsmacher, die zu einem bestimmten Thema Stellung nehmen.

Organigramm

Ein Organigramm zeigt die Struktur Ihres Hauses auf. Wer hat welche Aufgaben? Wer ist wofür zuständig? Wer ist wem gegenüber weisungsbefugt, welche Hierarchien existieren im Betrieb?

Package

Stellt die Bündelung verschiedener Leistungen dar (z. B. Skiwochenende: 2 Übernachtungen, 2-mal Frühstück, 1 Abendessen und 2-Tage-Skikarte).

Personalisierung
Die persönliche Ansprache des Empfängers von Direktwerbung mit Titel, Vorname, Nachname, Anrede und anderen persönlichen Daten. Moderne Produktionsverfahren (Laserprinter) machen es möglich, auch komplizierte Personalisierungen selbst in größeren Auflagen wirtschaftlich herzustellen.

Persönlichkeitsziele
Ziel eines jeden Mitarbeiters sollte es sein, seine Leistung ständig zu verbessern. Lebenslanges Lernen ist aus der heutigen Arbeitswelt längst nicht mehr wegzudenken, denn nicht nur das Unternehmen selbst, auch der einzelne Mitarbeiter muss auf dem Arbeitsmarkt konkurrenzfähig bleiben. Auch durch die Formulierung neuer Unternehmensziele und Aufgaben kann es für Unternehmensleitung und Mitarbeiter notwendig werden, sein Wissen, seine Kenntnisse und allgemeinen Kompetenzen zu erweitern.

Portfoliomanagement
Dieses Instrument dient dazu, die einzelnen Leistungsbereiche zu bewerten. Daraus resultiert die Marketingstrategie.

Positionierung
Jedes Unternehmen muss bestrebt sein, sich am Markt zu positionieren. Das Angebot muss so gestaltet sein, dass es im Bewusstsein des Zielkunden einen besonderen, geschätzen Platz einnimmt und sich von den Angeboten der Wettbewerber abhebt. Die wesentlichsten Unterschiede müssen herausgearbeitet und entsprechend kommuniziert werden.

Product Placement
Bezeichnung für die Platzierung von Markenartikeln in beispielsweise Spielfilmen, anstelle von No-Name-Produkten.

Response, Rücklauf
Die Antwort beziehungsweise Reaktion des Empfängers auf Aktionen des Direktmarketings: Aufträge, Bestellungen, Anforderungen, Anmeldungen und andere Formen der Kontaktaufnahme.

SEP-Konzept
Es sagt aus, dass ein Unternehmen sich auf bestimmte Aktivitäten konzentrieren sollte. Die Aktivitäten werden bestimmt durch die Stärken des Unternehmens; sie bestimmen die Bandbreite für die weitere Entwicklung.

Situationsanalyse

Die Situationsanalyse (Ist-Situation) ist eine Zusammenfassung vom Gesamtmarkt, eine Art „Vogelperspektive".

Spitzenleistung

Spitzenleistungen sind etwas Besonderes. Sie gehen über das Herkömmliche hinaus und machen Ihren Gastronomiebetrieb von anderen unterscheidbar. Der Gast erkennt diese Leistungen als einen Vorteil für sich. Spitzenleistungen sind Erfolgsfaktoren. Es sind jene Fähigkeiten und Ressourcen, die Ihr Unternehmen benötigt, um in Ihrem Segment erfolgreich zu sein und die Erwartungen des Gastes übertreffen.

Sponsoring

Ein Unternehmen unterstützt Aktionen und Organisationen, die indirekt die eigenen Kommunikationsziele unterstützen (z. B. Sportevent, Livekonzert).

Strategie

Strategie ist die Gesamtheit von Maßnahmen, die zur Erreichung eines bestimmten Zieles führen. Das Ziel ist die Realisierung einer Vision, die Strategie der Weg dorthin. Strategien sind Wegweiser, die unternehmerisches Handeln kanalisieren und lenken. Letztendlich liegt der Sinn von Strategien darin, Wettbewerbsvorteile für den eigenen Betrieb zu schaffen.

Streuverluste

Diese entstehen, wenn das Werbemittel einen Kreis von Empfängern erreicht, die nicht zum eigentlichen Zielpublikum gerechnet werden können.

Tätigkeitsziele

Tätigkeitsziele sind Beiträge, die geleistet werden müssen, damit die Ziele des Teams oder des Unternehmens erreicht werden können. Auf Unternehmensebene beziehen sie sich auf die Mission des Unternehmens, seine zentralen Werte und seine strategischen Pläne sowie Ergebnisse (z. B. Erreichen des Betriebsergebnisses von 30 Prozent durch Umsetzung des Marketingplans oder zum besten Tagungshotel zu werden). Auf Teamebene bezieht sich diese Art von Zielen spezifisch auf den Zweck des Teams und die von ihm erwarteten Beiträge zur Erreichung der Unternehmensziele (z. B. 30-mal am Tag das Tagesgericht verkaufen).

Telefonmarketing

Das Telefon als Instrument des Direktmarketings. Überwiegend werden hier bereits bestehende Kontakte ausgebaut. Interessenten werden zu Kunden gemacht. Der Umsatz mit aktiven Kunden wird vergrößert. Inaktive Kunden werden aktiviert. Im privaten Bereich ist Telefonmarketing nur bei bereits vorhandenen Kontakten bzw. vorheriger Einwilligung der Privatpersonen statthaft.

Testimonials

Zustimmende Meinungsäußerungen (Anerkennung von Kunden etc.), die als Argumentationsverstärker in Direktwerbemittel eingearbeitet werden.

Typographie

Das Gestalten von Schriften (Entstehung eines Schriftbildes).

Unternehmenskommunikation und Unternehmenskultur

Bei all der verwalteten Information und Kommunikation muss dennoch der Mensch – als Kunde, aber auch als Mitarbeiter – im Mittelpunkt stehen. Das Verhältnis der Mitarbeiter zum Betrieb und die Einstellung zu ihrer Arbeit spiegelt sich in deren verbalen und – noch viel mehr – im nonverbalen Verhalten (nonverbale Kommunikation) wider. Eine positive Unternehmenskultur schlägt sich auf das Arbeitsklima und letztlich auf das gesamte Image des Betriebes nieder. Gut informierte und zufriedene Mitarbeiter mit einer positiven Einstellung zum Betrieb und zur Arbeit kommunizieren auf positive Art und Weise mit den Kunden und prägen ein positives Image des Unternehmens. So wirkt Ihr Unternehmen auch anziehend auf potenzielle, qualifizierte Mitarbeiter am Arbeitsmarkt.

USP

Unique Selling Propositions – Kernfähigkeiten sind Vorteile, die schwer kopierbar und einzigartig sind. Als Kernfähigkeiten sind z. B. die Lage eines Hauses, das Restaurant mit Seeblick, die Flughafennähe, das denkmalgeschützte Haus und die Herzlichkeit der Mitarbeiter zu nennen. Der Gast ist bereit, diese Unterschiede gegenüber dem Mitbewerber zu honorieren.

Verkaufsinstrumente/-mittel

Ziel eines jeden Unternehmers ist es, ständig neue Kunden zu finden und diese dann – im günstigsten Fall – als Stammkunden an seinen Betrieb zu binden. Dabei kommt der guten alten Mundpropaganda noch immer ein wichtiger Stellenwert zu. Keine Art der Werbung ist so effektiv wie der authentische Bericht eines zufriedenen Kunden. Geben Sie daher Ihren Gästen Anlass, über Besonderheiten Ihres Betriebes mit anderen, potenziellen Gästen zu reden. Überraschen Sie Ihre Gäste mit kleinen Geschenken, z. B. zu Ostern mit einem kleinen Osternest, oder einem kleinen Blumentopf mit Frühlingsblumen zu Frühlingsbeginn. Lassen Sie sie bei der Anreise z. B. an einem

Glücksrad drehen und als Preis eine Flasche Wein oder als Hauptgewinn ein Überraschungsmenü gewinnen. Überreichen Sie einen kleinen Geburtstagsgruß, wenn Ihre Gäste Geburtstag haben. Alles, was Sie von vergleichbaren Betrieben abhebt, bleibt als Erinnerung und wird von Ihren Gästen weitererzählt!

Vision
Visionen sind in die Zukunft gerichtete, durch kreative Höchstleistungen entstandene innere Bilder einer noch ausstehenden, im Prinzip aber realisierbaren Wirklichkeit.

Werbekostenlimit
Der Anteil am Gesamterlös eines Produktes, einer Produktgruppe oder des Gesamtumsatzes, der für Werbung einkalkuliert wird.

Werbemedien
Trägergruppe der Werbebotschaft, zum Beispiel Außenwerbung, Funk, Fernsehen, Zeitung, Zeitschriften.

Wettbewerbsvorteile durch strategische Erfolgspositionen (SEP)
Strategische Erfolgspositionen sind die Kernfähigkeiten des Betriebes, welche die entscheidenden Wettbewerbsvorteile bringen. Sie sind schwer kopierbar, dauerhaft spürbar und Voraussetzung für langfristigen, überdurchschnittlichen Erfolg.

Literaturverzeichnis

Carlzon, J.: Alles für den Kunden, Frankfurt, New York 1988
Dettmer, H.: Gastgewerbliche Berufe in Theorie und Praxis, 2. Aufl., Hamburg 1994
Friedrich, W.: Marketing der Gastfreundschaft, 1992
Professor Dr. Horst W. Opaschowski: Vom Versorgungskonsum zum Erlebniskonsum: Die Folgen des Wertewandels, in: Eventmarketing, hrg. v. O. Nickel, München 1998
Professor Dr. Horst W. Opaschowski: Veröffentlichte Annahmen von zukünftigen Megatrends, 27. März 2001 (c) ZEIT.DE
Peters, T.: Der Wow! Effekt, Frankfurt a. M., New York 1995
Peters, Thomas/Watermann, Robert H.: „Auf der Suche nach Spitzenleistungen", 1991
Kasimir M. Magyar/Peter Range – Zukunft im Kopf – Wege zum visionären Unternehmen, Interface Verlags AG, Zollikon/Zürich, 2. Auflage 1994

Inspiriert haben uns auch folgende Magazine und Zeitschriften:

AHGZ – Allgemeine Hotel- und Gaststätten-Zeitung
Food Service – Wirtschaftszeitschrift für professionelle Gastronomie
Food Service Europe – International Trade Journal for the Restaurant and Catering Industry
Tourist Austria – Nachrichten der österreichischen und internationalen Fachorganisationen
ÖGZ – Österreichische Gastgewerbe- & Hotel-Zeitung
Cost & Logis – das Wichtigste für Hotellerie und Gastronomie
Bulletin – Das Fachmagazin der Österreich Werbung
Hotel & Touristik – Fachzeitschift
First Class Management – Magazin für Hotel und Restaurant
Hotel & GV Praxis – Zeitschrift für Österreichische Hotellerie, Gastronomie und Großverpflegung
Hotelier & Gastronom – Fachzeitschrift
Gast Wirt – Hotelier & Cafetier
a3 Gast – Gastronomie, Hotellerie, Touristik
à la carte – Das Magazin für Genießer
Falstaff Magazin – Essen, Trinken, Reisen
Der Feinschmecker – Essen, Trinken, Genießen
Catering Inside – für den Catering Markt
Gastronomie & Hotel Impulse – Manager Magazin
Relais & Châteaux Magazin – Spitzenhotels und Gourmetrestaurants
Gastronomie-Report – Bayern